丝路百城传

丝路百城传

特立，不独行

"丝路百城传"丛书

刘传铭　主编

THE
BIOGRAPHY
OF
LONGYAN

两条江与两个民系

龙岩传
LONG YAN

马卡丹　李治莹——著

CIPG 中国国际出版集团　新星出版社　NEW STAR PRESS

总 序

刘传铭

如果说丝绸之路研究让我们洞见了一部全新的世界史,一定会有人表示惊讶与质疑;

如果说城市的创造是迄今为止人类文明进程中最伟大的事情,则一定会得到人们普遍的支持与认同。

"丝路百城传记系列丛书"的策划正是发轫于这样一个历史观的文化叙述:

丝绸之路是一条无路之路;

丝绸之路是一条既古老又年轻,"不知其始为始,不知其终为终"的漫漫长路;

丝绸之路是一条历史时空里时隐时现,变动不居,连点成线,连线成网的超级公路;

丝绸之路是点实线虚,点变线变,点之兴衰即线之存亡的交通形态,那些关山阻隔,望洋兴叹的城市,便如一颗颗璀璨的明珠镶嵌在路;

丝绸之路是一个文化概念,叠加其上的影像曾被不同国家不同民族的人们呼作:铜铁之路、纸张之路、皮毛之路、奴隶之路、铁蹄之路、黄金之路、朝贡之路、宗教之路；

丝绸之路是中西文明交流与传播、邦国拓展、民族融合之路，也是西方探秘中国、解码东方之路，更是我们反躬自问："我是谁？我从哪里来？我向何处去？"的寻根之路、回家之路；

丝绸之路是今日中国走向世界的新起点、新思路，是"一带一路"中国倡议走向人类命运共同体的未来之路……

无可否认，一个世纪以来，丝路研究之话语为李希霍芬、斯文·赫定、斯坦因、伯希和、大谷光瑞、于格、橘瑞超、芮乐伟·韩森、彼得·弗兰科潘等东西方人所主导。然而半个世纪以来的大国崛起，正在使"夫唯不争"之中国快速走向文化振兴。我们要将《大唐西域记》《真腊风土记》的传统正经补史、继绝往圣、启迪民智、传播正信，同时也将丝绸之路城市传文学以实为说、以城为据、芳菲想象、拒绝平庸的创作视为新使命、新挑战。让"城市传"这样一个文学体裁开出新时代的鲜花。

凭谁问：昆仑巍峨、河源滔滔、玉山储秀、戍堡寂寞；

凭谁问：旌节刻恨、驼铃悠远、琵琶起舞、古调胡旋；

凭谁问：秦汉何在、唐宋可甄、东西接引、前路正新；

凭谁问：八剌沙衮今何在？罗马的钟声谁敲响；

凭谁问：撒马尔罕的金桃今何在？帕米尔上的通天塔何时建成、何时倾倒？

凭谁问：伊斯兰世界的科学造诣何时传到了巴黎和伦敦；

凭谁问：鉴真大师眼中奈良和京都的樱花几谢几开；

凭谁问：乌拉尔河上何时传来了伏尔加河的纤夫号子；

凭谁问：杭州湾的帆樯何时穿越马六甲风云……

诗人说：这条路是唐诗和宋词的吟唱，是太阳和月亮的战争；

军人说：这条路是旌旗卷翻的沙漠，是铁骑踏破的血原；

商人说：这条路是关涉洞开的集市，是金盏银樽的盛宴；

僧侣说：这条路是信仰鲜花盛开的祭坛，是生命涅槃的乡路……

一个个城市的前世今生，一个个城市的天际线风景，一个个城市的盛衰之变，一个个城市的躁动与激情，一个个城市的风物淳美与人文精彩，一个个城市的悲欢离合，一个个城市的内动力发掘与外开拓展望，一个个城市的往事与沉思，一个个城市的魅惑和绝世风华……

从长安到罗马（大陆卷）和从杭州湾到地中海（海洋卷）是卷帙浩繁的"丝路百城传记系列丛书"的框架结构。也是所有参与写作的中外作家和编辑们共同绘制的新丝路蓝图。《尚书·舜典》有"濬咨文明"之句，孔疏曰："经纬天地曰文，照临四方曰明。"《论语·雍也》曰："质胜文则野，文胜质则史，文质彬彬，然后君子。"又《易经·贲卦·象辞》曰："刚柔交错，天文也；文明以止，人文也。观乎天文，以察时变；观乎人文，以化成天下。"故文化乃"人文化成"而以文教化"圣人之教也"。"周虽旧邦，其命维新"，丛书编纂与出版岂非正当其事，正当其时也！

读者朋友们，没有踏上丝路，你的家就是世界；踏上丝路，世界才是你的世界、你的家园……唯祈丛书阅读能助君踏上这样一个个奇妙无比的旅程。

丝绸之路从远古走向未来，我们的努力也将永无休止。

戊戌谷雨前五日于松江放思楼

序　章 / 1

第一章　遥远的星光——闽西中古之前文明

　　远古片羽 / 9

　　夕照平川 / 18

　　峒间歌者 / 26

　　古县新罗 / 36

第二章　汀江吟——汀江与闽西客家祖地

　　圣地石壁 / 47

　　首府汀州 / 55

　　宗祠巍巍 / 64

　　家族之城 / 74

　　客音密码 / 86

　　乡间信俗 / 95

　　缤纷节庆 / 104

　　戏里乾坤 / 113

　　山中天籁 / 121

　　汀州风味 / 135

龙岩传　LONGYAN

马卡丹　李治莹　著

第三章　九龙江咏——九龙江与龙岩闽南支系文化

岩邑沧桑 / 147

龙吟山水 / 154

天地正气 / 160

品"味"龙津 / 166

岩漳信俗 / 173

风情新罗 / 179

第四章　风帆向洋——海丝之路的闽西记忆

江流入海 / 187

香寮遗韵 / 192

渡海先驱 / 201

"过番"潮涌 / 208

山海互通 / 216

书乡四堡 / 225

侨乡记忆 / 234

虎豹传奇 / 241

会馆春秋 / 248

第五章　从边缘到中心——中央苏区框架下两大民系的交融

　　风展红旗 / 257

　　古田丰碑 / 265

　　寥廓江天 / 272

第六章　山与海的交响——当代龙岩咏叹调

　　山城如画 / 283

　　"龙"腾大地 / 291

　　紫金神话 / 299

　　畅行万里 / 309

　　土地诗篇 / 317

　　天地大美 / 323

　　祖地之光 / 332

后　记 / 341

参考文献 / 343

序　章

（一）

　　认识龙岩这个城市之前，有必要先厘清几个概念：闽西、汀州、龙岩。

　　闽西，福建西部，这个概念今天指的是龙岩市管辖的1.9万多平方千米地域，包括4县（长汀、上杭、武平、连城）2区（新罗、永定）1市（漳平），共7个县级行政单位。历史上的闽西，自西晋初设立第一个县级建置开始，1700余年间，地域一直涵盖现今的龙岩市全境及三明市的宁化、清流、明溪三县，面积接近2.5万平方千米。1962年三县划归三明管辖后，闽西成为龙岩管辖地域的专指。

　　汀州，闽西地域上第一个州级建置，设立于盛唐。初辖三县（长汀、宁化、龙岩），不久龙岩转隶漳州。至明中叶，汀州属县增设到8个（长汀、宁化、上杭、武平、清流、连城、明溪、永定），统称汀州府八属。民国末年，闽西行政中心移至龙岩，汀州失去州府地位，成为闽西地域的一个县。

　　龙岩，唐开元二十四年汀州建州时立县，先为汀州属县41年，后转隶漳州957年。清雍正十二年设立龙岩直隶州，下辖三县（龙岩、漳平、宁洋），统称龙岩州三属。由此确立闽西地域一府一州（汀州府、龙岩州）并存的格局。1947年龙岩成为整个闽西地域的行政中心，原龙岩县治自此作为龙岩中心城市迄今。

（二）

闽西高山深谷，接岭连峰，是福建主要河流汀江、九龙江以及闽江最大支流沙溪的正源。水网纵横的万千条小溪，接近80%汇入境内的两大干流：汀江、九龙江，古代闽西人逐水而居，开启了远古迄今的文明。新旧石器时代，这里是原始人类群居逐鹿的所在，新石器时代扛着有段石锛的原始人，正是从这里起始，沿着九龙江由闽入台，远在海上丝绸之路风帆飞扬之前数千年，即成就了闽台沟通最初的壮举。秦汉时期，闽越人、畲人，相继成为这里的主人，闽越人以这片地域为中心建立的南海国，在西汉初曾经昙花一现。而后，畲人、闽越遗民、山都木客、中原南下的零星汉人，共同成为魏晋时期的土著主体，设立于西晋初期的新罗古县，则是闽西发展史上的第一道里程碑，可惜仅设立不足二百年即废。因而，中古之前，尽管这里已产生不同于北方的文明，但在中原汉人的眼里，仍属未经教化的一片蛮荒之地。

唐宋时期，中原汉人的大量南迁，让这片化外之地正式开启了中原文明的进程。客家先人由赣入闽，沿汀江及其众多支流自北而南居处；先期进入闽南沿海的福佬先民，则自九龙江入海口溯源而上，在九龙江干流北溪上游地域居处。在与土著的数百年碰撞与交融间，二者分别同化了土著，各自形成了特色鲜明的方言与风俗民情。在汀江流域，诞生了客家民系；在九龙江上游流域，则诞生了被称作河洛郎的福佬民系的一支。明清以降，两支民系的后裔又从这里出发，由两江源头奔赴出海口，足迹遍及海内外，在海丝之路上留下了闽西子弟的昂扬背影。汀江、汀州府、客家人，九龙江、龙岩州、河洛郎，两支民系与两条江、两个州府如影随形，创造了互为平行的两种文化：客家文化与闽南支系文化，千余年间，谱写了慷慨激昂的篇章。

（三）

　　城市的特质取决于其住民的特质，于龙岩而言，取决于龙岩地域两大民系的特质：两大民系，虽然居处于不同的水系，但，都属中原南下汉人的后裔，都生活在入海江河的源头及上游地带，生活在"八山一水一分田"的山地环境中。一方面，祖先来自中原，传承的是中华传统的农耕文明，以及由此而来的敬祖睦宗、崇正守序、勤俭坚忍、安土重迁等理念；另一方面，闽西人多地少的生存环境，又逼迫着子弟走出大山走向海洋，在海洋文明的熏陶中，孕育出开拓进取、拼搏求生的激情。"宁可出门挽竹筒（乞讨），不在家中捏泥卵""勒条裤带去过番""年深外境犹吾境，日久他乡即故乡"，这些谚语、诗句，表明这两个民系，在承袭中华优秀传统的同时，已经果断扬弃了那些水土不服的理念，以冒险犯难、向死而生的勇气，坚韧不拔闯荡海内外，博取未来。闽西重峦叠嶂，水急滩险，陆路闭塞，水路却险而通畅，客观上也为子民外出闯荡提供了条件：闯得三百滩头，又何惧风帆向洋？于是，"海禁未开，遍走诸省；海禁已开，出海如游门庭"。

　　正因此，这个城市，这片地域，既是中原移民的移居地，也是海外移民的祖籍地。本质上，它属于一个移民城市，中原移民的后裔在此生息繁衍，海外移民的祖先由此出发远航，汉民族两个民系在此碰撞与磨合，多元文化在此混杂与交融。磨合与交融的结果，让这个历尽沧桑的闽西中心城市，有了一般城市少有的大气与包容。

　　这种大气，表现在身处大山却拥有海洋的视野；这种包容，表现在农耕文明与海洋文明互补的胸怀；这是中原辗转而来的龙图腾，在这片地域的觉醒与升腾。于是，它回望中原，连接起一部千年迁徙的历史；它成为祖地，让无数海内外游子的目光，深情回望！

（四）

　　解说这个城市的历史，探索其精神流变，似乎可以用三道里程碑，两大

节点来概述:

三道里程碑——

第一道:西晋太康三年,新罗县设立,这是闽西地域第一个县级行政建置,标志着这片化外之地已纳入中原王朝的版图。

第二道:唐开元二十四年,汀州设立,这是闽西地域第一个州级建置,设立的起因是中原汉人的大量南下,此地发现了3000余户避役百姓。因而,设州,连带着设立下辖的三个县,中原王朝实现了对这片地域的强力控制,也是闽西地域由蛮荒走向文明的历史性转折。

第三道:清雍正十二年,闽西地域第二个州级建置龙岩直隶州设立,闽西地域"一府一州"并存的格局形成,延续二百余年,直到现代。

三道里程碑,勾勒出龙岩地域接近两千年的发展历史。两大节点,则反映了其精神流变史:

第一个重大节点,是两个民系形成不久的宋元之交,在民族生死存亡的危急关头,文天祥在这里振臂一呼,客家人、福佬人群起而应,两个民系原本平行的两种文化,因而有了最初的交会。因为一个大写的名字——文天祥,因为一种正气,一种精神,鼓荡起两个民系子民偾张的热血、炽热的家国情怀,这是两个民系性格深处最宝贵的遗存。

第二个重大节点,则是二十世纪二三十年代之交,闽西从千百年来的边缘,进入中国革命的中心,成为中央苏区的重要组成部分。在民族振兴百年探索的关键时刻,历史选择了龙岩地域,在这里成就了中央苏区的半壁江山——闽西革命根据地,成就了中国共产党集体智慧的结晶——毛泽东思想的雏形。这里是中华人民共和国的摇篮,是红旗不倒的红军故乡,是将帅脱颖而出的福地,从边缘到中心,千百年来,这是龙岩最为辉煌的时段,在中央苏区的框架下,两大民系携手并肩,血乳交融,一往无前。

风云际会,星光璀璨,龙岩,幸运地拥有了向中华人民共和国红色源头寻觅精神力量的永恒活力!

（五）

汀江南行，九龙江东去。两条江，承载着两个民系世代的梦想，连接起海上丝绸之路飞扬的风帆。

海丝之路上，闽西后裔有过多少独特而卓立的背影？引领时代、彪炳史册的，前有王景弘，明初七下西洋的领航者、福建海丝第一人；后有胡文虎，20世纪上半叶名震寰宇的东南亚首富兼首善；前与后之间，是数百年连绵不断前赴后继海外开埠旺埠的闽商客子，比如被马来西亚华人尊为"大伯公"奉若神明的槟城开埠先驱张理、马福春，比如东南亚"锡矿大王"胡子春、"胡椒大王"胡泰兴、"百货巨子"吴德志，以及被称为"岩侨三杰"的翁锦使、张茂萱、傅志川等著名侨商，他们，共同书写了闽西子弟海外传奇的绚烂篇章。

带着海丝之路的闽西记忆，21世纪的龙岩，在"一带一路"倡议引领下，找到了更创辉煌的契机，昂扬奏起：山与海的交响。

这是全方位的奋进：紫金矿业一马当先，龙工、龙净、新龙马群龙飞腾；曾经闭塞的万山覆叠之地，铁（路）公（路）（飞）机畅行八方；曾经享誉海外的闽西山货，写下了"八大干、八大鲜、八大珍"簇新的诗行；大美的自然环境、日新月异的山城，在海内外游子的魂牵梦萦中，闽西祖地敞开怀抱，面向未来。

龙腾大地，龙翔五洲，21世纪的新丝路上，龙岩，重续荣光！

The
Biography
of
Longyan

龙岩传

第一章 遥远的星光——闽西中古之前文明

在福建，这片地域最早捕捉到远古的星光。

洪荒时代，这里是原始人类群居逐鹿的所在。跻身2011年全国十大考古重大发现之一的奇和洞遗址，人类遗迹贯穿新、旧石器时代，从一万七千年前到七千年前，足足堆叠了一万年。而新石器时代扛着有段石锛的原始人，沿着发源于这片地域的九龙江逐水而居、由闽入台，那是远在海上丝绸之路风帆飞扬之前数千年的壮举。

此后，闽越人、畲人，相继成为这里的主人。闽越人的南海国，在这片地域昙花一现。畲人、山都木客、中原南下的零星汉人，成为魏晋时期的土著主体，设立于西晋初期的新罗古县，则是闽西发展史上第一道里程碑。

远古片羽

(一)

混沌初开

乾坤始奠

气之轻清上浮者为天

气之重浊下沉者为地

这两联对句，出自蒙学名书《幼学琼林》，为300年前龙岩地域著名学者邹圣脉所增补。此书一出，举国风靡，在邹圣脉居住的客家大本营地区即闽粤赣边三角地带，更是家喻户晓，老幼能道。闽西客家人关于天地之起源，这要算是最早的权威性解释。

天地之起源实在太遥远、太扑朔迷离了，还是先探究一下这片土地上生命的演化轨迹吧。太古，整个地球还浸泡在海水中，这里也是汪洋一片，龙岩地域名山冠豸山、梁野山、梅花山等的峰峦之上，考古学家多次发现了海洋生物的遗存。此后，先是海藻遍生，再后是鱼类纵横，再往后，海水退了，陆地崛起，爬虫类、哺乳类轮番亮相。待到人类登上历史舞台，旧石器时代、新石器时代漫漫数十万年，原始人类在此生息繁衍，龙岩地域，其实有着数以万年

20世纪40年代的武平,这里在福建地域最早捕捉到远古的星光(李国潮提供)

计的人类文化积淀。

多么遥远的岁月!当万年前、数万年前的原始人卸下一天的劳累,回到穴居的洞口,当漫天的星光温柔地抚摩他们赤条条的身躯,他们可会想到,万年之后生活在这片土地上的后人,正在这片星光之下,向着他们,眺望,怀想?

遥远的星光,穿透遥远的岁月,摇曳着,闪烁着,牵引着一双双后人的目光,飞向远古……

(二)

最早捕捉到这缕星光的,是20世纪30年代的厦门大学教授林惠祥。

1937年5月的一天,一个包裹辗转来到林教授的案头。揭开一层层的包装,林惠祥的目光立刻直了:眼前,那一块块破碎的印纹陶片,那一块块经过敲击打磨的石头,都在指向一个遥远的岁月——新石器时代。而这些石块、陶片,来自福建西部最边远的县武平,是他的学生梁惠溥——时任武平县立中学历史教师,带着学生在武平城南小径背山远足时发现的。此前,整个福建都还未曾发现石器时代的遗存。

按捺不住激动,林惠祥即刻决定:到武平去。正是战乱年代,厦门至武平陆路虽说只有400千米，今日高速铁路、高速公路可直达，不足一日车程，其时却是危险重重，花费十天半月不说，甚至可能把百十斤的身躯交代在路上。林惠祥只好水路、陆路并用，先乘船南下广东汕头，再溯韩江、汀江西行北上，最后在汀江上杭段登岸，徒步行走，经过半个月的跋涉，终于在1937年6月11日抵达武平县城。随后在武平做了七天的田野调查，寻获石器84件，陶片949件，经鉴定，这些石器、陶片属于3000多年前的新石器时代晚期的文化遗存。现今龙岩地域的武平，成为福建省第一个发现、发掘新石器时代文化遗存的地方。

此后，新石器时代的遗存在福建各地陆续发现，龙岩地域所有县（市、区）都发现了这类遗存。20世纪50年代，林惠祥担任厦门大学历史系主任，又多次带着学生在龙岩地域考古，先后在龙岩城区的登高山、天马山、麒麟山和长汀县河田一带发掘了多处新石器时代遗址，包括新石器时代的早、中、晚期，距今约三至八千年。一批又一批出土的陶片，以依稀可辨的罐、壶、豆、釜、钵、杯、樽等形态，以清晰的绳纹、网纹、篮纹、鱼鳞纹、方格纹等几何线条，展现在世人面前；而那些磨制的石器：镞、锛、锉、镰、斧、钻、环、

武平出土的新石器时代石器（李国潮摄）

球以及各式的石片，如果拂去数千年的风尘，会把后人带到那蛮烟瘴雨、兽吼虫吟的远古么？

林惠祥的《福建龙岩新石器时代遗址的发现》《福建武平县新石器时代遗址》等文字，试图尽力拂去罩在这些石器、陶片上数千年的风烟——

那时，如今的龙岩中心城区，只是一片宽展的湿地，多有沼泽，河流在湿地间流淌，众多不高的山包在湿地间拱立。那些闽西的古人们，他们就住在这些山包的山腰甚至山顶上，他们的头颅有点儿凸，他们的个头有点儿矮，他们靠山吃山，傍水吃水。采集、渔猎是他们延续已久的生存方式，种植、饲养、制陶、纺织，则是他们开始掌握的新技能。而所有这些技能，依仗的都是那些作为生产工具的石器，那些敲打成型然后磨光的石箭镞、石锛、石斧、石刀、石球……

"坎坎伐檀兮，置之河之干兮，河水清且涟漪……"古老的《诗经》在咏唱古人集体劳作的艰辛。龙岩地域的这些原始人比《诗经》里的人物还要古老，他们还没有能力"伐檀"，回响在湿地上空的，不是伐木的"丁丁"，而是敲击石块的"当当"、打磨石器的"嚓嚓"。伴随着日复一日、年复一年的"当当"与"嚓嚓"，是闽西地域上那一幅幅古老而原始的画面：

一群梅花鹿在一帮原始人的合力追逐下奔逃，"嗖"的一声，一支石箭，箭身修长，箭镞锋利，正中一只鹿的身子，鹿应声而倒，却又挣扎起来，蹒跚而逃。又是"嗖"的一声，一只石球带着绳索呼啸而来，忽地绊住了鹿脚。一拨人一拥而上，按头的按头，压脚的压脚，石刀、石斧并用，顷刻间大卸八块，血淋淋地扛上那些赤裸裸的肩头；

湿地间的河流里，鱼群在漫游，不时有争抢食物的鱼儿跃出水面，一个年轻的身影手持木棒，瞄准水中暗黑的鱼脊，"啪"的一棒，大鱼即刻肚皮翻白，浮上水面，早已守候在一边的孩童一声欢呼，跃入水中，还在啪啪扑打的鱼尾，甩得孩子的脸上、身上水花一片；

山包上的树林间，菌类丛生，野菜遍地，三几个姑娘赤裸着上身，腰间垂着树皮捣成纤维织就的布片，嘻嘻哈哈地在林间采摘，一只野兔"嗖"地窜出，从一个姑娘的身边擦过，惊叫声中，满林子的鸟雀呼啦啦飞起，此起彼落；

　　缓缓的坡面上，烧荒的篝火燃起，烟尘数日方散。一把把的石铲、石锄、石锛，在尚存热气的土地上刨出一个个的小坑，撒种，掩土，原始的刀耕火种便告一段落，百日之后，便是收获的欢快……

　　这样的画面举不胜举。20世纪50年代，林惠祥教授分析研究了数十年来中国大陆、中国台湾以及东南亚各地考古发现，提出了"有段石锛是构成中国东南区新石器时代文化特征"的著名论断，把以福建龙岩地域新石器为代表的东南区新石器文化与中国北方新石器文化区别开来。更令人振奋的是，林教授的论述，展现了有段石锛在闽台之间的传承。林教授将有段石锛划分为原始型、成熟型、高级型三个发展阶段，他发现，在福建尤其是龙岩地域，原始型、成熟型数量极多，仅长汀河田一次性就发现83件有段石锛，多为前二型，高级型仅3件；台湾发现的有段石锛，高级型数量占了相当比例；而菲律宾和太平洋诸岛发现的有段石锛，则几乎都是高级型的。由此可证，有段石锛最早产生于中国大陆东南区域，然后通过闽台间被称为"东山陆桥"的隆起地带，传至中国台湾，再传至菲律宾和太平洋诸岛。当海上丝绸之路风帆扬起，海峡两岸那些逐浪往来的商人、谋生者，会想起那扛着有段石锛的原始人，曾沿着发源于龙岩地域的九龙江逐水而居，由闽入台么？

　　遥远的星光，在新石器那些石刀、石斧、石锛的锋刃间闪烁。牵引着后人渴盼的目光，向更深的岁月，眺望！

（三）

　　六颗牙齿，六颗十三四岁少年的牙齿，静静地躺在博物馆丝绒映衬的橱窗里，宣告了20世纪80年代福建省最重要的考古发现——"清流人"，进入了今人的视野。

　　不记得是谁说的相声了：两个青年在畅想数百年后，谁能留下遗迹。狂风卷过漫漫黄沙，掀起沙包间的两粒小小碎片，哦，牙齿，一个人数百年后能留下的只有这么两颗牙齿啊！再一定睛，咦？还刻着字：二万，三筒，原来只是人类留下的麻将牌，原来人的一切，包括最坚硬的牙齿，要穿透岁月的艰深，也是千难万难！

相声固然是说笑了，却不经意间道出了一个事实：人类的遗存历经漫长岁月的淘洗，留下来的是多么珍稀！即以福建而言，20世纪80年代之前，尽管不乏新、旧石器时代遗址的发现，但在这些遗址上，只发现了原始人打造的石器、用火遗迹、建筑遗迹，以及动物遗骨，1988年，在原属闽西地域的清流县沙芜乡狐狸洞发现的这六颗人类牙齿化石，经测定年代为更新世晚期，距今约一万年。这是福建省内旧石器时代晚期智人牙齿化石的首次发现，具有特别重大的意义。

一带青山，绿树葱茏，一条小河自山麓蜿蜒而过。小河上方80米左右，一个山包的半腰，赫然一个石灰岩洞穴，据说曾经有狐狸出没，这就是当地百姓俗称的"狐狸洞"。洞不深，足迹可至的不过10多米吧，却在这里发现了极为丰富的遗存，除了这六颗人类牙齿，更有华南巨貘、无颈鬃豪猪、熊、野猪、水鹿、剑齿象、剑齿虎、猕猴、竹鼠、鼩鼱等数十种古脊椎动物化石。《韩非子》有言："上古之世，人民少而禽兽众，人民不胜禽兽虫蛇"，此言不虚。想象一下万年前的原始人，在如此众多堪称恐怖的动物间讨生活，该是何等的艰辛与危险？

那个少年，那个十三四岁的少年，他留下了六颗牙齿：左边三颗，为左下第一臼齿、左上门齿、左下内侧门齿；右边三颗，为右上犬齿、右下第二臼齿、右上内侧门齿。这些牙齿，齿冠釉质发育不全，咬合面周边现一条萎缩横线，那是严重营养不良的病理表现。他还是小小年纪啊，却要时刻面对饥饿和死亡的威胁，总是饥寒交加，不是在猛兽的袭击下奔逃，就是在疾病中喘息。这个少年，他只活了十三四岁，上古的闽西人，比他命长的也不过就是三四十岁，生存的条件太艰难了！他是死于疾病？死于饥饿？死于寒冷？还是葬身在剑齿虎的肚腹中？这一切都不得而知了，如果这六颗牙齿有记忆，它们会告诉后人那曾经的风霜雨雪喜怒哀乐么？

多么年轻的牙齿，作为恒牙，它们只活了不足十年；多么古老的牙齿，作为化石，它们居然挺过了万年。这些牙齿上，闪烁着一万年的星光，古老而

奇和洞遗址（廖亮璋摄）

年轻的星光，闪烁着，摇曳着，它会晃进更加幽深的岁月么？

（四）

"这是什么花？"

"奇和花"。

两个孩子趴在木板搭起的临时舞台上，手中各擎着一束小花。花不起眼，纤细茎叶托起的一簇嫩白，但他们周边的田野上，几乎无一例外的都是这种花的方阵，那嫩白就绚烂成了一片花海。震惊过油菜花海那黄灿灿的壮观，却原来奇和花纯白的组合，竟也有别样醉人的风采。

这是在龙岩地域漳平市的象湖镇，这是在透出福建新石器时代第一缕曙光的奇和洞前。奇和洞形似眼眶的洞口，与孩子天真的目光，与孩子头顶"从远古走向世界——首届奇和洞文化节"的巨大横幅，只相距一条不宽的县道。远古与今天，隔着一万年的漫长和十数米的短暂，默默对视。

节庆的演出刚刚结束,三乡四邻的农人背儿携女散去。县道旁的这个石灰岩溶洞,他们再熟悉不过了:不深,也没有什么奇形怪状的石笋、石幔、石钟乳,只有蝙蝠在洞顶悬垂、洞内拍翅。生产队时期它是石灰、肥料库,改革开放之初它是卡拉 OK 场,出出进进,哪里想到自己的脚下,一层层竟都是人类文明的堆积,旧石器时代的石锤、石砧、砍砸石器、刮削石器,新石器初期的石斧、石锛、石刀、陶片,新石器早期的石磨盘、骨针、骨质鱼钩,以及石质、骨质的艺术装饰品,一层层由粗到精,从一万七千年前一直堆到七千年前,足足堆了一万年!

进入远古往往是沉重的,但奇和洞给你感觉更多的是厚重,带几许亲切、几丝温馨的厚重。尽管无法确定,一万多年前穴居此洞的原始人,是否与你有着血缘的关联。可以肯定的是,当熟知的北京山顶洞人举着石块,在燕地的原野上追逐野羊、野鹿的时候,南方的奇和洞人已能磨制精致的骨质鱼钩,在水湄垂钓讨生活。山顶洞人和奇和洞人,考古学上都属于晚期智人,北方与南方,遥隔万里的两个山洞,同时在新旧石器的交替时期,放射出人类文明最初的曙光。

灯光亮起来了,红、黄、蓝⋯⋯变幻的灯光把你的影子忽长忽短地投向洞壁,也在你眼前变幻出远古的场景。一万年前洞中的那些夜晚,忽明忽暗的篝火,是不是也像这样把奇和洞人的身影,忽长忽短地投放在洞壁上呢?奇和洞的洞口太宽了,没有篝火,怎么能够切断虎、豹、熊、豺虎视眈眈的目光?用石斧伐来枝杈,用燧石敲出火星,篝火燃起,越燃越旺。火光中,或鱼虾或螺蚌或野兔山鸡渐次熟了,香气弥漫,男孩女孩一丝不挂,围着篝火馋涎长长。腰缠树叶的男人女人们过来了,撕一片兔腿、鸡腿塞进孩子的嘴里,自己则捧起小动物的残躯或是骨头大嚼,刚刚驯化的家犬候在一侧,目光急切、贪婪⋯⋯

哦,饱了饱了,把骨头扔给家犬,男人们的目光在女人身上游移,女人们脸上泛起红晕,目光却摩挲着脖子上悬挂的石鱼或是骨管,几分娇羞;哦,困了困了,女人抱起孩子,男人揽过女人,奇和洞洞厅深处,渐次响起男人女人们满足的鼾声。鼾声流转,值夜的男人带着家犬守在洞口,一边打着哈欠,一边为篝火添上几根枯枝……

也许，这样的想象过于温情，奇和洞人的餐桌上，不，哪有餐桌呢？洞中突起、平整些的石头就是餐桌了。这样的餐桌上哪来那么多的鱼、虾、螺、蚌、野兔、山鸡？饥不果腹是奇和洞人的常态，考古发现的虽然只有龟甲、鱼骨、螺壳、蚌壳以及山里小动物的遗骨，但山果、野菜应该也是他们主要的食物来源。至于安全，更是代代奇和洞人萦回不去的心病：地处深山，豺狼虎豹、山洪山火、滑坡崩岗，都是他们致命的威胁，早期人类是很难生存的。考古学界以往极少在这种深山地区发现早期人类活动的遗迹，以致文物调查中往往忽视。直到2008年全国第三次文物普查，奇和洞才进入考古学家的视野。而这一进入就改写了福建远古的历史，沉睡万年的遗址就此展露真容，那么多的重大发现，那么多的首次、第一，奇和洞文化遗址抖开神秘的面纱，从远古走向全国、走向世界，跻身2011年全国十大考古重大发现之一……

附近村民口口相传，这个洞本叫奇河洞，洞中是一条神龙见尾不见首的奇特地下河，原始人傍水而居。后来河流改道了，在洞外不远处萦回，洞外就成了一片湿地，开满了雪白的野花，谁也不知道野花叫什么名呀，既然奇河改称奇和了，那花就叫它奇和花吧。

走出奇和洞，田野上又是那一片白浪起伏的花海，又是那美到极致的壮观。一朵花，或许就是一粒星光，一片花海也是一片星海，把那么遥远的壮观的美，那么贴近地，铺展在闽西的后人眼前。

且静下来，品味，那遥远而亲近的星光……

夕照平川

（一）

落日衔山。

终于抢在夜色眷顾之前，攀上了这被称为刘屋后背山的一带山包。选择一个制高点西望，越过近山远山的重重山影，夕阳正亮出酡红的面庞。在山与山的沟回间，是一片还算开阔的平洋地带，错落着屋宇、田畴、道路、林木，灵动着暮归的生灵：肩着锄头的村民、挽着书包的孩童、喷着响鼻的公牛、摇着碎步的群鸭……灵动着的还有平川溪，蜿蜒、宛转，把湿润润浸得饱满的夕阳，连同一溪波光云影，晃进我的眼底。

这样的场景似乎有些古典，如果不是公路上偶尔驰过的汽车，如果不是屋宇间依稀可见的电杆，我会走进哪个朝代呢？仅凭眼前晃动的芦苇，那晚风中簌簌的苍然，或许，我就可以走得很远很远。

曾经，那么着迷于闽西一带的地方典籍，为了印证其间的片言只语，走过的山山水水，怕是很难计数了。行走在现实的山水间，恍惚间总有遥远岁月的风烟拂面而来，在坚实的现实的地层之下，隐藏着多少今人远未知晓的秘密？那些出土以及等待出土的石器、陶器、青铜器……那些文明的碎片，曾见证过多少有声有色的活剧呢？就说脚下的这个山包吧，这个如今属于福建省武平县平川镇辖下的山包，远远看去它就像一头狮子，蜷曲着俯卧。如果不是那些古老的印纹陶片，尤其是那块标志着宫廷用器的陶片的出土，谁会想到就在这蜷曲的狮身之上，曾经活跃过以蛇为图腾的闽越族的身影？曾经矗立过闽西历史上唯一的诸侯王国——南海国的都城？而就在山包之下的平川溪中，发掘出的那只珍贵的青铜编钟，还有沿溪下游相继发现的三把青铜宝剑，这些经考古证实诞生在纪元之前的遗物，似乎也为都城作了金属一般铿锵作响的证明。夕照之下的山川是容易让人想入非非的，那腰佩青铜宝剑的将军，那敲击青铜编钟的乐师，那捧着印纹陶樽陶盏行酒的宫女，他们那或矫捷或犹疑或婀娜的脚印，会与我叩问沧桑的脚印重叠么？小心翼翼地在满布芒草、芦萁、刺藤的山梁行走，生怕一不小心，就会踩痛那尘封千年的记忆。那些凝集着闽越人千年记忆的印纹陶片，那些陶片上美轮美奂的曲折纹、网格纹、叶脉纹、弦纹、水波纹、鱼鳞纹……那些曾经鲜活的生命的舞姿，骤然相遇是这样的让人心旌摇荡。可是，那些飘忽了2000多年的灵魂，他们会欢迎不速之客如我的造访么？他们会愿意敞开心扉，诉说远去的喜怒哀乐，包括那不堪回首的屈辱记忆么？

　　也许，这一片土地沉寂得太久了，这一些飘忽在苍茫时空的灵魂沉寂得太久了，历史需要诉说，需要倾听，总会有一个契机，拂去遥远岁月的风尘；总会有一个机缘，让今人接通远古的呼吸。那么，站在这两千年前南海国都的废墟上，我真能品味出那些灵魂的战栗，我真能触摸到那些遥远的心跳么？

出土的南海国青铜剑（李国潮摄）

山风飒飒而来，它在我眼前掀开了无比久远无比生动的一页……

（二）

两千多年前的春秋战国时期，这块土地上生息着的是史上颇有名气的闽越人。春秋时代的最后一霸越王勾践，便是传说中这些闽越人的祖先。越国称霸后100余年，灭于楚，越民自江浙逃亡徙居福建、广东等地，随地立君，故称为百越，活跃在闽北、闽中、闽东以及闽粤赣边三角地带的几个分支，被称为闽越人。

闽越人在闽西留下的踪迹几乎随处可觅。这个与水缘深情重的民族，总是傍水而居，《史记·周本纪》称：闽越人"常在水中，故断其发，文其身，以象龙子，故不见害。""断发文身"，作为闽越人的典型特征，就这样留在中华典籍中，与华夏族的"披发左衽"，遥遥相对，泾渭分明。断发，是光溜溜一丝不留，还是如今小青年剃个铲子头，我们不得而知；文身，在身上刺上花纹，这是当今一度盛行的玩意。闽越人"断发文身"，打扮得酷肖水中龙蛇之子，为的是避免伤害，当然，一头青丝割断，没了羁绊，闽越人在水中可就如鱼得水了。

与"断发文身"相连的，是闽越人对龙蛇的崇拜。蛇是他们的图腾，节庆时节常要顶礼膜拜的。典籍上这样描述闽越人："闽，东南越，蛇种"，因为崇拜蛇，而被说成蛇种，并无文字也便没有自身文献记载的闽越人，世人对其的了解，主要依靠考古所得，以及古代典籍《史记》《汉书》中那些极为简略且颇含偏见的记载。当然，闽西大地还是有大量的蛛丝马迹，证明着他们的存在的。长汀罗汉岭上有一座蛇王宫，里面塑着青面魁伟的蛇王菩萨，当地人传说："没有汀州府，先有蛇王宫"，可见蛇王宫历史的久远。而在上杭与长汀交界处，有座灵蛇山，山上有座蛇腾寺，寺里供奉着灵蛇娘娘。蛇王宫与蛇腾寺都是古闽越族龙蛇崇拜的遗迹。

闽越人为闽西大地留下了灿烂的文化，这可以从大量的出土文物得到验证。精美的几何印纹硬陶，是闽越人独具特色的创造，这类陶器多为生活用陶器，瓮、罐、盆、盘、钵、盂、碗、鼎、釜等应有尽有，其突出特点是繁多的印纹，诸如篮纹、编篮纹、曲折纹、方格纹、米字纹、云雷纹、双线纹、水波纹、弦纹、鱼鳞纹……浮凸在陶面上，那真称得上美轮美奂，与华夏族独具特色的彩陶相比，也毫不逊色。青铜器的铸造也具备了相当的水准，平川溪畔发现的这几把青铜剑、那一只青铜编钟，尽管铜锈斑斑，依然让人惊叹其铸造的精美，那一把品相最好的青铜剑，与广州象岗山南越王赵眜墓出土的青铜剑风格、造型、品质完全一致，是当时

出土南海国编钟（李国潮摄）

有相当地位的王侯将军方能使用的武器。这些年，闽粤赣边地区闽越时期的古建筑遗址陆续发现。广东五华县的"长乐台"遗址，考古发现有石路、灰坑、柱洞、红烧土、夯土墩等，出土一批板瓦、筒瓦、瓦当等建筑材料和陶罐、陶盆、陶碗、陶杯、陶盂、陶坠、陶纺纶等，还有铁屑、木屑、木炭、石器等遗物，证实是西汉时期建筑，是古越族首领接待汉使的接汉台。而我眼前的这座刘屋后背山，虽然尚未发掘，但随处即可捡拾的大量印纹陶片，早已预示了此地的丰富遗存。刘屋后背山所在的福建武平县，经考古专家鉴定的西汉遗址就有9处，行走在这些远古的遗址上，检视那么丰富、独具特色的闽越人的遗存，能不令人临风怀想？

（三）

还是回到刘屋后背山来吧。

这一片两千余年前的废墟，实在难以给人废墟的感觉。记忆中的废墟，那苍山夕照下的断壁残垣，给人的印象总是荒莽、悲凉。有名的比如圆明园，

不过百十年光景，那倾斜的石柱与遍地的瓦砾却已透出满目沧桑。新疆吐鲁番的高昌故城，废弃1200多年了，触目惊心那么一大片高低错落的残墙，暗黄的色调让天空也变得苍老。这里则不同，也是苍山，也是夕照，却不见断壁残垣，并不算高的山包上，矮矮的马尾松、矮矮的灌木丛、矮矮的芦萁与茅草，还有这里那里星星点点裸露的黄土，周遭的一切都显得那般的平静与和谐，只有当草丛中黄土间那些散落的陶片蓦然跃入你眼帘时，你才惊觉沧桑的变异。这一刻，那些散落的陶瓷碎片，还有那些散落在典籍中的语言碎片，争先恐后进入你的脑海，在你脑中聚拢、还原，一个古老的不再存在的民族，一个古老的早已消失的国度，由模糊，渐渐清晰。

渐渐清晰的更有一个人，那一个有些温情的名字：织，那个有着鹰钩鼻子发出豺一般啸声的越王勾践的后代。越亡，遗民逃往广东、福建等地，随地立君，织的先人就成了闽粤赣边一带闽越人的首领。到了织这一代，正逢秦亡、楚汉相争，南方的这些越人后代：无诸、摇、织，还有占据广东大部的原秦军将领赵佗，审时度势站在了刘邦一边。楚霸王自刎乌江，汉廷论功行赏，实力最强的无诸与赵佗最先封王，占据闽中、闽北、闽南一带的无诸，受封闽越王；占据广东大部的河北人赵佗，受封南越王。此后，为了分而治之，汉廷又封占据闽东、浙南一带的摇为东海王；封占据闽西、粤东一带的织为南海王。汉高祖十二年（前195年），刘邦下诏曰："南武侯织，亦粤之世也，立以为南海王。"这样，东南沿海这一带，就有了4个异姓王国：闽越国、南越国、东瓯国、南海国，4国之中，南海国实力最弱。此外，为了防备这些异姓诸侯造反，汉廷还让一个刘姓诸侯王：淮南王，负责监督这些王国，统有九江、衡山、庐江、豫章4郡。

那么，织就是闽西历史上第一位，也是唯一的一位诸侯王了。他本是南武侯，占有闽粤赣边三角地带，中心则在今日的福建武平、广东蕉岭。唐朝设立汀州，设两镇于汀州西南，以其本为南武故地，分别加上安、平两字而命名南安、武平。今日武平县名，正是南武旧名的承续。织由侯而王，表面看是汉廷的恩宠，实则是汉高祖刘邦阴险的一着妙棋：裂土封王，让诸王互相平衡和牵制，以削弱和阻遏其中的强者，防止一王独霸东南，以便分而治之，时机成熟时再各个击破。而把闽越王管辖的闽南地区、南越王管辖的潮汕地区划到南海国的名下，也就把织摆到了刀俎上。织不过是汉高祖手中牵制闽越王、南越王的一粒棋子，本可在夹缝中生存的他，因为封王，成了闽越、南越的眼中钉肉中刺，以南武区区兵力，哪里能够接管潮汕、闽南那么广袤的土地呢？南海国终究只是个画饼，织的国都只能在封侯故地，山依旧那些山，水依旧那些水，人依旧那些人，变了的只是织的封号，还有膨胀了的虚荣心。毕竟是开国之君了，不该讲究些开国的排场么？都城巍巍，在后背山狮子般的身躯上拔起；美酒汤汤，在编钟乐舞声中君臣同醉。歌舞升平的梦幻中，危险却步步逼近，也是在这样的黄昏这样的夕照中，汉廷的一支大军闪电般端掉了织的美梦。背着谋反罪名的织和他的臣民，被押解着，先迁江西上淦，再迁庐江。闽西历史上唯一的王国，从开国到亡国，前后竟不足30年。

织是一个悲剧人物么？想象中的他，应该是孔武有力、果决刚勇，绝不像他的名字那样显得温情而软弱。非如此，又怎能以区区不足万人，助汉立功而封侯封王？又怎会两度与代表汉廷监督南部诸侯的淮南王翻脸，而被诬"谋反"，国破人囚，举国被迁？但他又实在是不够明智的，面对王位的诱饵，他无法抵御虚荣；置身在南越、闽越、淮南众多虎视眈眈的目光下，他又缺乏足够的警惕。开国与亡国竟是这样的如影随形，想想他以一身兼有了从"成王"到"败寇"的大起大落、盛衰荣辱，历尽荣枯，午夜梦回，该是怎样的扼腕唏嘘？

更可叹的，是那些身处底层的闽越百姓。织为王，他们得到了什么好处呢？得到的或许只是建都繁重的劳役；织败亡，他们的命运却是更为悲惨，当他们牵家带口，在刀枪棍棒的押送下一步一回头，热泪涟涟痛别这个民族生息了千年的土地时，他们会想到，他们中的大多数、绝大多数，从此与这块热土再也无缘么？"其地遂虚"，这是古籍中的记载，迁徙竟至于"虚"，汉王朝的高压到了何等惊人的地步！从此，除了少数遁入深山老林的闽越人，闽粤赣边这一带广袤土地，便几乎杳无人迹，只有虎啸猿啼，久久回荡。

一个在此生息了千年的民族，一个闽西历史上唯一存在过的国度，就这样消失了么？那些牵家带口被押解着走向异乡的闽越人，别梦依稀，会萦绕着后背山狮子般的身躯么?他们经历了怎样的艰难曲折而最终融入了汉族的血脉?那些遁入深山老林与虎豹豺狼苦苦周旋的闽越遗民,月夜霜晨,会遥对着后背山一洒热泪么?等待他们的又会是怎样的命运呢?站在后背山狮子般的身躯上,对着只剩下半边面孔的血色斜阳,对着道道山影海涛一般漫向天边的苍山,忽然觉得心头热流涌动,那是一种说不清道不明的感觉,是感慨?是痛楚?是亲近?是……

在斜阳中远去的闽越人,那渐行渐远的身影,那渐渐小如松鼠、小如甲虫、小如蚂蚁的身影,为什么刺痛了我的眼睛?我,一个客家的后人,从中原迁徙而来的客家的后人,遥想这些2000多年前的闽粤赣边土著,为什么竟感到这样的亲切?这样的血肉相依?仿佛我就在那远行的队伍中,正满含热泪,一步一回头,向着后背山,向着后背山上的我……回望。

(四)

是的,回望。

历史总是需要回望。

西汉初分封的几个越人王国,先后都被汉廷各个击破了。继南海国灭亡、其民迁徙江西之后,汉武帝建元三年(前138年),东瓯国与闽越国发生战争,汉廷发兵援东瓯,战事结束后东瓯举国迁徙江淮一带;汉武帝元封元年(前110年),汉军攻破闽越国都,汉武帝"诏军吏皆将其民徙处江淮间"。三个越人王国,最长的闽越国也只不过存在了92年。而几乎无一例外,三个王国的原住民都先后被迁徙到汉人聚居的江淮一带,渐次融入了汉人的血脉之中,从此,越族消失了。广袤的闽越、东瓯、南海故地,一时成了渺无人烟的荒山僻野。

当然,虽然三个王国都是举国被迁,虽然史籍上记载"闽地遂虚",但终究还是会有破网而出的,少部分的遗民遁入了深山老林。在闽粤赣边三角地带,南海国的遗民昼伏夜出,度过了相当一段与虎豹蛇虫为伍的日子,相当一段不为世人所知的日子,他们从此不再出现在典籍之中。但,他们的血脉留下来了，他们与此后陆续迁来的零星汉人、畲瑶先民逐渐融合，形成了新一拨的土著，千年之后，再与大批到来的客家先民交融，共同成为今日客家民系的祖源。

站在后背山狮子般的身躯上，我的胸中，不由得热流涌动。

这一刻，山风拂面，茅草轻摇，夕阳就要收起最后的余晖，西天满布的红霞，美得让人心碎的红霞，为这曾经的王都，罩上了一层亮色，一层如许凄美的亮色。

真应该为织立一尊塑像，就在这夕照下的平川。

峒间歌者

（一）

　　走在闽西的山水间，好些地名常常引起我的遐想。官畲、江畲、于畲、苏畲、蓝畲、乐畲、石畲、坪畲、绕畲、上畲、中畲、大畲、畲心、畲部、畲背、黄草畲、张畲坑、立禾畲、畲坑堡、合桃畲、畲窝里……难以计数的带"畲"的地名，竟然都出现在并无畲族人口的客家村落，相反，那些畲族人聚居的畲村，村名却往往并不带"畲"的字眼，比如山羊隔、比如小澜、比如庐丰、比如官庄，都是今日龙岩地域的畲村、畲乡所在。这种畲村不带"畲"、客村却有"畲"的现象，究竟揭示了怎样的历史事实呢？

　　一千多年前，畲民曾大量繁衍生息在闽粤赣三省边境地区，在中原汉人大量迁徙抵达这片如今的客地之前，在南海国灭亡、闽越人北迁"其地遂虚"之后，数百年的光阴中，畲民在这里"承山散处，刀耕火种，采实猎毛，食尽一山则他徙"，过着"畲民不役，畲田不税"不为官府所羁比较自由的生活。客家先民辗转南迁到达闽粤赣边的时候，这片土地上主要的土著，就是畲民。可是，千年之后，畲民的身影在闽西却是鲜见了。清末闽西名士就曾发出了"畲人安在"的感叹。新中国成立之后，1964年人口普查，龙岩地区7个县级单位，畲族人口仅有513人，曾经遍及如今这片龙岩地域的畲民，到哪儿去寻找他们的身影呢？

比较权威的说法是，畲族绝大多数已迁往闽东、浙南一带。大约自唐末开始，小部分畲民即循武夷山脉北迁，到了宋元时期，大量的畲民陆续离开闽粤赣边，时居时徙，徐徐北上，至明清已基本定居在闽东、浙南。现今这一带的畲民占全国畲族人口的三分之二，而究其由来，都是迁徙自闽粤赣边。

但这样的说法并不能完全令人信服。远在公元7世纪，畲族的人口就已经接近今日了。宋元明几个朝代，闽粤赣边曾陆续发生过数十次的畲民起义，起义的人数常达数万，甚至十数万人。依繁衍的速度，畲民的人口当远远超过今日。那么多应该存在的畲民后裔，他们究竟隐形在何方？

20世纪80年代，龙岩地域开展了畲民认定恢复族属的工作，一下子冒出了数以万计的畲民。仅1987年，上杭县就有蓝、钟、雷三姓3万余人恢复了畲族族属，并由此设立了官庄、庐丰2个畲乡；而这些畲民，无论从语言、服饰、文化心理各个层面，都与客家人一般无二，他们中的许多人，在恢复畲族族属之前，一直认为自己是客家人，而当畲族身份突然降临他们身上的时节，一些人一时竟有些茫然失措："嘛个（什么），俚（客语：我）系畲族人？"

其实，龙岩地域生活着的多数畲族人，早已融入客家人群落中了。畲族的特点大多已经消失，"银钏金钗来负水，长刀短笠去烧畲"，唐代刘禹锡笔下的畲瑶风情，早已是难得一见了；少部分人还保留下来了他们的图腾——传说中的祖先"盘瓠"，保留了春节祭拜祖图的习俗，而在多数自认为客家人的畲民后裔中，这种图腾崇拜也已经渐渐远去。走在山山水水间，我的眼睛总在触目可及的那些带着"畲"字的地名间打转，在这些已经全为客家人的村落间，我能否寻觅到那个古老民族的蛛丝马迹？

（二）

时光倒转一千余年，闽西地域还是地广人稀的所在，大量的虎、豹、猿猴、山羊、野猪，与不太多的土著居民，常常是隔河、隔山相望。这时节的土著,主体是畲族。

畲族是何时开始生息在此地的?尘封的历史扑朔迷离,只能从传说中揣摩一二。据说,畲族的祖先生息在广东丰顺、饶平、潮安交界地带的凤凰山上,在闽越人迁徙江淮之后,畲族渐渐溯流而上,天长日久,闽西地域都有了他们的身影。他们工具原始,靠的是刀耕火种。"其人耕无犁锄,率以刀治土种五谷,曰'刀耕'。燔林木使灰入土,土暖而蛇虫死,以为肥,曰'火耨'"。他们民风淳朴,女子劳作尤勤,"绿蒲畲客饭,红叶女郎樵",唐代诗人的这些诗句,正是他们的写照。他们能歌善舞,"岗头溪尾,肩挑一担,究日往复,歌声不歇",唱的多是身边的事,"妇人女子矢口而成",即兴表演,而脍炙人口的《高皇歌》,则是畲族的史诗,诉说着一个古老民族的图腾——

> 当初出朝高辛王,
> 出来嬉游看田场,
> 皇后耳痛三年在,
> 医出金虫三寸长。

> 医出金虫三寸长,
> 便置金盘拿来养,
> 一日三时望长大,
> 变成龙狗长二丈。

> 变成龙狗长二丈,
> 五色花斑尽成行,
> 五色花斑生得好,
> 皇帝圣旨叫金龙……

这便是畲族的图腾——盘瓠。皇后耳中挑出的一条金虫,"瓠篱盛之,覆之以盘,顷刻化为五色犬,因名'盘瓠'"。在敌军侵犯国土的紧要关头,盘瓠

畲族祖图局部（白云提供）

奋不顾身，一口咬掉了敌酋的脑袋。论功行赏的时候，盘瓠不吃不喝，闷恹恹躺在屋角，期待高辛王实践原先的诺言：许配美丽的三公主。高辛王发愁了，盘瓠不是人身啊，怎么办？

神奇的盘瓠登时口吐人言："只要将我放在金钟里面，七天七夜，我就可以变成人。"

高辛王用金钟把盘瓠盖住，一天，二天，三天，盖到第六天，皇后怕盘瓠饿死，悄悄打开金钟一看，盘瓠全身都变成了人，只有头还未变好，从此再也不能变了。盘瓠就与三公主成了婚。

>头是龙狗身是人，
>爱讨皇帝女结亲，
>皇帝圣旨话难改，
>开基蓝雷盘祖宗……

盘瓠与公主生了三儿一女，请高辛王赐姓。大儿子生下来放在盘里，赐姓为盘；二儿子生下来放在篮子里，赐姓为蓝；三儿子生时恰逢雷声云头响过，便赐姓为雷；小女儿长大成人，嫁给一个士兵，跟着丈夫姓钟。

这就是畲族四大姓盘、蓝、雷、钟来历的传说。四姓共奉盘瓠为最高始祖，各姓都珍藏着绘制好的盘瓠祖公图像，或是绘成连环画式的历史画卷，统称祖图。每逢春节、端阳节、中秋节，畲族人都要祭祀祖图，并由长者向朝拜者讲述祖先盘瓠神话般的身世经历，年年如此，代代相传，永记盘瓠。

畲族的起源主要有土著说与迁徙说两大类型。持土著说的一般认为，畲族就是原闽越人的后裔；持迁徙说的则有《高皇歌》中所述的源于凤凰山说，以及源于湘西南迁的武陵蛮说。

无论是土著说还是迁徙说，一个事实却是不可否认的：与唐朝末年之后才大量进入今日龙岩地域的中原汉人相比，畲族先人无疑更早生活在这片土地上。就是这些传奇的盘瓠后代，在唐以前的数百年间，一直是闽西土著居民的主体。正是他们，在中原汉人大量进入闽西之后，与这些客家、福佬先人既争斗又联合，磕磕碰碰相处了数百年、上千年，在这片土地上，书写了血汗凝就的篇章。

（三）

还是先看一看这些畲族先人在这片土地上的生存状态吧。

隋唐以前，闽西一带尽是荒山野岭，多的是野兽，少的是人烟。拓荒者大约是无须交什么租，服什么劳役的，要种粮，只要舍得花力气，土地有的是；要捕猎，只要有胆量，上山便有收获。畲族先民在这里，近似于桃花源中人，过的是虽然艰辛却自由自在的日子。畲人"承山散处"，分散地居住在山坳溪谷，靠山吃山，而靠山吃山的方式主要就是两条：一是种粮，一为打猎。农耕的方式畲人是落后的，靠的就是刀耕火种。扛着长长的砍刀，劈倒一片荆莽，然后点起一把火，烧它个浓烟蔽日，林木与荒草都在滚滚的浓烟中化成了肥沃的草木灰。趁着地表的温热，用刀剜出一个一个坑，播下种子，然后就拍屁股走人了。不管不顾，直到百日之后，再回到这块地头采收。古人诗曰：

畲族姓氏舞（廖亮璋摄）

"五月畲田收火米"，指的就是这样的畲禾，这样的收获当然是微薄的，要填饱肚子，就要"采实猎毛"并用。采实，除了采收庄稼，也指采摘山上的野果；猎毛，拿起弓箭去射飞鸟走兽。畲人狩猎倒是技高一筹，其箭头上涂上烈性药，中兽立毙。反正农耕所需的时间不多，一年中大部分时间是在山上采实猎毛。就这样烧一片山种一片粮，第二年换一片山再种另一片粮，一带山地都种过了，就举家迁徙到新的地方，所谓"望青山为业，傍木为家"，畲民常常是居无定所的。他们与官府之间关系淡薄，官府很难将他们作为固定居民予以课税、摊派劳役。南宋名臣、福建莆田人刘克庄任漳州知府时，曾有一个著名的告示《漳州谕畲》，是今日发现关于畲族的最早文献，文中就说："畲民不役，畲田不税，其来久矣。"

畲民的物质生活是艰苦的：种粮，广种而薄收；打猎，常常也要碰运气；穿着，只能靠自种蓝靛、苎麻，染织粗布。贫瘠的生活条件，难以抵御自然灾害，在无所不能的上天面前，畲人"万物有灵"的信仰自然而然产生，雷公、电母、石头、大树……似乎都成了主宰人们命运的神灵，"多信鬼神，好淫祀"成了畲人信仰的特征。但物质条件虽然艰苦，畲民的精神却相对自由。畲人没有缠足的陋习，男男女女共同从事户外劳作，女子则里里外外一把手，比男子还多一份辛劳。劳作之际，男子穿着"郎衣"——一种大襟无领的衣衫、去腰偏裆的裤子，女子穿着"娘衣"，即去了郎衣袖口，在右襟上缀上花边的衣衫，男男女女衣色多青、蓝，质地多为粗布，衣袖口、裤脚边皆宽大，配上一袭围裙，分外精神。山间地头劳作累了，仰头亮嗓，清亮亮的山歌就飞出喉咙，这片山头一支山歌刚刚唱罢，隔山马上飞来应和的歌声，男女相互对唱，疲劳早已飞得无影无踪。不少青年男女唱得入港，越唱越动情，情投意合也就唱到了一起，结成了夫妻。

如今，走在那些带着"畲"字地名的村落，偶尔仍能听到那些清亮的山歌声，当然，这些歌者都不是畲族人，而是曾与畲家同处数百年岁月的汉族支系客家人、福佬人后裔，山歌也并非畲歌，而是沉淀了畲歌古韵的客家山歌、龙岩山歌。清亮的山歌回荡在山水间，它让你想起了畲家男女对歌的经典场景，它让你回到了千年前畲家烧畲拜山的岁月。

（四）

唐末，黄巢起义带来的战乱席卷大半个中国，自西晋"五胡乱华"开始就逃离中原辗转南迁已经数百年的客家先人，又一次从新的暂居地起程，大量进入了战乱尚未波及的闽粤赣边，与在此生息已久的畲民，必不可免地产生了碰撞、争斗与交融。在人口众多、文化程度远胜于土著的客家人包围中，原先的土著畲民，一部分与客家交往较多的，被逐渐融合而汉化；另一部分与客家关系较疏远的，则不得不选择离开，去寻觅更适合保持自己生活方式的地方。闽粤赣边，最终成为客家民系的大本营。

黑狗公王的故事，或许是二者碰撞交锋继而融合的一个很好的注脚。

上杭、武平、长汀三县交界处，有个罗坑头村。村里有个很著名的神坛，据说十分灵验，远远近近的村民都来朝拜，都说是朝拜黑狗公王。其实，神坛供奉的主神是紫微大帝，是汉人信仰中法力高强的神祇。紫微大帝神坛前约一米高的半圆形地基中央，供奉的才是畲族的神灵黑狗公王。神坛四周绿树环绕，一条小溪从神坛前汩汩流过，风景宜人。此坛平日香火不断，每逢农历初一、十五更是人头涌动，香烟缭绕。

汉族的神灵紫微大帝与畲族的神灵黑狗公王因何共处一坛？村人的述说耐人寻味。原来紫微大帝是他们的上祖迁来时带来的神灵，黑狗公王则是紫微大帝在畲心村收服的一位土神，与紫微大帝收服的另三位土神"麻公三圣"合称"四大将"。由于黑狗公王法力极高，神位又正在紫微大帝坛前，村人祭拜时多在此叩拜、许愿，公王的灵验也就越传越神、越传越远。说是有个小伙子看上某位姑娘，姑娘家却不答应，小伙就到公王神坛前虔诚许愿，没用多久就喜结连理了；说是有家人妻子离家出走，做丈夫的把妻子穿过的鞋子往公王坛边的树上一挂，然后跪在公王坛前许愿多时，等他磨磨蹭蹭回到家中，嘿，妻子已经在家中煮好饭等他了。这些灵验的传说广为流行，一来二去，黑狗公王名声远播，紫微大帝反倒知之者不多了。

这样的故事不正是两种文化碰撞过程的形象诠释么？激烈的碰撞之后，畲族文化融入了客家文化中，但畲族文化并未消失，它的许多精髓的部分，被后来的客家人接受并予传承。黑狗公王的知名度在客家民众中居然超过了紫微大帝，是否可以看作是畲族文化在客家人中的传承与发扬呢？

证诸史实，可以看到，自宋以降，以畲族为代表的土著人口在闽西、粤东不断消减，到明代正德年间，已不足唐时的十分之一。这里，当然有部分畲族人口往闽东、浙南迁徙的因素，但更主要的原因，还在于畲人与南迁汉人的融合，相当部分的畲民汉化，融入了客家人的群体。近年恢复畲族族属的龙岩地域畲民，服饰、语言、举止、文化、心理都与客家人毫无二致便是明证。可以说，今日的客家，其实是中原南迁汉人与土著畲民长期融合的结果，在数百年畲客融合的基础上发展的客家文化，虽然始终是以汉族传统文化为主导，但畲族文化也必不可免地融入了今日客家人的深层心理。

那么，今日的客家文化，传承了畲族文化哪些因子呢？

语言当然是第一个要素。今日的客家话，沉淀着不少的畲瑶语言成分，比如语音，客家人称母亲为"娓"、称祖母、外祖母为"jia"，与畲瑶语十分相似,却明显不同于普通话的妈妈、奶奶、外婆;比如词汇,客家话的性别词尾"公、婆、牯、嬷、哥"等使用频率很高,在汉语方言中十分突出,像蚂蚁叫"蚁公"、耳朵叫"耳公"、老鹰叫"鹞婆"、小偷叫"贼牯"、拳头叫"拳头牯"、斗笠叫"笠嬷"、兔子叫"兔哥"等,都是普通话没有的用法,而畲瑶语却有近似的用法。比如语序,客家话的词序倒置现象颇为频繁,像公鸡要叫"鸡公"、热闹要叫"闹热"、力气要叫"气力"、客人要称"人客"、多吃一碗饭则叫成"食多一碗"或"食一碗添",这样的倒置在畲瑶语中也时有出现。有学者认为,这些都表明畲族语言的某些词汇、语音为客家所吸收和借鉴。

服饰。改革开放之前,客家人的服饰尚蓝、尚青,这与历史文献记载畲人"衣尚青蓝色"相同;尤其妇女的衣着打扮,如大襟衫、高髻、天足等,有学者说,"简直就像是从畲族妇女那里学来的"。

饮食。客家人饮食与畲人相似处不少,比如绿荷包饭,早晨上山劳作时,用芋荷叶包好饭菜,正午就在泉边、地头,就着泉水吃芋荷叶包着的饭菜,家境好些的还会带上一壶水酒或茶水,那就是以酒配饭其乐融融了。绿荷包饭就是从畲民那儿学来的,有诗曰:"绿蒲畲客饭",这可是有千余年历史的唐诗为证的。

信仰。客家民间信仰庞杂,不仅有传承于中原汉族的信仰,也有承继土著畲民信仰的成分。比如前述黑狗公王信仰、猎神信仰等,就是从土著中承继的。而畲人"多信鬼神、好淫祀"的现象,在客家人中亦不鲜见。

习俗。客家的婚俗主要传承中原,但葬俗则有承继畲族的成分。比如"二次葬",人死下葬多年后,再捡拾骸骨盛于陶罐中,重新选择风水宝地安葬。这在客家人中十分盛行,称"捡金"。有学者考证,此俗同畲瑶,应是借鉴了畲瑶,但又融进了客家人的风水观念的。

风情。客家山歌,无论内容、形式、曲调均多相似于畲族山歌,明显有传承或借鉴后者的成分。

还有……

两种文化的激烈碰撞、争斗,既而融合,建构了今日龙岩地域璀璨的客家文化。当我们探寻客家文化这座宝库的时候,我们是否看到了,在客家文化璀璨夺目的光芒背后，那畲族文化的背影？

（五）

或许，终于可以解答"畲村不带'畲'，客村却带'畲'"这一独特的生存现象了。

大量的原始资料表明，客家与畲族，实在是有着千丝万缕"剪不断，理还乱"的关联的，正是这两大族群长时期的互动，才有了今天的客家民系。这种交融既是文化上的，也是血缘上的。畲族原来只在族群内部通婚的习惯，在客家人大量进入闽粤赣边与其杂处后，便已不再延续，客畲通婚十分普遍。查阅众多的客家族谱，诸如祖上迎娶畲女蓝某娘、雷某娘、钟某娘之类的记载比比皆是，有的家族甚至连续好几代都迎娶畲女为妻。客家是多源的，客家的源头不仅仅在中原，至少，闽西地域以畲族为主体的土著，也是客家的源头之一。这，或许就是今日的客村常常带有"畲"字的缘由。

古代典籍上称山峦之间为"峒"，百家畲峒则是对畲人聚居村落的泛称。走在今日龙岩地域一个个带着"畲"字的村落间，峒间，畲人，那些千年前曾经活跃此地的身影，那些峒间天生的歌者，拂去千年风烟，正款款踏歌而来……

古县新罗

（一）

瘴雨蛮烟。

这一片占福建省总面积六分之一的土地，千万年来每每处在与世隔绝的状态，三列山脉：东部的戴云山脉、中南部的博平岭山脉、西部的武夷山脉南端，如三笔粗重的颜体笔画，个个气势不凡，自东北画向西南，在天地间耸起无与伦比的一个"川"字。这个立体的川字之内，是如此广袤的化外之地，溪流如网，网格内，是难以计数的谷地、丘陵、中山以及偶或崛起的千米高山，是欲断尤连的原始森林与灌木林、草地。这里是走兽飞禽、虫豸鱼鳖的领地，那种叫作"人"的生物，多少万年来都显得那么稀缺。寥寥可数的人，只能抱团聚居在依山傍水的若干个原始村落里，这些村寨被称作"峒间"，也就是在莽莽群山一列列的山峒之间，它们，充其量只相当于茫茫戈壁滩上星星点点的绿洲。

这些居于峒间的人，千万年来换过了一茬又一茬：奇和洞人、清流人、闽越人、畲人……当北方来的文明终于突进这片化外之地的时候，这里生活着的，是被典籍称作"蛮獠"的土著，包括闽越人后裔"山越"、畲人以及人数不算太多却在典籍上前后绵延数百年的"山都"与"木客"。

西晋武帝太康三年（282年），是闽西古代史上值得大书特书的一年，闽西地域上第一个县级行政机构新罗县建立，这一年，是闽西历史上有确切纪年的开始，标志着这片化外之地，第一次纳入了朝廷的版图。

其实，在西汉之前，整个福建都属于化外之地。汉初的闽越国，是福建有明确文字记载的开始。闽越国覆灭，汉廷将闽越人举族北迁，致"其地遂虚"。西汉东汉数百年间，占地十二万多平方千米的福建境内只有一个县级机构"冶县"，在籍户数不足一千。我所居住的小区，面积不到一万平方米，在籍户数居然超过了当时的整个福建地域。到了三国时期，福建地域是吴国的领地，东吴在此经营多年，吴永安三年（260年），东吴政权在此设立建安郡，"统县七，户四千三百"《晋书·地理志》，表明闽地从县级管理单位上升到郡级管理单位，成为福建开发史上的一个里程碑。

晋武帝太康三年则是闽西开发史上的里程碑。这一年，西晋朝廷在闽地增设了晋安郡，下辖8县；加上原有的建安郡7县，福建地域有了2郡15县。只是，与西晋一统时全国19州173郡245万户1616万人的总量相比，闽地2郡15县不足万户实在有些可怜。而占地接近福建五分之一的闽西南地域，居然只有一个新罗县，管辖着现龙岩市7个县（市、区）和现三明市的宁化、清流、明溪3县全部地域，以及现漳州市的南靖、平和2县部分地域，面积超过2.5万平方千米。

无论如何，这是闽西地域上的第一个县级建制，尽管其存在时间并不长。由西晋到东晋，再到南朝的宋泰始四年（468年），新罗县就被裁撤了，存世不过186年。在建县与撤县的接近两个世纪间，新罗古县发生过多少鲜为人知的大事与故事？漫漶的史籍难觅片言只语。古县留下了太多的谜，留待后人去考证。如同这片土地上那早已消逝的瘴雨蛮风，依然盘桓在典籍上，在后人急切的目光中，若隐，若现——

新罗，为什么叫新罗？

新罗的县治在何处？

新罗的地盘上，其时有过哪些村镇，那些山峒？有过多少姓氏，多少人口？

新罗立县后的第一批居民，是北来的汉人？是南来的畲客？是遁入深山的山越？是构巢林间的山都还是木客？

……

每一道谜，都是一粒宝石，深藏在历史的缝隙间，不时总有难以掩饰的光芒，闪烁……

（二）

新罗，为什么叫新罗？

县以山名，此为一说。

建县之前，闽西地域有山名新罗山，高耸峻拔，为域外人所知。建县之际，因以山名为县名。只是，此山既为闽西地标，如何今日又寂寂无闻，竟无人能确认山在何处？

有人认为山在今上杭、连城、龙岩交界的梅花山自然保护区一带。依据为梅花山诸峰地势高耸，闽西海拔最高的三座山峰狗子脑、黄连盂、庙金山都在这一带，非此群峰难为闽西地标。清代扬州画派著名画家华嵒自号"新罗山人"，盖因其家乡上杭县的白沙正在新罗山附近。

有人认为新罗山在今长汀县城西的篁竹岭一带，篁竹岭又名新乐山，处于闽赣之间，南迁汉人由赣入闽，最先看到的山峰就是新乐山，"新罗山"应是"新乐山"讹音而来。

只是，若新罗山在梅花山自然保护区一带，为何诸峰名号百出，却无论典籍或是传说，皆无一峰与"新罗"两字相关？

若新罗山为新乐山讹音而来，而新乐山又为南迁汉人命名，寓意其地为逃难汉人新的乐土，则新罗山名应迟于县名，因为汉人南迁进入闽西最早也在西晋"五胡乱华"之后，而新罗县在西晋统一全国的第三年便已设立，时间上要早得多。如此，以山名县之说也就不能成立。

县名源自古老的典籍《尚书》，此为又一说。

《尚书》之"尚"，意为"上"，乃上古流传下来的经典。"新罗"二字，出自《尚书》，寓意"德业日新，网罗四方"，是十分大气而富有包容的称呼。朝鲜境内曾有一个受汉文化影响深远的国度，于公元6世纪立国时，就以"新罗"作为国名，便是采用了《尚书》的寓意。不过与福建境内这个"新罗"古县相比，时间上却是整整迟了三百年。

或许，正因"新罗"含蕴如此大气而富有包容的寓意，这个古县之名在闽西发展史上常有回音。唐开元二十四年（736年），闽西境内第一个郡级建制汀州设立，下辖三县：长汀、黄连、新罗。其时废弃已268年的新罗古县名，重被起用。这个在闽西境内第二度出现的新罗县，地域只有新罗古县的三分之一，时间更只有短短6年，之后县名便改成龙岩。尽管只是昙花一现，但在文人墨客的笔下，新罗长在，唐宋元明清千余年间，新罗始终作为龙岩的别称，在历代诗文中长新。直到1997年，在龙岩地级市成立的同时，撤销县级龙岩市设立新罗区，"新罗"一名在新的历史条件下获得了延伸。

当然，新罗得名的诸种说法都缺乏有力的佐证，新罗的来历，依旧还只是一个谜。在谜底最终揭晓之前，就让这种种猜测并存吧。或许，对种种猜测的考证，会在我们眼前铺开：柳暗花明。

（三）

新罗古县，县治何方？这是第二个谜。

西晋初的闽西地域，地广人稀，基本上是走兽飞禽出没的所在，为数极少的土著与零星进入的汉人，星散在一个个依山傍水的盆地间，也即峒间。那个时候有多少"峒"呢？辉耀闽西史册上的，只有四个著名的聚落：光龙峒、黄连峒、苦草镇、长汀村。那时晋安郡八县的人口，在册的不过4300户，平均一县500余户，即便把隐匿的估算进去，闽西地域也不过万余人口。这四个著名的聚落，大约占了人口的八成，一个聚落，大约就有两千余人，在那个时代，算得人丁兴盛了。县治所在，应该只在这四个聚落中。只是，哪个"峒间"会是新罗古县最早的治所？

四个聚落，黄连峒在北，光龙峒在西，长汀村居中偏南，苦草镇在东，闽地的开发大体由北而南，居于闽西北部的黄连峒会是最早的治所么？

黄连者，苦黄连也，以此名"峒"，只能是两个原因：要么是此地多产黄连，名声在外；要么是此地恶水穷山，生计艰苦。以其时闽西地域瘴雨蛮风肆虐来看，后一种更为可能。但无论此地多"苦"，毕竟在闽西北部，开发较早，唐乾封元年（666年）黄连建镇，唐开元十三年（725年）升格为黄连县（后更名宁化），成为新罗古县废弃之后闽西地域重设的第一个县份。新罗古县治设于此，并非绝无可能。

只是，黄连建镇迟至新罗古县废弃198年之后，古县设立时，此地同样荒草蛮烟，并无优势，更何况黄连居于闽西最北一隅，要管辖广袤闽西地域，是不是有些鞭长莫及？

那么，苦草镇呢？

苦草镇地域现今为龙岩中心城区，是新罗古县设立时唯一称"镇"的地方，古老的族谱甚至言之凿凿称首任长官姓雷，名雷日斌。不能排除以苦草镇为新罗故治的可能。只是，其时苦草镇盆地低洼处多为湿地，河流蜿蜒于沼泽之间，遍生苦草，这才有了苦草镇的得名。据专家考证，其时民居多在山腰甚至山顶，镇治更是设在盆地西部的龙崇顶，管理一镇地域尚且吃力，如何管辖广袤得多的闽西地域？

或许，偏西的光龙峒是古县治所？

光龙峒一带如今属于长汀县城区，自唐以来一千多年间都是州、府、郡治所在。西晋之时聚落人口当不少，城西的篁竹岭又名新乐山，倘若新乐山真是新罗山的讹音，则新罗故城极有可能就在光龙峒。只是，哪里找得出新乐山等于新罗山的证据呢？

或许，长汀村更有成为新罗县治的可能。

出上杭城，县北15里，一片宽阔的冲积小平原跃然眼前。两道河水：水量充沛的旧县河在此汇入汀江，让汀江主河道略显雍容。长汀村就在这冲积小平原上，二水滋润，平添勃勃生机。这里是汀州设立时最早作为州治的所在，而据清乾隆《汀州府志·建置》载："唐开元二十四年，开山峒，置汀州于新罗故城，东置长汀县，为汀州治所"，若此说成立，则最早的汀州治所长汀村就是新罗故城，最初的长汀县治则在新罗故城的东边。只是，清乾隆距唐开元建州已过一千年，其说之依据何在？

或许，除了现今所知的四大聚落，还有未知的聚落可能是新罗古县的治所，而随着新罗古县的裁撤，聚落人口大减，辉煌不再，也因此逸出了后人的视野？

或许……

尽管千百年来众说纷纭，见仁见智，新罗故城的遗址依然未能确定。要到何时，才能真正解开这千古之谜？

（四）

谁是新罗古县最早的子民？这是第三个谜。

清康熙三十七年（1698年）《武平县志》"象洞诗"云："新罗辟地自晋始，窟穴旧是南蛮居。"说的应该就是西晋新罗县的居民，多属"南蛮"，也即中原汉人南下之前的土著。这些土著都有些什么人呢？

古老的典籍言之不详，却把我们带进了更为多元的猜测。

山越，这是典籍上比较集中的说法。

在闽地的山越人本闽越族遗民。南海国、闽越国先后被汉廷所灭，闽越人数次被迫迁徙江西上淦以及江淮一带，不愿迁徙者则逃亡隐匿于深山老林之中，清乾隆《龙岩州志》载："武帝灭之，徙其民而虚其地，其民不从徙者复生聚。"这些闽越遗民，先是匿伏深山，繁衍生息，"白首于林莽"，汉亡后，逐渐散居依山傍水的小盆地间，形成聚落。他们，是西晋时期闽西主要的土著。

畲民，也是新罗古县子民的重要组成部分。

查闽西各姓族谱，晋以前就居于闽西的只有钟、雷二姓。二姓族谱皆载始祖来自中原，却又都载有盘瓠信仰。有学者认为，这是闽西钟、雷二姓畲民附会汉人钟姓、雷姓，以显耀抬升宗族地位的缘故。无疑，钟、雷二姓畲人在闽西土著中具有较强的实力。

山都、木客，也是新罗古县子民的一部分，是闽西土著中的少数族群。

山都、木客是两种类型的族群，因都生活于闽粤赣三省交界山中，典籍常把他们并列。两个族群生存于汉魏南北朝时期，至唐初犹有他们的踪迹。新罗古县存在的186年间，正是他们活跃的时段。

典籍上描述的山都近神、近妖，《西京杂记》记赣南山都："南康有神，名山都，形如人，长二尺余，黑色，赤目，黄发，于深山树中作窠；"《舆地纪胜》记粤东山都："潮阳县有神名山都，形如人而披发迅走；"北宋《太平寰宇记》记唐初汀州初设时，"地多瘴疠，山都木客丛萃其中。……州初治长汀，大树千余株……山都所居。其高者曰人都，其中者曰猪都，其下者曰鸟都。人都即如人形而卑小，男子妇人自为配偶。猪都皆身如猪，鸟都皆人首，尽能人言，闻其声而不见其形……"通过神与妖的表象，可以看出山都属于比较原始的土著，还在有巢氏的阶段，身材矮小，皮肤黝黑，相貌与中原人也有较大差异，被南迁汉人视作异类。

"酒尽君莫沽，壶倾我当发；城市多嚣尘，还山弄明月"。这首传说为木客所作的诗格调甚高，可以看出木客的文化传承要高于山都。穿越时空隧道，你可以看见木客稍显模糊的身影：高高、瘦瘦、短褂、赤足，一把斧子别在腰间，穿行山道如履平地。他们的先祖据说来自北方，秦始皇兴建阿房宫，一声令下，他们就被遣送到闽赣山中伐木，宫未成秦已灭，从此滞留山中，子子孙孙都成了山的儿子。木客与人交易，以物易物，诚信无欺，人"置物枋下，却走避之，木客寻来取物，下枋与人，随物多少，甚信而不欺……"这种交易方式称"虚市"，因其市场虚空无人。闽粤赣边一带至今称赶集为"赴墟"，据说就是因木客交易传承而来，墟者，虚也。

山都也好，木客也罢，唐以后再未有踪迹，应是融入了闽西唐宋之后的族群中了。

（五）

置县已经186年之久的新罗古县，为何说废就废了呢？这是第四大谜。

你看他起高楼，你看他楼塌了，兴与废之间，有何蛛丝马迹？

漫漶的典籍三缄其口，只允许后人，从唐以后闽西族群的有限记载中，倒溯，揣摩，猜测。

唐代，闽西一带的族群被称作"蛮獠"，大略包括前述的山越、畲人，以及山都、木客。即便是废县百余年后的唐初，蛮獠的势力在闽西依然占压倒优势。朝廷设立的新罗县治，真正管辖的范围与人口，实在少得可怜。

"畲民不役，畲田不税，由来久矣"。宋代刘克庄在《漳州谕畲》中如此感叹。紧邻漳州的闽西亦如此。岂止畲民，新罗古县时期的山越、山都、木客都是散居山林之间，游耕辅以渔猎度日，从未纳入官府户籍统计中。新罗古县未见有人口资料，但据《晋书·地理志》，新罗立县时晋安郡"统县八，户四千三百"，而到撤县时，晋安郡"领县五，户二千八百四十三"，不仅废了新罗、宛平、同安三县，户口也只及晋安郡初设时的三分之二。以此推算，新罗立县时在籍户数至多不过五百余户，废弃时在籍户数很可能不足四百户。在籍人口大减，区区三四百户的赋税，如何承担一个县级机构的运转？而游民啸聚山中，不役不税，官府又无力征剿，"以户口逃亡而废之"，该是新罗裁撤的应有之义。

当然，谜底很可能不仅仅一个，有没有农民起义的影响？有没有环境破坏的因素？只能起古人于地下，期盼考古能给出新的谜底了。

还有，古县186年间，有过多少大事要事？有过多少人祸天灾？这些谜底，都在期待着后人破解，也许，终有一天，新罗古县之谜一一破解，那186年的时光，可如梦幻，那么精彩地，闪现，在你、我、他，龙岩地域所有后人的眼前？

The
Biography
of
Longyan

龙岩传

汀江吟——汀江与闽西客家祖地

第二章

汀江，特立独行地南流，给绵长岁月间生息在此的生灵丰厚的乳浆：原始人、闽越人、畲人、山都、木客，当岁月之轨运行到唐代，大批客家先民进入这片化外之地，三千余户避役百姓的发现，催生了汀州——闽西地域上第一个州府，闽西发展史上最为醒目的里程碑。

这块土地成为客家民系的产床，客家独特的方言、信俗、建筑、风情……——在这里孕育，客家后裔从这里出发，走向长江南北，走向港澳台，走向东南亚，走向欧美，于是，这里成为亿万客家后裔魂牵梦萦的祖地。

一条江，一个州府，一个民系，一千二百多年的沧桑嬗变、起落沉浮……

圣地石壁

(一)

　　硝烟在头上弥漫着，箭矢在耳边呼啸着，马蹄在身后震颤着，一群人，又一群人，数不清的一群又一群人，衣衫褴褛，步履蹒跚，逃难，在中原通向南方的路上。汉子肩挑箩筐，一边幼儿一边衣衾碗盏，妇人背着布袋，孩童牵衣，翁妪拄杖，惨烈的哭声中，一个身影倒下，又一个身影倒下……

　　这样的场景始于西晋，史称"五胡乱华"的空前大动荡时期。匈奴、鲜卑、羯、氐、羌5个少数民族相继侵入中原，刀光剑影，逼迫着世世代代生存于斯的中原汉人，开始了历史上第一次大规模的南迁。

　　此后数百年间，"安史之乱""黄巢之乱""靖康之乱"……中原大地一次次的灾荒与战乱，驱赶着一批又一批的汉人，向南，再向南。

　　汉民族南方的三大支系：广府系、福佬系、客家系，就是在这几百年的大迁徙中，相继与南方的土著融合，陆续形成的。闽西地域，正是客家民系的产床。

　　"北有大槐树，南有石壁村"。

　　如同北中国10余省份的民众说起祖地，总要称祖先来自山西洪洞大槐树，自己是大槐树的后裔一样，中国南部10余省份包括港澳台的客家人，以及遍布世界各地的客家后裔,总是声称自己是石壁的传人,无数的族谱、山歌、楹联,还有形形色色的典籍,都把散居85国的客家后裔的目光,奇迹般的引向这个小小的村落——汀州府宁化县的石壁村。

"岭东之客家,十有八九皆称其祖先来自福建汀州府宁化县石壁村者。按诸事实,每一姓的第一祖先离开宁化而至广东时,族谱上必登载着他的名字"。(英国:艮贝尔《客家源流与迁移》)

"广东各姓谱乘,多载其上世以避黄巢之乱,曾寄居宁化石壁村葛藤坑,因而转徙各地"。(罗香林《宁化石壁村考》)

"旧姓今存古卜杨,大多族谱祖闽方,女鞋豆腐仍原样,宁化人来说故乡"(清梁伯聪《梅县风土200咏》)……

学者的论证与族谱的记载,谚语与楹联,山歌与传说,相互印证了这样的事实:石壁,客家的圣地,客家人的麦加!

(二)

进入石壁之前,以为那里是重峦叠嶂、林深道险,不时可见陡峭的石峰,墙壁一样矗立,羊肠般的山道曲曲弯弯,就在这石壁上盘旋。客家传说中有个小脚趾的故事,说的就是石壁。为什么客家人的小脚指甲都不是完整的一片,而开叉分成两瓣呢?那是因为客家的先人逃难到石壁的时候,在险峻的石壁上爬啊爬,跌倒又爬起,爬起又跌倒,把小脚指甲都碰裂成两瓣了。传说有些荒唐,却也让人平添向往,可进入石壁却不见石壁,眼前却是一大片开阔的田野,晚稻尚未扬花,绿意葱茏,星星点点的一个个村落,都在绿浪间起伏。虽然也有山,不过是一墩墩矮小的山包,哪来石壁?那碰裂客家先人小脚指甲的石壁,难道不翼而飞?

石壁村在开阔田野的中心地带,村口几株古木,一座古亭,亭外小桥流水,古朴而典雅。杨成武上将题签的"客家祖地"牌坊矗立在村口。两侧是宽敞的稻田,一条水泥路自脚下延伸,通向"客家魂"碑亭,通向庄严的客家公祠,公祠大殿里安放着180余个姓氏始祖的牌位。水泥路平平坦坦,这与它的

石壁客家公祠牌坊（白云提供）

命名"客家之路"似乎并不契合，但海内外客家游子走在这条道上，热血总是抑制不住地上涌，客家先人千年迁徙、万里长旋的身影，如在目前。不过一千米的道路，却凝聚着一万里的硝烟、一千年的血泪，让每一位寻根者，感慨唏嘘。

"群雄争中土，黎庶走南疆"，战火弥漫之中，黎民百姓偕老将雏，从北中国的每一个角落，向南奔逃。数不清的身影倒在了路上，数不清的尸骨充填在沟壑，惨烈的难民潮从千个源头渐渐汇拢成若干干流，

客家公祠大殿与始祖牌位（天一燕摄）

每一道干流，渐次流淌成汉民族南方每一支系的长河。先期入闽的，形成福佬系；进入江浙的，形成吴语系；越过秦岭逗留珠玑巷一带的，后来辗转入粤形成广府系；而最终进入闽粤赣边定居的，则在以闽西石壁为中心的这一大片土地上形成了客家民系。

从唐末至南宋末年，数百年间，客家先民一批接一批越过赣闽交界线上最为低矮的站岭隘口，进入闽西北部以石壁为代表的百里平川，接着自北而南，安居下来，垦荒种地，生息繁衍，这些来自中原不同区域的客家先民，殊途同归相聚闽西地域，前前后后竟达数百年。数百年胼手胝足，共对风霜雨雪，不同地域的语言、文化、习俗掺和交融，天长地久，一个圣洁的婴儿呱呱坠地，一个具有自身鲜明特征的民系终于形成。站在站岭隘口回望中原，中原之路已是遥远的梦幻，北归无望，也无须再望，此地便是新的故乡。一切都将重新开始，在闽西地域站起的，再也不是中原人了，而是一个顽强抗争的崭新民系——客家人。

南宋末年，是闽西人大量向外播迁的年代。一批接一批的客家人从石壁起步，从闽西起步，走向粤东、走向川渝、走向港澳台、走向东南亚、走向……石壁葛藤凹刘氏的迁徙，就是积极拓展的生动一例。刘氏十五世祖广传，把14个儿子全部打发出外谋生，临行前刘广传作诗一首以激励子孙，并作日后认宗的依据，这首后来被刘氏奉为族诗的七律这样写道："骏马骑行各出疆，任从随地立纲常；年深外境犹吾境，日久他乡即故乡。早晚勿忘亲命语，晨昏须顾祖炉香；苍天佑我卯金氏，二七男儿共炽昌。"卯金为刘，二七一十四，代指14个儿子，而外境犹吾境、他乡即故乡的壮语，已经完全突破了中原"安土重迁"的传统观念，体现出开拓进取、四海为家的襟怀。从被迫到主动，从逃难到拓展，客家人就这样明白了"时时为客、处处为客"的前定，就这样找到了自立于汉民族八大民系的立身之本！

走在客家之路上，山风送来周边村落的隐隐人声，刘广传吟诵族诗的健朗声音似乎就在耳边回响。我知道，石壁今天的姓氏尚不到宋代留居姓氏的1/10，90%以上姓氏的子孙早已遍及世界各国，有太阳的地方就有中国人，有中国人的地方就有客家人，有客家人的地方就总有闽西的后裔、石壁的子孙，在开拓进取、拼搏成长。哦，石壁，当全世界一亿客家子孙回首闽西祖地的时候，他们会听到你殷殷的叮咛么？"早晚勿忘亲命语，晨昏须顾祖炉香"……

客家之路的尽头，是百级台阶，代表着客家百姓，经此朝圣。迈过百级台阶，进入公祠大殿。大殿正中，是客家始祖的总神位，两侧按汉族姓氏人口的多少，分别排列180多个姓氏始祖的牌位。密密麻麻的牌位，让你胸中顿时暖流涌动。荧荧的烛光闪烁着，正逢世界客属祭祖大典，数十个国度近百个社团数百名代表云集大殿，在司仪的指挥下，无比虔诚地祭拜祖先。而大殿外，还有数不清的身影，随着起伏致敬。看着眼前那一片黑压压的背影，你不由感动莫名，人是需要升华的，在这个神圣的地点，在这个神圣的时刻，你的眼中不能不涌动一个客家后裔自豪的热泪，跳荡的烛光中，180余尊始祖牌位，幻化成180余个慈眉善目的祖爷爷，捋着长长的白胡须，向着殿里殿外所有祭拜的人群，向着传系他们血脉的所有客家后人，投过那么亲切、那么炽热的目光！

（三）

葛藤坑，是圣地石壁最具传奇色彩的一处地名。

出石壁村，西行3千米，眼前出现一带山坳，环绕着不太宽展的一片山垄田，依山傍田，星星点点地错落着一幢幢屋宇，屋旁绿树摇曳，小溪沿山边潺潺。山垄田的尽头，缓坡绵延而上，远远地通向闽赣交界的站岭隘口。当年，从中原辗转逃难入闽的客家先民，就是穿过站岭进入石壁的，第一站，就是葛藤坑。

在客家的传说中，葛藤坑是客家人获得拯救的地方，是客家人的避难之地、再生之地，是圣地中的圣地。

不妨先看看典籍中对葛藤坑传说的初始描摹：

"在昔，黄巢造反，隔山摇剑，动辄杀人。时有贤妇，挈男孩二人，出外逃难，路遇黄巢。怪其负年长者于背，而反携幼者以并行，因叩其故。妇人不知所遇即黄巢也，对曰：闻黄造反，到处杀人，日夕且至。长者先兄遗孤，父母双亡,惧为贼人所获,至断血食,故负于背;幼者固吾生子,不敢置侄而负之,故携行也。巢嘉其贤,因慰之曰:勿恐!巢等邪乱,惊葛藤,速归家,取葛藤悬门首,巢兵至,不厮杀矣。妇人归,急于所居山坑径口,盛挂葛藤。巢兵过,皆以巢曾命勿杀悬葛藤者,悉不敢入,一坑男子,因得不死。后人遂称其地曰葛藤坑。今日各地客家,其先,皆葛藤坑居民。"

典籍的编撰者显然怀着偏见,把一个农民起义领袖黄巢描摹成隔山摇剑的恶魔,但就是这样动辄杀人的魔王,却不能不为义重情深的客家贤妇折服。他先是好奇:逃难的关键时节,女人背着大男孩,牵着小男孩跌跌撞撞地奔走,太反常了!继而感动:背着的大男孩是父母双亡的侄儿,牵着的小男孩反倒是自己的亲生。为了兄长一脉不至失传,情愿让自己的亲生之子涉险。如此高义,就是天地也要动容啊!接下来黄巢的举动就顺理成章了:让女人回家,悬葛藤避祸;号令全军,不得骚扰悬挂葛藤之家。而深明大义的女人,竟在整座山坑道口悬满葛藤,一坑的客家男子因得不死,客家的血脉因此存留。

眼前的葛藤坑,就是传说中客家贤妇悬挂葛藤保存下一坑男儿性命的所在么?沿着山径徐行,只见屋舍、田畴、绿树、山溪,因为悬挂葛藤,黄巢大兵悉不敢入的坑口又在哪里呢?如同进入石壁不见石壁,进入葛藤坑同样不见葛藤更不见坑口,只有屋前屋后田头田尾一干农妇在忙碌。一位少妇担着尿桶走来,长长的背带把一个婴儿裹在她的背上,还有一个小女孩怯怯地牵着她的衣角。恍惚间,竟让你想起了传说中那个客家贤妇。

史料中,并没有黄巢足迹到过石壁、到过葛藤坑的记载。一些学者在考证中,据此推论这个传说不过是无稽之谈。确实,那个高吟"待到秋来九月八,我花开后百花杀,冲天香阵透长安,满城尽带黄金甲"的冲天大将军黄巢,十余年间,征战南北,把一个大唐帝国搅得支离破碎,几乎无处不有这位冲天大将军的足迹,唯一的例外就是闽粤赣边以闽西石壁为中心的一片客地,竟奇迹般地逃过了战火的蹂躏。有学者考证,黄巢大军在南方多次转战的路线,极像是一只口袋,袋底在广州,袋口的两侧,一侧在安徽当涂一带的长江渡口,一侧在湖北的江陵,而石壁一带的客地,正处在袋口的中心,黄巢的大军并没有来得及收束口袋,闽西客地就这样幸运地成了逼近战火却疏离战火的世外桃源。

葛藤坑的传说果真是无稽之谈么？传说与神话其实是经不起冬烘式的推敲的。比如西方"诺亚方舟"的传说，比如东方"女娲补天"的传说，有谁能考证出方舟的具体方位，又有谁能辨得清女娲的真伪呢？但传说实在是折射着历史，当年那贯穿东西方的大洪水，那在远古人类祖先记忆中的大洪水，是早已为考古证明了的。葛藤坑的传说不同样折射出客家迁徙中的血泪历程么？客家先民颠沛流离的苦难是无疑的，石壁包括葛藤坑接纳了这些落难者是无疑的，黄巢大军在闽西地域几度擦边而过，却始终未曾进入也是无疑的，这样的历史不正好成了传说的佐证么？葛藤不过是一个符号，预示着客家人的拯救。在客家先民逃难的路上，有过九死一生，但最终闽西接纳了他们，葛藤坑，就是客家先民的避难所，客家人的再生之地。

秋日正午的葛藤坑，静静地，山水、屋舍、树木，仿佛与我一样沉浸在思索中，炊烟从一家家的屋顶悠然而上，如我的思绪一般飘忽。炊烟会飘向遥远的岁月么？思绪会接通先人的血脉么？恍惚间，无数先人的身影，一代代先人的身影，扶老携幼逃难的、背着骨殖奔走的、扛锄肩犁垦荒的……一一浮现，而衬映着无数身影恍如背景一般的，是葛藤，遍野攀缘的葛藤，严严地遮蔽了坑口；是石壁，巍然耸立的石壁，高高地屏蔽在眼前。一道闪电忽然闪过脑际，我明白走进石壁不见石壁、走进葛藤坑未睹葛藤的因由了：石壁是长在先人心中的，葛藤是攀在先人心中的，那是一种坚如石壁的护佑，那是一种摆脱苦难获得拯救的期盼，一个刚刚成型的民系殷切的期盼！

（四）

离开石壁之前，我攀上了站岭隘口。

在江西福建二省绵长的分界地段，这里是最著名的隘口。隘口并不险峻，并没有雄峻的关隘把守，不过就是隆起的山脊胸口处微微的凹陷。代替关隘矗于分水岭的，是两座相连的凉亭，分属江西与福建。凉亭已经十分破败了，梁柱几乎不存，墙体也有部分倒塌，荒草在墙缘、在亭子中心恣肆地生长，你根本无法辨认亭子建于何年何月。一千多年前，一批批客家先人攀上隘口的时候，这里还没有凉亭，只有山风，亘古不变的山风，掀动着漫山遍野的荒草，拂去客家先人额头、颈项的汗水，为焦渴的心送上一丝清凉、一丝安定。

站在隘口西望，山那边，是赣南，与山这边同样被荒草掩映着的古道，从遥远的缓坡蜿蜒而来，山风把荒草吹得呼呼作响，仿佛先人的足音，咚咚、咚咚，不歇地震响在心头。哦，不见古人，却分明闻到了遥远岁月的气息，触到了先人那粗重、急切、温热的呼吸！

回首东望，山下，石壁盆地的稻浪翻卷处，屋舍、道路、小溪、丛林，那么亲切的祖地的气息，遥远的金碧辉煌的客家公祠建筑群，那么醒目地牵着我的目光。参加世界客属祭祖大典的海内外客家子孙，带一捧石壁的土，带一瓶石壁的水，依依不舍走向回程。他们是幸运的，他们带着祖地的祝福，去开拓属于他们各自的风景。一亿的客家后裔之间，有多少人梦寐以求，却始终没能踏上这一片祖先生息的热土，有多少人带着深深的遗憾，久久回望！

而我，我是幸运的么？站在跨越两省的站岭隘口，张开双臂，我拥抱穿越两省的山风，跨开双腿，一脚踩在江西，一脚踩在福建，蜿蜒曲折又被重重荒草掩映遮蔽的古道，在我的脚下连起了江西和福建，而在我的胸中，却那么真切地连起了历史与现实。相对于无垠的时空，千年只是一瞬，但就是这短短的一瞬，一个在血泪与屈辱中诞生，饱经苦难、辗转迁徙的民系；一个英杰辈出、在中国近代史上惊天动地的民系；一个在今天令世界瞩目的民系，却以其不屈不挠的前行，以其永不停息的脚步，创造了客家人传奇般的辉煌！

闽西石壁，这客家的圣地，就在这辉煌中定格，成为永恒。

首府汀州

（一）

"天下水皆东，唯汀独南"。

一道水，涓涓滴滴，以最细微的形态，从宁化南部赖家山的石缝间渗出，从篁竹的根系间漫出，缓慢而坚定，向南，向南。沿途接纳众水，接纳无数的涓涓滴滴，渐而成涧、成溪、成河，长成了一条江的雏形。然后，从龙门山的高峻石窟间穿出，以初生之江不同流俗的走向，一路自北而南，流经闽西的大部分地域。州府、县城、乡镇、村落，都沿着这条江及其众多支流的两岸分布，一条江，哺育了闽西近80%的人口，200万的闽西客家人。

这条江，便是汀江。依八卦所示，南方属"丁"，"丁"之水，是为"丁水"，"丁水"合而为"汀"，此即汀江得名之一说。而江畔闽西大地上第一个州府，便以江为名，一以贯之地称作"汀州"。

汀江，特立独行地南流，给绵长岁月间生息在此的生灵丰厚的乳浆：原始人、闽越人、畲人、山都木客，以及隋以前零星进入的汉人。当岁月之轨运行到唐代，越来越多的汉人开始进入这片化外之地，人数逐渐接近乃至超越原本的土著。"普天之下，莫非王土"，曾经的蛮荒之地由此开启文明教化的进程。唐开元二十一年（733年），福州长史唐循忠在潮州北、虔州东、福州西

长汀城区济川门（蒋细摄）

的闽西一带"检得"避役百姓三千余户，因奏请朝廷在此建州。三年之后的开元二十四年（736年），汀州设立，下设长汀、新罗（龙岩）、黄连（宁化）三县，闽西这块土地第一次有了州级建制，第一次正式纳入了唐王朝的版图。

州以江名。汀州，与汀江从此如影随形，历经唐宋元明清，直至民国末年。而与汀州如影随形的，更有唐以后大量生息在汀江及其支流沿岸的客家子民。汀州与客家人千年相伴，汀江孕育了客家民系，汀州客家人又由此启程，如汀江一般由北而南，向广东广西，向湖南江西，向四川，向台湾，向东南亚，播迁繁衍。汀州，因而成了客家首府，汀江，成了名副其实的客家母亲河。

一条江，一个州府，一个民系，一千二百多年的沧桑嬗变、起落沉浮……

（二）

汀江南流，三百滩头，风高浪急，难通舟楫。但在临近上杭县城的一段，却是难得的宽展盆地，汀江干流与最大支流旧县河于盆地西北端汇合，水面宽展，碧水无波，两水交汇处沉积出一道长长的沙堤，"水面平沙曰汀"，长长沙堤旁边的村落就叫了"长汀村"，这一名称，早于汀江，也早于汀州。

汀江南流（廖亮璋摄）

  州以江名，江以长汀村而名，这是"汀"与闽西大地结缘的另一说。此说与"丁水合而为汀"之说并存千年，难分伯仲。但最初的州治设在此地却大体无疑，不仅为历代典籍所载，也为新近发掘的出土遗物证实。多年前一个夏日，得知厦门大学历史系在此考古有重大发现，我曾赶往上杭一探虚实。出上杭城，沿着汀江向北，约莫七八千米的路程，一片宽阔的冲积小平原就在眼前了。周边是低山，两道河水——汀江及其最大支流旧县河从小平原的西北、东北方向流来，在此交汇。扩容了的汀江略显雍容，舒缓南去，江畔的长汀村就矗立在一片绿树与田野之间。当然，现在村名叫"上杭县临城镇九州村"。九州，其名大气，却是旧州的音转。

  最初的州治为何设在长汀村呢？清乾隆《汀州府志·建置》给出了解答："唐开元二十四年，开山峒，置汀州于新罗故城，东置长汀县，为汀州治所"，依府志说法，州治设此是因为这里曾是新罗故城。古县虽废，曾经的居民不少仍在此地繁衍，加上地理环境不错，两水之间的一片冲积小平原，倒也确实是立州的好地方。州治设此，州府所在的长汀县治则在州治之东，同在这片小平原上。看来，汀州之名，还真与长汀村大有关联。

  厦门大学历史系庄教授指点着残存的城墙基址、唐砖、古渡口的遗存，一一讲述他的推理，考古发现的这些遗存，指向一千余年前的唐初，甚至更早

九州村全景(廖亮璋摄)

的晋代，表明这里自晋以来便是一个大的聚落，而城墙遗址则表明此地有过一定规模的古城，结合典籍所载，最初的汀州州治设在此地应无疑义。只是，州治在此设立大约只有近20年，在唐天宝末年（756年）之前便迁到了东坊口。"地多瘴疠，山多木客，丛萃其中"，此为宋初文献《太平寰宇记》对早期汀州的描述，从中大体可以揣测迁州的原因。迁州多属迫不得已，若非居民难以安居，迁州何为？长汀村一带本为新罗古县治，聚落存在已数百年，且地处冲积小平原，宽敞有余，不似狭窄山谷中瘴气难

九州村出土魏晋时期筒瓦(廖亮璋摄)

散,纵有瘴疠亦不可能严重到需要迁州的地步。却也正因地处平原,易攻难守,最怕战乱。而唐初闽西一带并不平静,土著与南下汉民之间矛盾加剧,蛮獠啸聚作乱典籍中屡见记载。或许,"山多木客",土著的作乱才是迁州的直接动因吧? 不管怎么说,长汀村就此结束了20年的州治历史,被称为"旧州"达一千余年,直到民国年间,改称"九州"。

同样被称作"旧州"的还有东坊口,位于长汀村的西北部,相距150里。比起辟居闽西南一隅的长汀村,东坊口更居中,便于对闽西各地的管理。而且东坊口靠近赣南,南下汉民经过两省交界的隘口,轻易便到了这里。汉人的逐渐增多对朝廷掌控闽西无疑更为有利。或许,正是为了加强对土著的管控,东坊口才成了汀州新的治所。只是,东坊口成为州治的时间比长汀村还短,典籍没有记载,估计就是十来年吧。到了唐大历四年(769年),随着一个大有作为的刺史陈剑的莅任,州治再度迁徙,迁至5里之外的白石村。这一迁终于迁到了长治久安之所了,从此,直到民国末年,白石始终是长汀州治与县治所在地,一直持续了接近1200年。

东坊口的迁徙,依典籍记载,大略主要是因为瘴疠。此地群山环绕,地势相对逼仄，草树丛萃，据说是出名的烟瘴之乡。州治在此的那些年，瘟疫频仍，病死者众，人心惶惶，刺史陈剑为此决定迁州。这位老兄大约也懂得些许堪舆之术吧，公务之余带上部众，把东坊口周边走了个遍，最终选定距东坊口仅5里地的白石。其时白石村一带居留钟姓土著，周边则古木森森，山都所居。州治迁往白石，传说钟姓做了很大让步，把祖婆墓地所在也出让了，由此换得官府对钟姓的礼遇。而山都就没有这种待遇了，陈剑令人尽斩这一带古树，既可作为建城用材，又可拓宽州城地盘，还能趁机赶走树居的少数族群山都，一石三鸟，何乐不为？只是苦了山都，赖以栖身的古树轰然倒地，只能纷纷逃窜，奔逃不及的竟被抓住下了油锅。无疑，此次州治的迁徙是以土著的全面溃退与官府的完胜载入史册的。杀伐果断的陈剑由此奠定了汀州初期相当长一段时间的安定局面，自身也成为汀州历史上首位名宦。

（三）

数百年后的北宋元丰年间，一位与陈剑同姓的名宦陈轩莅任汀州太守。站在东坊口旧州城的遗址上，颇为感慨地写下了一首《旧州城怀古》："五百年前兴废事，至今人号旧州城；草铺昔日笙歌地，云满当年剑戟营。"

诗人陈轩有些矫情了，对旧州当年的想象应该只有一半与真实相符。以东坊口那么短的州治史，那瘟疫频仍的艰难光景，恐怕很难是"笙歌地"的。"剑戟营"倒大有可能，为着迁州，武力的恐吓自然不可或缺。只不过，"笙歌地"也罢，"剑戟营"也罢，眼前只是草铺云屯，哪里有当年的一丝残迹呢？世事多如此，还是尽心尽力做好自己的事吧。

事实上，宋代的汀州还真是可圈可点的。陈轩另有一首七绝《汀州》："一川远汇三溪水，千嶂深围四面城。花继腊梅长不歇，鸟啼春谷半无名。"水绕山环的汀州，花开鸟鸣的汀州，在诗人的笔下，充满诗情画意，一洗唐以来人们心目中汀州蛮烟瘴气的印象。这时的汀州，由于南下汉人的大量进入，汀州的户口由初创时的3000多户，猛增到南宋开庆元年（1259年）的22.34万户，人口近百万。与土著相比，南下汉人及他们的后裔已经占据了绝对的多数，在胼手胝足共同劳作的过程中，土著或迁徙，或逐步被同化，一个以南下汉人及其后裔为主体，同化了土著的汉民族客家民系，就在以汀州为中心的闽粤赣边一带形成。作为客家首府的汀州城区，市场繁荣，经济发达，汀江上下，船舶穿梭，"十万人家溪两岸，绿杨烟锁济川桥"，宋代汀州的繁华就这样留在了史册上。

宋代，尤其是南宋，朝廷经营的重点放在了南方，本是蛮荒之地的汀州在此时期得到了迅猛的发展，跻身福建五大州之一（福州、建州、泉州、漳州、汀州）。人口暴增，经济发达，也带来了建置的扩展。汀州建州之初，辖长汀、宁化、龙岩三县；41年后，九龙江水域的龙岩改隶漳州，闽江水域的沙县改隶汀州，依旧辖三县，直到五代。南唐保大四年（946年），剑州设立，沙县划归剑州，汀州只剩下长汀、宁化二县，地域大体为今龙岩地域的长汀等客属五县、三明地域的宁化等客属三县。汀州独领两县的格局，直到宋朝方才得到改变。

有宋一代，汀州地域由二县增加到六县，先后增设了上杭、武平、清流、连城四县。北宋淳化五年（994年），汀州境内的两个场（上杭场、武平场）同时升格为县，原长汀县南境、西南境分别划给两个新县。北宋元符元年（1098年），析长汀东北二团里、宁化县北六团里置清流县，归属汀州。南宋绍兴三年（1133年），以长汀县之莲城堡置莲城县，析古田乡六团里归之，属汀州。略微考察一下四个县的命名，倒颇有些诗情画意：命名清流，因其县治清溪环绕；命名莲城，因其东面有莲花山（今名冠豸山），诸峰耸翠如莲；命名上杭，则因其前身上杭场治所形如小船，取《诗经》"谁谓河广，一苇杭之"而名之，文化底蕴更足；即便是看来有武力平复之意的武平一名，其源亦远，可追溯到秦汉之际生息此地的闽越族南武侯。

宋元之交、元明之交以及几乎纵贯整个元代的动乱给汀州带来浩劫，据《元史·地理志》载，元至顺元年（1330年）汀州户数仅4.1万余户，不足宋宝祐年间的1/5。元代汀州地域未有新的建制，唯一变更的是莲城改为连城，时在其地罗天麟、陈积万起义被镇压之后，去"莲"之草字头，"寓去草寇之意"。元亡之后，明初到明中叶经济复苏，汀州府重新得到发展，成化年间新增两县：成化六年（1470年），析宁化柳阳、下觉二里，清流归上、归下二里，沙县沙阳里、将乐中和里，置归化县；成化十四年（1478年），析上杭胜远二图、溪南五图、太平、金丰、丰田各四图共五里十九图置永定县。只是，此时的县名再也没了宋代的诗情画意，只直白地表达动乱之后对安定的期盼。如归化，寓意的是民众归化、顺服；永定，更是取永久平定之意。至此，汀州地域一府八县的格局正式形成。

（四）

一条江，一个州府，一个民系，走过千年。

千年之间，这个州府有过多少人文荟萃？漫漶的典籍，以及口耳相传的掌故传说，都只提供扑朔迷离的想象。唐代初创，那些最早的贬官刺史们：因"永贞革新"与柳宗元、刘禹锡一同遭贬的韩晔、名诗人张籍题赠"全家远

汀州古街店头街（莳缃摄）

过九龙滩"的元自虚、撰写著名传奇《霍小玉传》的蒋防……所谓"诗人不幸汀州幸",正是这些逆境中的贬官,为草创时期的汀州带来了最初的文明气象。此后,宋元明清,难以计数的名宦与墨客,各自以业绩或是文笔,为汀州添加了一笔笔或浅或深的亮色,大名鼎鼎的,就有李纲、辛弃疾、宋慈、王阳明、吴文度、周亮工、宗臣、纪晓岚……汀州因此而文风大盛,彪炳史册的,比如郑文宝、杨时、杨方、马驯、裴应章、张显宗、郝凤升、李世熊、黎士弘、伊秉绶、邹圣脉,以及以《晚笑堂画传》名扬海内外的画家上官周、清代著名画派扬州画派的先驱华喦、"扬州八怪"之一的黄慎……

明清之际,汀州地域的客家人口已趋于饱和,大量的汀州客家人向外迁徙,足迹遍及中国南方各地乃至港澳台,甚至海外。迁徙大潮中的主潮,便是沿着特立独行的汀江向南,走向粤东、潮汕,一部分经由潮汕出海,走向东南亚,成为海丝之路中重要的一支。

站在二十一世纪的曙色中回望千年沧桑,汀州,无疑是客家进程中最具代表性的里程碑之一。这里是客家民系的诞生之地,客家人既源于中原又有别于中原的民系特征,基本是在以汀州为核心地带的闽粤赣边形成的;客家人在汀州生息了千年,如今这里依然生活着两百多万的客家人;从这里走出的客家后裔更是数以千万计。"有海水的地方就有客家人",而有客家人的地方,总有客家后裔,虔诚地回望他们的根之所在:闽西,客家祖地;汀州,客家首府;汀江,客家母亲河……

宗祠巍巍

"出谱"的喧腾

夜半,一声铳响,又一声铳响,沉静的乡村顿时被这震耳的响声惊醒,即刻开始了喧闹。铳声连连,一声,一声,又一声,隆隆的回音中,夹杂着男男女女匆匆的脚步声、抑制不住兴奋的呼喊声以及孩子欢快的叫声:"接谱了,接谱了!"

不是节日,却赛过乡村任何节日的喧闹。

匆匆洗漱,匆匆奔向大宗祠,于路人影憧憧,马灯、火把、手电跳动的亮光中,不时晃出一张又一张泛光的脸、喜气洋洋的脸。脚步声嚓、嚓、嚓,踩亮了原本黑乎乎的夜,神铳声轰、轰、轰,震得村民的心一阵阵骚动。

装扮一新的大宗祠前,挤挤挨挨早已簇拥着千余人丁,是的,是男丁,相跟来的一拨拨妇女,都远远站在空坪的外围,提着马灯,燃着火把,自身也站成了一道风景。但此刻男人们的眼光盯紧的是祠堂大门,是大门边石狮子两侧悬挂着万响鞭炮的长长竹竿,是紧靠祠堂握着神铳一字排开的10条汉子。神铳声忽然停了,喧闹的人声忽然静了,男女老幼全都屏住了呼吸,静等着、静等着激动人心的那一刻。

轰，一声巨响，仿佛引领似的，10把神铳一声接一声仰天长啸，万响鞭炮争先恐后噼里啪啦震响，兴奋的人群不断腾起"啊""啊"的欢叫。欢声中，祠堂大门缓缓开启，一房房子孙的代表依次进入祠堂，燃香、拜祖、接谱，每发一房族谱都是一阵鞭炮、一阵喝彩。走出祠堂的接谱人个个紧抱族谱，小心翼翼地放进早已备好的神轿中，在祠堂前列好队，直到天色大亮，几十箱族谱都已安放妥当，几十支队伍也都排列整齐。一声"起轿"，顿时鼓乐大作、鞭炮齐鸣，几十把神铳、几十顶神轿、几十名鼓乐手，或前、或后、或穿插在数千人组成的长长队列中，沿长长的村道缓缓游行，经过的家家户户，都点着香烛、燃起鞭炮，应和着此起彼伏的神铳声。全村游遍之后，一顶顶神轿分别进入一个个分祠，村子的各个角落，再次腾起经久不息的喧响。

这一夜，乡村无眠；这一日，村民如醉。

这是1994年春，连城县四堡镇马氏家族的"出谱"盛况。在闽西客家地区，一个姓氏族谱修成，总免不了这样的全村全乡乃至四邻八乡参与的狂欢。高高端坐在神轿中的族谱，披红挂彩，总被神铳、鞭炮、鼓乐以及村民的欢呼声久久萦绕。族谱进入分祠时，全房系的男丁除却婴儿几乎尽数迎候，有的姓氏甚至所有男丁几步一人站成队列，让一本本族谱经过每一个男丁的手，从分祠大门一直传递到正厅，由最有名望的长者恭恭敬敬供上神龛。每每看到这样的场景，总让我思索，为什么客家人如此地重视族谱、重视祠堂、重视祖先？这样的尊崇是否源自客家先人曾经生息的中原？而在这尊崇的背后，又隐含着客家人怎样的心结呢？

族与祠

客家人的崇宗念祖情结是任何民系都难以望其项背的。

这种情结始于客家先民。他们从遥远的中原辗转迁徙而来，历尽艰辛，"草鞋脚上，灵牌背上"，即使在漂泊无定的生涯中，也要背负着祖先灵牌随时供奉，以祈求祖先的佑护。初到南方蛮烟瘴气之地，搭起简陋的草棚，正中必定要设立祖先神位，以红纸或木牌书写"某某堂历代考妣一脉宗亲神位"字样，朝夕供奉，俗称"安家神"。安定下来之后，稍有条件，便是建立祠堂，供奉祖先牌位，作为家族的标志，家族荣誉的象征。不能想象一个没有祠堂的姓氏能在当地站住脚跟。尊严的祠堂，在今日龙岩地域客家人的生活中，占据着怎样的地位，发挥着怎样的作用呢？

祭祀祖先，凝聚本族，这是客家宗祠的首要功能。

"族必有祠，祠必有祭，祭或以二分，或以清明，或以冬至。长幼毕集，亲疏秩然，反本追远之意，油然而生。"客家地区的州府县志、客家姓氏族谱多有这样的描述。祠堂，是客家人慎终追远、崇拜祖先的价值取向最具典型意义的表现形式，孕育着宗族血缘关系深挚的感情。

客家宗祠的第二大功能：是客家人的宗族活动中心。宗族的大事都在祠堂议决，诸如族谱的修订、族产的处置、公益事业的建设、年节族众的活动、族众的红白喜事、族人的重大纷争，乃至与外村外姓的纠纷械斗，都是在祠堂商议、决策或者裁决。

客家宗祠的第三大功能：是启蒙教育功能。旧时私塾多设于祠堂，往往村落有多少祠堂就有多少学校。祠堂不仅为子弟提供了教学场所，更为子弟的进一步深造创造条件，与祠堂相配套的族田，其租谷除用于祭祀，另一项主要用途就是奖学助学。学业优良的，可得到足够份额的租谷；清寒学子，亦可获得必要的资助。

祠堂还是每一个族人的教育场所。"祖训书墙墉，家声继蕙兰"，客家每个姓氏都有族规或是祖训，往往张贴或镌刻在祠堂的正厅，每逢聚会，都要由有文化的人士朗读并讲解其中的内容。这些族规或祖训，内容多为教导子弟做人的道理，激励子孙念祖敬宗、奋发图强。比如连城县宣和乡培田村吴氏的《家训十六则》："敬祖宗、孝父母、和兄弟、序长幼、别男女、睦宗族、谨婚姻、慎丧葬、勉读书、勤生业、崇节俭、戒淫行、戒匪僻、戒刻薄、戒贪饕、戒争讼"，每一则都切实具体，可行可察，对于族中子弟起到警示与教育作用。

大量建祠祖先的传说与故事，也是对族人进行教育的极好方式。几乎每个祠堂，都有神化了的祖先传说，这些先人或聪明睿智或刚毅果决或慈悲为怀或宽容忍让，各以自身的人格魅力激励子孙。比如连城县芷溪村黄百万杀猪教子的故事，就颇引人深思。说是黄某去收租，被佃户杨某殴打撞落天井。儿子们得知要去报复，他断然阻止，只说是自己跌落天井的。叫家人杀猪一口摆酒压惊。当晚杨某死去，黄某又吩咐再杀猪一口摆宴，宴席上语重心长地对儿子们说：为人要"和而忍"，昨日为什么不让你们去报复？因为杨某很反常，是在有意挑起斗殴。如果打了他，昨晚他的死，我们就难逃干系了。官司一来，再大的家业也转瞬即空啊！一席话说得儿子们惭愧莫名。今日子孙进入黄百万公祠，都要反复讲述这个故事，讲述做人的道理。祠堂，是客家人教育后裔、维系宗族的大课堂。

今日龙岩地域的客家祠堂，著名者众多，难以一一枚举。仅选最具代表性的几种，略作管窥。

河田"宗祠一条街"

长汀县河田镇，著名的"宗祠一条街"。

从南宋开始，这条千米古街上，曾经居留过数十个姓氏，沿街排列过数十座宗祠。中国民主革命的先驱孙中山先生的先祖孙俐，就是从其中的一座祠堂走出，走向粤东。如今，这里仍然存留着17个姓氏的宗祠：李、郑、上官、郭、陈、廖、刘、赖、余、俞、叶、丘、傅、韩、杨、吴、戴氏的宗祠。常常有海内外的寻根者，用微微颤抖的手，轻轻摩挲着各自姓氏宗祠的门联，久久。

沿着古街缓步，一座座宗祠各具特色，门楼或高或矮，门面或宽或窄，装修或简或奢，但无一例外的是那门联，上下联一律四字，后二字一律是"世泽""家声"。李姓是"陇西世泽，柱史家声"，杨姓是"四知世泽，三相家声"，其实，无一例外地诉说的是各自姓氏的渊源、祖宗的功德。比如陇西，那是李姓的郡望亦即发祥地，在今甘肃地段，李渊、李世民从陇西起家，开创大唐天下，客家李氏，总认自己是李世民之后，提起陇西，心头就漾起无比的自豪。而柱史，指的是老子李耳，道家之鼻祖，一部《道德经》五千言影响中国数千年，据传与孔夫子相见的时候，还曾经点拨过孔子，算得上圣人之师，

河田宗祠内景（廖亮璋摄）

如此风光，李姓族人当然引以为荣。

信步走进一座祠堂，院落宽敞，正厅神龛上，高悬一块大匾，上题"山高水长"，哦，这是"俞氏宗祠"。上古俞伯牙"高山流水"的高妙琴音似乎就在耳边。连接上下厅的天井，青青石子为底，白石子拼出一只白鹿的模样，栩栩如生，似乎正可诠释琴音的高妙。俞伯牙钟子期高山流水结知音的典故无人不晓，难怪俞氏子孙念念不忘引为家族的荣耀。只是，俞伯牙与客家俞氏相距实在太远了，即便是客家俞氏那些在中原的先人，与俞伯牙怕也是八竿子搭不上界的。为什么俞氏要让这数千年前的古人，高高居于神龛的上首？而他，与客家俞氏实在很难说会有确实的直接血缘。

或许，这就是客家区别于其他民系的最突出的特色了：至为强烈的祖先意识。"树有本，水有源"，翻开任何一本客家族谱，卷首绝对少不了这类的语句，每个姓氏的堂号、堂联，姓氏的源起、衍播，每位祖先的坟茔、坐向，一概记载齐全、点滴不漏。每一姓氏祠堂的楹联，总是充斥着追根溯源的内容，如"树高千尺儿孙绵延岂能忘本，水深百丈后裔昌盛更应思源"，而"朝神不如敬祖，读书不如看谱""八十公公要祖家，八十婆婆要外家"这些难以计数的客家谚语，更是鲜明体现了客家人的寻根念祖情结。祖先崇拜甚于神明崇拜，成为客家人的突出标志。而在相邻的福佬民系、广府民系中，庙宇的地位大多高于祠堂。可以说唯独客家，才有这样独特的景观，每个村落最壮观的都是宗祠，尤其是居于中心地位的始祖祠堂，更是客家人心中的圣殿。

芷溪宗祠群

芷溪是今日龙岩地域最大的一个客家村落，隶属连城县庙前镇。

约一万人口的村庄，分为4个行政村建制，分居着黄、杨、邱三姓。作为中国历史文化名村，这个村落以宗祠的密集扬名于世。谁能想象，一个村庄竟有74座宗祠，仅仅黄姓的总祠和各类分祠就有41座，从开基祖到第17代，都建有祠堂，大者占地5000余平方米，小者也有400余平方米。这里的村民，稍有发迹，做的第一件事，就是建祠奉祖。在他们朴素的思维里，始终认为依赖祖宗之灵，才能心想事成。整个芷溪村正是这样宗祠连接民居，民居环抱宗祠，形成了蔚为壮观的宗祠群落。

黄氏总祠为纪念开基祖黄庚福而建，俗称大祠堂。大门起沿山坡砌筑围墙，把祠堂主体、草坪、雨坪、池塘环抱其中，整座祠堂如婴儿坐摇篮，据说是难得的好风水。进入祠堂，正厅富丽堂皇，正中神龛上方牌匾书"木本水源"四个大字，两侧壁画绘着"双凤朝阳"等图案。神龛分中、左、右三龛，正中神龛放始祖考妣牌位，左龛为"昭"，放二代祖先的神主牌，右龛为"穆"，放三代祖先的神主牌。再以下的各代祖先，则以小神主牌置于中龛前作为"配享"。每代裔孙逝世后，都要在始祖祠上座上牌，以让逝者灵魂安息。即便是另建有分祠的，宗祠也有其一席之地。客家祠联有称："左为昭右为穆绵绵奕奕毋忘百代源流，春有祀秋有尝肃肃雍雍恪守千年俎豆"，一眼望去，密密麻麻一片神主牌，真是蔚为大观。

祭祀的隆重让人叹为观止。

神龛前燃起巨型蜡烛，一个大铜香炉中插着高香，一字排开的三张供桌，摆满了各色供品。一个大猪头居前，猪鼻子上插着大红的簪花，后边是全鸡、全鱼，三牲之后还有各色果品菜蔬。值祭房的绝大部分男丁，加上各个房系的男丁代表都到场了，偌大的祠堂竟然显得有些拥挤。祭祠的仪式完全按照祖传的方式，庄重而缓慢。主祭者、陪祭的各房子孙代表，在司仪（俗称礼生）拿腔拿调的长音中，依次分别在始祖和昭穆牌位前反复叩拜，不厌其烦，虔诚之至。前前后后用了近4个钟头，光是各色人等就位就花了20分钟。而当至为烦琐的一套程序进入尾声，主祭者还要率所有陪祭者俯伏在地，再行三跪九叩大礼送神。祭祠结束，本以为如此烦琐的祭祀仪式会让人倍感疲倦而乏味，不想参与祭祀者竟个个兴奋而庄重，不露一丝倦容。似乎还沉浸在那虔诚的叩拜中，沉浸在祭文的抑扬顿挫中。

杨姓、邱姓总祠以及三姓众多的分祠，规模不一，大多错落在民居建筑间。其建筑格局、祭祀方式都与黄氏总祠相近，无一例外地烦琐而虔诚。其实，正是这看似烦琐的祭祀，这抑扬顿挫的祭文诵读声，让子孙与远古的祖先精神沟通，让合族的子弟彼此认同。血缘的力量在客家的祠堂凝聚，血，终究是浓于水的！

稔田李氏大宗祠

李氏大宗祠坐落在上杭县稔田镇丰朗村，是海内外客家李氏最为著名的祠堂，奉祀李氏入闽始祖李火德。

每到春分、秋分两个祭祖日，海内外的客家李氏后裔，络绎不绝前来祭祖，最盛的春分时节，举镇若狂，人山人海，小镇交通为之堵塞。

走进丰朗村路口，远远就可看到一座庞大的院落，矗立在青山与秀水之间，大院之前是半月形的宽阔池塘，宗祠正面是5孔大门，正中以青色条石砌成牌楼式的门楼，倒影水中，分外壮观，两侧的石柱上刻着楹联"丞相将军府，忠臣孝子门"，指的是李火德的后裔，在明清时期担任过相当于宰相、将军职位的名人，据说丞相有二、将军有三，至于忠臣孝子则不胜枚举。祠堂占地约6000平方米，有大厅3座、客厅26间，还有客房104间，供海内外祭祖裔孙住宿。其气势之磅礴，规模之宏大，全国罕见，已列入国家文物保护单

李氏大宗祠（沈文生摄）

位。海内外李氏后裔进入宗祠，总要对着神龛中的李火德石像虔诚叩拜，总要围着正厅的11对大圆石柱，观看楹联，怀想始祖的音容笑貌，传诵着关于始祖的神奇传说。

　　李火德后裔如今遍及闽、台、赣、粤、桂、川、浙以及东南亚各地，人口繁衍已达千万，有着无数名人后裔如当代的李光耀、李嘉诚等，而始祖李火德当年创业的时候，却是受尽屈辱，曾被辱骂"老绝代"。关于李火德的传奇故事李氏子孙家喻户晓，说是火德公同妻伍氏从宁化石壁避难而来，在丰朗村开基，依靠勤劳刻苦创下家业，美中不足的是年过花甲仍无子嗣，本想抱养一个儿子以续香火。一日起早捡猪粪，在一家屋旁不小心碰响了篱笆，引来门内狗吠汪汪，屋门开处，走出一个外号"歪嘴嬷"的老妇，厉声嚷道："我说是谁，原来是老绝代！"说罢"砰"的一声重重关起房门。李火德受此大辱，夫妻商议，铁心再娶了同样逃难而来的至交陈家年方19的小女。完婚之后，老夫少妻琴瑟和谐，居然先后生了3男2女，长男朝文，称三一郎；次男朝宗，称三二郎；三男朝美，称三三郎；大女桂英，次女淑英。被辱骂的"老绝代"大兴大旺，反倒是"歪嘴嬷"一家，后来人丁衰落，只好再迁往他处谋生去了。

诸如此类的开基祖传说在闽西客家各家族中很多，很难当作信史，每一姓的族谱都免不了对开基祖的神化，但客家子孙们却是对此深信不疑的，这种深信有时到了偏执的地步，一些地方的开基祖，甚至被当成村落的神明，受到广泛的崇拜。客家人的祖先崇拜，就这样诠释着一座座尊严的祠堂。

石壁"客家百姓公祠"

每年金秋时节，圣地石壁都要举行规模宏大的世界客属祭祖大典。20世纪90年代新建的"客家百姓公祠"祭祀大殿里，排列着180多个客家姓氏牌位，那么庄严，仿佛180多个姓氏的先人从时光隧道的深处走来，对着遥远的血脉相连的子孙，那么殷切地瞩望。

客家圣地石壁这座百姓公祠，这座客家人的总家庙，客家祠堂的集大成者，它超越了一个姓氏一个宗族的狭隘，以群体的姿态，庄严矗立在闽西大地上。

宗祠前的石桅杆，诉说一个家族的荣耀（吴尧生摄）

许多学者专家对客家祠堂的重要性与作用做了详细的描述，不少人毫不吝惜赞美之言，对客家的祠堂文化，对客家人萦系心头挥之不去的祖先情结由衷赞叹。却很少见到对客家祠堂文化、祖宗崇拜负面因素的分析与批评。

毫无疑问，客家的祠堂文化，客家人念祖敬宗的痴迷，曾经产生过、还将继续发挥起激励后裔重建辉煌的巨大作用。

同样毫无疑问，客家祠堂文化有着其与生俱来的局限，客家的祖宗崇拜，当它成为一种偏执的时候，其难以避免的负面影响，将严重影响21世纪客家人走向未来的步履。

"只有千年的宗族，没有千年的亲戚"，这句客家子孙耳熟能详的谚语，既形象展示了客家宗族惊人的凝聚力，也一针见血地揭示了客家人难以消除的偏狭，尤其是不同姓氏之间的难以合作，相邻村落之间的不够融洽，乃至相互拆台……

石壁客家公祠的建立，标志着闽西客家的后裔们，有了比历代先人宽广得多的胸怀！

宗祠巍巍，公祠巍巍，矗立在每一个闽西客子的心头！

家族之城

（一）

汽车进入永定地界，不过几分钟吧，眼前就出现或方或圆的土楼，星星点点错落在田畴、绿树与起伏的山峦之间。往前，土楼渐密，星星点点很快变成连片连营，让你有些目不暇接了。据说永定的土楼多达两万余座，建于清代以前的就有8000多座。列入世界文化遗产的福建土楼包括"六群四楼"，永定占了"三群二楼"：以"土楼王子"振成楼为代表的洪坑土楼群、以"圆楼王"承启楼为代表的高北土楼群、"三圆一方"依山就势摄人心魄的初溪土楼群，以及号称最美丽的振福楼，最具书香气的衍香楼。每一座楼都够你端详、沉思，每一座楼本身都是一篇传奇，你该如何下笔，才能描述它们独特的风采？

初睹土楼的人很少不受到深深震撼的，土楼尤其是圆楼那难以想象的博大与神奇，常常令人目瞪口呆。走进高北土楼群，当庞大无比的"圆楼王"承启楼突如其来跃入眼帘的时节，我们一行几乎同时"哇"地呼出了声。那是无法遏止的惊叹：天底下怎么能有如此庞大如此神奇的"怪物"哦！你站在它的面前，高高地仰起头，斑驳的土墙顺着你的视线往上、往上，似乎到了与天相接的尽头，你的视线被巨大的瓦顶出檐切断，仿佛那黑色的瓦顶，就是天与地的分界。你收回目光，沿着圆圆的土墙巡回，在你眼前的除了土还是土，弧形

世遗承启楼（廖亮璋摄）

的土，曲着身子的土，转着呼啦圈的土。这是怎样的奇迹啊！褐色的泥土，苍然的泥土，怎么能有如此美妙的曲线，怎么能有如此庞然的身姿？

从最初的震撼中回过神来，上下左右前后高低各个方位注目土楼，你会发现，永定客家土楼，与周边的环境是那样的和谐，仿佛楼也如花草林木，从土中自然而然地长出。那是一种天人合一的美，一种多么和谐的美啊！

我想引述我随手记下的一则则观感，关于美的观感——

初溪土楼群：

走进初溪像是走进了画廊，眼睛有些不够用了。清凌凌的初溪水中，一溪的蓝天白云，一溪的青山绿树，一溪层叠的梯田，一溪错落的土楼，天与地，山与水，楼与人，宁静而和谐，让人心生莫名的感动。尤让人惊讶的是，土楼几乎无所不在，溪边是楼，山边是楼，田边是楼，天边还是楼，不信你看那远远的天边，靠近山顶处，绿树丛中透出的，不正是圆楼半圈、方楼一角？

世遗初溪土楼群（沈文生摄）

振福楼：

  背靠青山，前依南溪，河床怪石嶙峋，溪水银光闪闪，溪畔岸草青青，圆楼上与天穹呼应，下与大地相接，前后左右与山水交融，真是恍若仙境。站在楼前四望，哪一面都让你心旷神怡，让你感慨客家文化的一大特色——风水学以及其间尚不为人了解的科学内涵。振福楼的后裔据说已有数百人，多居欧美、东南亚，楼中只住一户，白天常常只有一个80多岁的老奶奶看家。我离开的时候，走出好远了，老奶奶还拄着拐杖，依着门柱，定定地看着、想着，满头的银发在风中飘拂，她在看着、想着什么呢？振福楼的后裔、现居美国的苏国禄怀念土楼的诗句，轻轻拍打着我的心：故乡的土楼是我出生的摇篮／摇来繁星／摇来朝阳／摇荡着父母姐弟代代的歌唱……

洪坑土楼群之如升楼：

  进入洪坑的感觉有些特别。沿着鹅卵石小径穿过晨雾，宁静中听得"哗哗"的水声，近前是一架古老的水车，在洪川溪清纯的水中悠悠旋转。水车旁蹲一个红衣少女，手执浆棰"啪啪"敲打着浣洗的衣衫，衣裙间露一截葱白的细腰。清溪、绿树、淡淡的晨雾、褐色的水车、红衣女郎，交织成洪坑村经典的晨景，让你不由得有些发呆，呆呆地伫立在水声、水车声、捣衣声以及一二声晨鸟的啼鸣中。

  沿洪川溪溯流而上，转过两道溪弯，面前一座小桥，桥边有芦苇，有红柿，远一些有梯田，小巧玲珑的如升楼就与芦苇、红柿、梯田、小桥一起倒影在溪水中，水流轻荡，如升楼的影子也在水中轻轻摇荡，自有一种说不出的妩媚。无怪有人称她"清纯少女"，殊不知这少女1901年就已出生，已是过百岁的老祖母了。

岩太土楼群之福盛楼：

  顺着弯弯的小径进山，左旋右转，都说是山道十八弯，其实走了何止几个十八弯呢？终于走出一个谷口，眼前一亮，一道道梯田就在眼前重重叠叠、缠缠绕绕，从山脚一直绕上高高的山顶。山腰以上，十余座土楼沿着梯田而建，在缭绕的云雾中若隐若现，最高的一座——福盛楼就高高地踞于山顶。

  福盛楼有好几个最——在客家所有圆土楼中，它海拔最高、直径最大、建造最迟……但最让我心动神迷的却不是这几个最，而是它把山拥在怀中的大气与神奇。楼外有山，楼内有山，那可是货真价实如假包换的真山啊！当初建楼的时候，把整个山顶都圈在了楼内，是想就地取土，没有想到楼建成了，山顶的土却只挖了一半，一座小山就这样留在楼中，陪伴楼里的数百居民。就在这楼外青山楼内山的氛围中，鸡鸣犬吠，牛哞人喧，炊烟缭绕，世俗的气息那么浓郁地扑来，让人感叹客家土楼的亲和，感叹人与环境的和谐与自然。也许，美就是和谐，就是自然。

  ……

这样的笔记随手记了很多，摘录的只是一鳞半爪。但就是这一鳞半爪也足以说明土楼与环境的和谐，那种天人合一的境界了。只是，这样的和谐乃是福建土楼的共性，什么才是永定土楼独特的风采呢？

（二）

那个清晨我走进了振成楼。

好庞大的圆形土楼哦！宽阔的楼坪前是草地，草地连着卵石砌成的硕大的太极图，一下便把你带进古老的氛围。黄褐色的土墙凝重古朴，你走近它，只见门楣上三个石刻的大字：振成楼，旁边是一副门联：振纲立纪，成德达才。这就是号称"土楼王子"的振成楼？

振成楼在洪坑土楼群中名气最大，据说是福建最富丽堂皇的圆楼，作为中国古建筑的代表，其模型曾与长城、北京雍和宫的模型一道，参加美国洛杉矶国际建筑模型大展。楼分内外两环，外环楼高16米，4层，推开厚达20厘米且包着铁皮的大门板，你就进入了外环楼门厅。门厅两侧各有边门，自边门旁的木质楼梯拾级而上，一层是厨房与饭厅二合一的灶间，数一数有四十几个，鼎盛时可容四十几家二三百人，烟囱却全在夹墙里，一点看不出痕迹，二层是粮仓，三层四层是卧室与客房。登上四层，你才发现外环楼原来是按《易经》的"八卦图"建造，卦与卦之间砌青砖隔墙，把圆楼分成整齐的8个单元。斜对过的一卦70年前曾失火，大火烧毁了整卦楼板，却在青砖隔墙前止步，另七卦毫发无损。失火的这卦已经重修，新安的楼板分外醒目，像是在夸耀着土楼的防火功能和客家先人的智慧。

穿过楼门厅，进入中门，就是高二层的内环楼了。内环的富丽堂皇与外环的拙朴反差强烈。7米高的圆形大石柱、镂空的屏门、螺旋形的铁栏杆、精致的窗雕门雕、典雅的牌匾对联，美轮美奂。这里是全楼的核心：祖堂。敬神祭祖、婚丧喜庆、聚会议事、接待宾客、演戏娱乐都在这里。门楣上刻着"里党观型"四字，竟是当年北洋政府总统黎元洪的手笔，意为"乡里百姓学习的

世遗振成楼(沈文生摄)

祖堂,客家土楼的中心(廖亮璋摄)

榜样"。振成楼建于1912年，耗资8万光洋，创建人林逊之做过北洋政府的参议员，当年曾是一个风云人物，楼内也就不乏当时名人的题赠。最为脍炙人口的，是楼主林逊之的自撰联："振作那有闲时，少时、壮时、老年时，时时需努力；成名原非易事，家事、国事、天下事，事事要关心"，读着它，一股豪气自胸中涌起，那个振作精神希图报国建功的书生形象，便在脑中久久萦绕。

振成楼体现了龙岩地域客家人的诸多文化特色。

其一是聚族而居。

聚族而居是汉民族传统聚落普遍的居住方式，同姓同宗的各家各户共同居住在同一个自然村落中，以宗祠作为聚落的核心，形成家族的共同体。客家土楼则把这种聚居模式发展到了极致：一个家族的所有成员全都居住在同一座土楼中，居住在同一个屋顶下，而不是居住在分散的众多民宅组成的村落中。土楼，名副其实是家族之城。

这种独特的聚居方式，形成了客家土楼截然不同于传统的建筑特色。其他地区的传统民居中，大型住宅聚居上百人极为少见，而一座客家土楼中聚居数百人则是很寻常的。被誉为"圆楼王"的"承启楼"，鼎盛时居住过800多人。这座楼内外四环四百余个房间，说是两个新娘子，同楼居住了一年多还没结识，有一次聚会时各自夸耀自家的土楼，一个说，我住的楼太大啦，如果一个人清早起来，从底层开始一个个房间开启窗门，开到最后一个窗户，正好中午；接着关窗，关好最后一个窗门，恰恰天黑。另一个说，我住的楼才大呀，我嫁过去一年多，每天认识一户邻居，到现在还没把邻居都认全啊。说到后来，两人才发现原来夸的是同一座楼。传说难免夸张，却鲜明体现了客家土楼的聚居特点。

其二是敬祖念宗。

客家是一个最重"木本水源"的民系，十分讲究承前启后，通过祖宗崇拜激励儿孙奋发努力，光宗耀祖。与闽南土楼核心位置往往是神龛不同，客家土楼最显著的核心位置一定是祖堂。比如振成楼的祖堂，居于内环的核心，所有的房间都朝向祖堂，环绕祖堂，如众星捧月。距振成楼不远的奎聚楼，与振成楼同为国家文物保护单位，它的祖堂"儒林第"庄严得竟如一座宫殿。从门厅到祖堂，步步台阶，层层向上，三道门各配一个门楼，飞檐翘角，庄重而威严。站在门厅望祖堂，让你感到的是一种迫人的威势，这样的核心位置正是客家人敬祖思想的突出表现，形成客家土楼民居空间布局的一大特色。

敬祖的目的是联宗，为了凝聚族人。众多同宗同祖的小家庭，聚居在一座土楼内，同居而异财。他们有各自独立的财产，经济上自负盈亏，然而又有诸多不可分割的公共财产，不仅共屋顶，而且共门户，共厅堂，共庭院，共水井，更重要的是，共有同一个祖先，同一个祖堂。楼内的所有重大事项，都由全体居民一起在祖堂商议解决，家族内部的亲和力大为增强，家族伦理得到了有效的强化。正如承启楼的一副门联所言：一本所生，亲疏无多，何须待分你我；共楼居住，出入相见，最宜结重人伦。

其三是尊师重教。

客家人耕读传家，十分注重子弟的培养，几乎每座土楼都有学校的雏形。对土楼人来说，每个土楼子弟不分贫富贵贱，都是家族的未来，都有接受教育，光耀门庭的责任。土楼中的学校大都设在祖堂的门厅，学子读书时，就对着祖宗的牌位，仿佛祖先就在那儿殷切地凝望，读书的时候无形间就平添一股动力。当然门厅读书环境略嫌嘈杂，条件好些的土楼往往设有附属建筑安置学子。振成楼的两侧有"超庐""醒庐"两座附属建筑作为学塾，它的姊妹楼"振福楼"则在楼后设耳房，专供子弟在内攻读。

土楼人家尊师重教的故事传说不胜枚举，"衍香楼"创建人苏谷香三请塾师虔诚赛过刘备的传说，数百年间脍炙人口。这座楼中几乎所有楹联都寄寓对读书的尊崇、对子孙发达的期盼。外门楼楹联为"积德多华衍，藏书发古香"；大门楹联为"云礽递衍，翰墨流香"；大厅两副联，一为"种德多，随居蕃衍；读书好，出口生香"；一为"德种旧眉山，当年早肇云礽衍；家传大手笔，此日犹留翰墨香"；乃至小门联也书"泽衍千秋，簪缨勿替；书香百代，门第律新"。

还有，诸如风水观念，诸如多神崇拜，诸如……

无疑，客家土楼的独特，正在于其深厚的客家文化底蕴。

世遗衍香楼（马与摄）

（四）

　　天庭有星，是疏疏的几点，被承启楼圆圆的罩定，一并罩住的还有圆圆的天，那般深邃，那般神秘。

　　我站在承启楼外环的回廊上，凝望内环祖厅那一脉灯火。灯与星同样泛着清冽的光，天与地在微黑的夜色中显得那么安谧。窗外传来一声蛙鸣，又一声，似乎在宣示着天与地的合拍，天与人的和谐。

　　哦，多么静谧、亲和的土楼之夜哟！

　　300年前，客家先祖选定这一方青山绿水，一箕黄土，两块夯板，半个世纪，夯起这座举世瞩目的"圆楼王"，看中的莫不就是这静谧、亲和，就是这天人合一的默契？

　　初春的一个夜晚，当我入住永定县（今为永定区）最大的圆土楼——承启楼，站在外环四楼高高的回廊上，望天，望地，望祖堂，心头升起的是一种十分安谧、亲和的奇妙感觉，情不自禁写下了上述文字。

承启楼被誉为"圆楼王"，它的图案20世纪80年代曾列入中国邮电部发行极为广泛的《中国民居邮票》。它从明朝崇祯年间开始破土奠基，至清朝康熙年间竣工落成，历世3代，阅时半个世纪。全楼由4个环形相套的屋舍组成：外环承重土墙底厚1.5米，顶宽1.1米，高4层12.4米，圆周长229.4米，每层72个房间；第二环高两层半，每层44个房间；第三环为平房，36间；内环是全楼的核心——祖厅以及院落。全楼仅回廊总长就达1.5千米，这样庞大的规模世所罕见，无怪乎日本学者茂木计一郎称赞它是"家族之城"。民间歌谣"高四层，楼四圈，上上下下四百间；圆里圆，圈套圈，历经沧桑三百年"，正是这座圆楼王的写照。

站在回廊上，眼前浮现客家先祖颠沛流离的南迁历程：

那可是逃难之旅啊！一条汉子，一根扁担，肩起一个家族。从北方，到南方；从繁华，到荒凉。当扁担在千万次震颤后砰然断裂，担子上祖先的骨殖重重地撞向泥土，那便是祖先的启示：这里，才是安身立命之所；这里，才是客家游子梦寐以求的家园。

承启楼，就这样圆成了逃难生涯终结的句号么？

闽西这片热土，承接了客家先人，土楼，圆成了逃难生涯终结的句号；土楼，那是客家人漂泊历史的投影：

也许，最初只是一架茅棚，筛一棚星光入室，南迁的屈辱便碎成袅袅炊烟；也许，之后便有了土墙瓦屋，星星点点错落在山野田畴。一回回，任野趣、乡情、天籁浸润；一度度，却也战栗于土著的敌意、山贼的刀光……

于是，家族血缘，聚起了十条汉子、百条汉子，血汗拌和着黄土，夯柱撞击着岁月，日复日，年复年。终于，这一派蛮荒之地，矗起了圆圆的梦幻般的土楼，层层相依，环环相扣，护佑着客家人代代绵延，100

年、200年、300年……

土楼，落户在闽西，落户在客家民系与福佬民系交界的永定东部山区，经历了漫长的历程。客家先人初来的时候，条件简陋，只能砍几棵树，割几蓬草，就地搭起茅棚蜗居；此后，生活安定些了，便把中原带来的夯土技术用于客地，在土著的周边盖起简陋的土墙瓦屋，这些错落在山野间的房屋固然很有诗意，安全却难有保障。在经历了长时间对安全的担忧之后，经济条件许可了，就倾整个家族之力，建起土楼这庞大的家族之城。早期是方楼，重在防御，然后再发展到既利防御结构又更为合理居住更为舒适的圆楼。这样的发展历程，前后经历了数百年。

承启楼，就这样以守望的姿态，守住温馨，守住亲情，把敌意和危险，也把交流与开放统统地拒之圈外么？

圈内有滋养生命的老井，圈内有户户交融的乡音，圈内有朗朗吟诵的书声，客家典型的耕读家族，一切似乎都已十分圆满。

可为什么，依稀星光下，总有几双眼睛在窗前远眺？淡淡晨风中，总有几个身影从门中走出，走向异乡？

蕉风椰雨，血色泪光，异乡的梦幻中，可还萦绕着那圆圆的期盼？可还晃动祖厅那一脉灯火？

站在回廊上，我想了很多很多，客家人颠沛流离的历程，客家土楼的建造奇迹，翻滚胸中让我慨叹。人们津津乐道土楼的博大与神奇，而我，却总在想，土楼，为什么体现出那么强烈的封闭与开放的对比？它体现了客家人怎样的性格特征？

这就是客家人的悖论么？客中，常怀着家园的梦想；家居，又总是客旅的胸襟。筑起圆楼，圆梦之时却也封闭了自我；走出圆楼，远行之际却又为什么回望频频？

苍天无语，沧桑无语。

只有祖厅的灯火微微闪烁，只有天际的星光微微闪烁，"天圆地方"，古人喃喃的呓语声中，灯与星静静地对望，圆圆的楼与圆圆的天静静地对望。

那一刻，对着静静对望的圆圆的楼与圆圆的天，我睁大圆圆的眼睛，静静地，沉思，凝眸。

客音密码

客音存古

"中原有旧族,迁徙名客人。过江入八闽,辗转来海滨……方言足证中州韵,礼俗犹留三代前。"清末著名外交家、客籍诗人黄遵宪在回溯客家历史的时候,充满深情地写下了这样的诗句。一句"方言足证中州韵",突出点明了客家方言的特征:"客音存古"。汀属八县的客家人,说的正是"存古"的汀州片客家方言。

在黄遵宪之前,客籍学者罗蔼其写出了奠定其一生地位的专著《客方言》。这部"中国第一部最翔实的客家方言专著",贯穿全书的重要观点就是"客音存古"。只需稍微留意汀州片的客话,便能发现,客家话真是保留了太多的古音。

就说最简单的"吃"这个字吧,古语只说"食"。古谚有"民以食为天",中学生耳熟能详的文言文《曹刿论战》有"肉食者鄙",《三国演义》里曹操一传口令"鸡肋",杨修就叫士卒打点行装,因为鸡肋者,"食之无味,弃之可惜",不收兵却待如何?倘把"食"换成"吃",说"民以吃为天""肉吃者鄙""吃之无味",那就贻笑大方了。客家话也是这样,凡"吃"都说成"食",吃早餐叫"食朝",吃午餐叫"食昼",吃晚餐叫"食夜",顺便说一下,这

"朝""昼"也是古语的说法。再说行走，古语的"走"指的是"跑"，"行"才是现代汉语意义上的"走"。客语与古语完全一致，小孩犯错挨揍了，边哭边慌不择路地奔跑，大人举着竹鞭在后面追，边追边骂："再走，再走捶死尔！"嘻嘻，这"走"、这"捶"、这"尔"也都是古语用法。

这样的例子不胜枚举。

儿时读唐诗，总疑惑一些诗句不能押韵。比如杜牧的"远上寒山石径斜，白云生处有人家"，画面鲜明，可"斜"与"家"韵脚不合啊，难道是大诗人不拘小节？后来知道唐宋时"斜"字读音如"洽"，与今天客家话读音相同，用客家方音读这些诗句便天然地合辙押韵了。难怪著名语言学家王力先生说，客家话保存着唐代音调，以唐音读唐诗，当然是无不押韵而声调铿锵喽。

古汉语有"四声八调"，四声者，平、上、去、入是也，每声各有阴阳两调，是为八调。现代汉语没有了入声，上声、去声也不再分阴阳，只剩下了阴平、阳平、上声、去声四个调，即平常人熟悉的"衣移椅义""乌无五务"之类。客家方言，则大多保留了入声，有些地方的方言还保留了6—7个声调，比如连城城郊的文亨话，就有7个声调：阴平、阳平、上声、阴去、阳去、阴入、阳入，不仅有入声，还分阴阳，与中古中原音韵十分接近。

除了语音存古，客家方言的词汇也多与中古中原相同。诸如"讲话"说成"话事"、"吵嘴"说成"斗舌"、"告状"说成"投"、"口福"说成"食禄"、"节俭"说成"做家"、"美貌"说成"标致"、"拥抱"说成"揽"、"眼睛"说成"目"、"脸"说成"面"、"冷"说成"寒"、"黑"说成"乌"等，古语的痕迹随处可见。还有，"礼物"说成"人事"，《西游记》里唐僧师徒取经到达西天，阿难、迦叶发放经卷的时候，觍着脸伸手索要的就是这样的"人事"。"痛快"说成"松爽"，《水浒传》里武松怒杀张都监一家雪恨，却道："这口鸟气，今日方才出得松爽！"

还有……

祖宗言

"客音存古",客家话形成后已越千年,为什么还能"客音存古"?

在汉民族八大民系中,客家民系是以固守"祖宗言"著称的。所谓"宁卖祖宗田,不忘祖宗言",客家人颠沛流离,辗转数千里南迁,祖宗的产业肯定是无法保住了,祖宗留下来的,只有活在后代嘴角的语言,这是须臾不可忘却的。忘了祖宗的语言,就等于忘了祖宗,那简直等同于大逆不道。有一个流传很广的故事,几乎大部分客家地区都有大同小异的翻版。说的是一个客家学子,到外地求学多年成了秀才归来,见乡人正在农田里劳作,为荞麦锄草。秀才一时忘了荞麦怎么发音,操着官话就这个那个地问。不料乡人脸一沉,举起锄头就要追打秀才,吓得他忙不迭奔逃,边跑边用乡音喊:"荞麦田里捶死人啦!"乡人闻言即刻停步,笑着说:"早说人话,不就没事啦,讨打!"瞧瞧,在这里只有祖宗言才是人话,对着族人打官腔,时至今日,也是客家人最为不齿的。

所以,客家子弟每到一个新居地,必定聚族而居,兄弟梓叔聚居一处,以祖宗言相互交流、相互关照。无论新居地多么宽阔或是多么逼仄,同一姓必定是相处一地的,凝聚同姓的最关键因素,就是祖宗言。无论走到天涯海角,祖宗言也即客家话的根本性特征是绝不会丢弃的。而客观上,聚族而居也给祖宗言的代代相传提供了条件,也许,这才是"客音存古"千年不易的最深刻的原因。

"偓话"一瞥

当然,存古是一方面,发展,形成自身的方言特质,这是客家方言傲立于方言之林的根本。

客家话常被人称为"偓话""嘛呷话""阿娓话",因为客家人把"我"说成"偓"、把"什么"说成"嘛呷",而称呼女性长辈用"娓"、母亲叫"阿娓"、婶婶叫"叔娓"、舅妈叫"舅娓"。这些客方言的独特词汇,据学者考证,

古村落的明清老街（吴尧生摄）

采自当时生活在闽粤赣边地区的土著畲瑶而略有变化，在融合土著的过程中，吸收土著语言的成分，再行发展变化，客方言自身的特质得以形成。

词序的颠倒，是客家方言极为突出的现象。普通话"热闹"，客话多说成"闹热"；同样，"力气"要说"气力"，"灰尘"要说"尘灰"，"要紧"要说"紧要"，"喜欢"要说"欢喜"，"客人"要说"人客"，"蔬菜"要说"菜蔬"，"善良"要说"良善"，"脊背"要说"背脊"、"虫豸"要说"豸虫"。还有，天冷了，孩子不知凉热，大人催着加衣，不说"多穿一件衣服"，却说"着多一件衫"；客人吃了一碗就放下了，主人殷勤，不说"多吃一碗""添一碗"，却说"食多一碗"或是"食一碗添"。词序、语序颠倒，意义却是一样的。

量词的极大丰富也是客方言的显著特色。客语使用量词，往往生动而出神入化：一身衫、一腰（条）裤、一兜（棵）树、一筒（根）柴、一刀（卷）纸、一皮（片）树叶、一张（把）刀、一行（根）索、一番（床）被、一眼（间）店、一堂（座）屋、一孵（窝）鸡子……试着说一说这些绝不重复的表述，感觉中那些词语都活了，唇边舌尖似乎掠过一缕清香。

89

最能表现方言特色的也许是客方言特有的词头词尾了。尤其是词尾，尤其是带性别意味的词尾：公、牯、哥、佬、嫲等。比如"公""牯""哥"，可以指事实上的雄性，"丈夫"说成"老公"、"公鸡"说成"鸡公"、"公牛"说成"牛牯"、"公猪"说成"猪哥"，此外，诸如贼牯、蛮牯、憨牯、骚牯，猴哥、兔哥、学生哥、后生哥之类，都是这等用法；更多的时候却是虚词，不具辨义作用的，"耳朵"说成"耳公"、"鼻子"说成"鼻公"、"拳头"叫作"拳头牯"、"石头"叫作"石牯"，"虾""蚂蚁""螃蟹"这样的小动物，则不论雄雌都称"虾公""蚁公""蟹公"。还有"嫲"字，这恐怕是客方言中最特殊的词尾了，雌性统称为嫲，鸡嫲，鸭嫲，狗嫲，猪嫲，这是指动物，无褒无贬。指人的时候，感情的色彩就浓了，可以是昵称，小女孩可爱，名叫英啊，莲啊什么的，一概称之英嫲，莲嫲；也可以是蔑称，精神不正常的女子，叫她"癫嫲"，外国的婆娘，叫她"番嫲"，外民系的女孩，叫她"哈佬嫲""广东嫲"。还有，"嫲"字还能作虚词使用，不表实义：戴的斗笠，说成"笠嫲"；种植的生姜，说成"姜嫲"；讨厌的虱子，说成"虱嫲"；女人怀孕了，叫作"有了大嫲"。种种不一的使用方式，不是客家人，往往很难分清。

更有意思的，还要数词的重叠，拟声、拟色、状物，无不声情并茂。普通话有ABB式：红彤彤、黑压压，而形容高矮长短，却似乎没有客家方言诸如高栋栋、矮滴滴、长拉拉、短匿匿这样的重叠；普通话有BBA式：呱呱叫、蹦蹦跳、嘻嘻笑，重叠的范围却没有客家方言那么广：辘辘圆、霏霏红、摁摁仆、啪啪跌、滴滴大、呼呼滚、梆梆雄，举凡声、色、形，似乎都可以找到对应的重叠方式。尤其是主要拟声的AABB式，客语的表达更为精彩：形容嘈杂，说"汪汪旺旺"，喧闹，说"哄哄哈哈"；走路不稳，说"戚戚冲冲"；细雨绵绵，说"徐徐细细"，做事干脆利落，那是"当当嗒嗒"；挑水溢了一路，那就是"单单丁丁"了。更绝的是同音不同调的AAAA式，说话投机没完没了，那是"唧唧济济"；说话啰唆没完没了则是"罗罗落落"；而小孩缠人没完没了却又是"啁啁咒咒"。

哦，多么独特，这琳琅满目的方言珠宝！

特例：连城方言

　　小小山城，28万人口，竟能分出34种方言。惊奇么？过一座桥，便是一个新的语言天地；隔一道水，便有截然不同的语音飞扬；多种语音和平共处，其乐融融。1984年，前来考察的中国音韵学会专家们曾如许感叹："连城方言之复杂，全国罕有！"
　　……

　　这段文字摘自20多年前的拙作《舌尖探宝人》，这篇记述客家方言特例——连城方言的特写在《人民日报》获奖后，又被《新华文摘》转载，在连城一时颇有些轰动。

　　据相关学者调查，客家话可分为粤台、粤中、粤北、惠州、汀州、宁龙、于桂、铜鼓8个客家方言片，而以粤台片嘉应小片的梅县话为代表语音。连城方言属于汀州片，但其复杂程度却是其他各片客家方言不具备的，它是客家方言宝库中最独特的特例。

　　空客320从连城冠豸山机场腾空而起。机翼下，国家重点风景名胜区冠豸山铺展开奇峰秀水，机身盘旋，隔着舷窗，看得见连城众水蜿蜒，分别流向闽江、汀江、九龙江，溪边水湄，村落点缀。山水相隔，这就是连城方言类型多样互不相通的缘故么？

　　机翼下的连城全境，像是一个环环相扣的靶子，圆心是城区，绕着城区

万山簇拥的环境，催生客家方言（吴尧生摄）

的一环，是周边的文亨、揭乐、隔川、林坊等乡镇；往外延伸，姑田、曲溪、莒溪、朋口、宣和、罗坊、北团、塘前等乡镇组成又一环线；最外边的环线，则是县境外围的四堡、赖源、新泉、庙前等乡镇。有意思的是，连城方言的变异竟与这一环环的布局相合。《连城县志》把连城方言划分为3圈6个大片，就暗合了这样的环状布局。

3圈6个大片中，语音、词汇多有不同。比如蜻蜓，城区读音"忙离"，宣和读音"光郎刮"，新泉读音"解介卷"，姑田读音"新呀"，赖源读音"寻安"，四堡读音更怪，呼"妙妙管哩"；睡觉，城区说"睡目"，姑田叫"倒眠"，赖源又称"睡梦"；洗澡，城区语音文绉绉说"洗浴"，四堡更古老，叫"洗汤"，赖源则干干脆脆直言"洗身"；夸人勤奋，城区叫"发狠"，赖源说"用神"，却都能在古词汇中找到出处；至于常用表示时间的词语：傍晚，城区叫"讨夜边"，姑田叫"暮时"，赖源叫"透暗"，四堡叫"挨夜"；明天，四堡说"天光日"，姑田说"晨朝"，城区却说"晨晡日"。外乡人走进连城，常被这些不同的音调、词汇搞得晕乎乎如坠云里雾里。"亲不亲，听乡音"啊，客家人最重方言母语，客家地区的方音基本是一致的，怎么会出现连城方言这样的特异呢？

与异彩纷呈的乡音相联系的，还有多姿多彩的地域民俗文化，那让人心荡神驰的风情。每一个片区，都有自己独特的民间文化活动。甚至，每个片区还可细分为若干小片区，这小小的片区也仍然有自己的特殊方音与特殊民俗，与其他村落其他小片区绝不相混。这正是连城客家文化的一大特色，也是连城客家方言的一大特色。如今已有33万人口的连城，34种乡音土话的说法，或许并不是很准确，若以每个小小片区发音的区别而论，那是远远超过34种方言的；若以带根本性的导致难以沟通的区别而论，34种方言的说法又显得夸张。但无论如何，连城方言的庞杂是无与伦比的，只是，处在闽粤赣边客家大本营地区的连城，为什么竟会成为客家方言区的一个特例呢？

看一看连城民俗文化的滥觞与传承，或许能给我们一点启迪。

罗坊走古事，源自湖南；连南犁春牛，源自中原；四堡拔灯，源自杭州；芷溪花灯，源自苏州；莒溪出初六，源自鄱阳一带……

乡野间的古塔（李国潮摄）

再看滥觞的时代：城区周边的隔川游灯，始于宋；宣和中曹的庆灯，始于唐；四堡的拔灯，始于明；姑田游大龙与罗坊走古事，始于清……

与此相联系的，是各姓的迁徙：不同的姓氏，分别来自不同时期、地域。早的，唐以前就在此生息，迟的，迟至明清乃至民初。远的，远在中原；近的，就来自周边闽、赣、粤各方言地带。正是这些不同时期不同地域迁入连城的姓氏，形成了历史上连城客家人的迁徙层次差异。如此庞杂的居民来源，应该是连城客家话内部差异这样明显的首要原因吧！

有学者分析客家话的词汇构成，发现主要是三部分：主体部分是中原古语；第二部分是与闽、赣、粤、吴、湘等南方汉语方言相同的词汇，反映了客家人迁徙中在这些方言区的停留；第三部分是客方言独有的词汇，词汇量虽然不大，却代表了客方言的基本特点。连城客家话词汇同样包含这样三部分，只是，连城居民来源更为庞杂，第二部分的词汇量或许更大，能不能说，连城34种方音词汇的不同，某种程度上也是闽、粤、赣、吴、湘等南方各大方言影响所致呢？

曾经在一个风和日朗的日子，攀登上连城第一高峰也是福建西部第一高峰的狗子垴。晴空万里，只有几丝云彩在天边点缀，站在海拔1811米的峰顶，四周的群峰如一个个馒头缓缓铺向天边，群峰之下，山峦、村落、田畴以及蜿蜒的溪水若隐若现。"八山一水一分田"，这是连城山水的特点，尤其那一分水，更是婀娜多姿，全县该有数千条小小的山涧吧，都卧在相互隔绝的山谷间，要经过多少跋涉，方成溪、成河，最后汇入走向截然不同的三条江——闽江从福州入海，九龙江从漳州入海，汀江从广东潮州入海。村落却是逐水而居的，封闭的大山，不同的水系，自给自足的自然经济，再加上不便的交通，这是否也是连城方言错综复杂的又一原因？

或许，还有一个主要原因要从连城人的心理深层去寻觅。村落之间，不同姓氏之间，有没有故意寻求区别以坚守自己小方言的纯正的因素呢？客家人的村落基本上聚族而居，内部方音高度一致，但即便是紧邻的村落，只要姓氏不同，语音必定有细微差别。这种差别是刻意保留的么？有学者研究过性别与土话的关系，发现村落中占统治地位的是父系的语言，占村落人口几乎一半的女性，其方言几乎没能对该村落产生影响。能不能说，正是客家人强烈的家族观念，渗透到方言中，积淀在连城人的心理深层，才最终形成了连城方言如此繁杂的现状呢？

心头豁然开朗，我找到破解客家方言的这一特例的密码了么？是否可以说，连城居民来源的极大差异（不同时期不同地域迁入），是连城方言复杂多样的前提；连城大山阻隔的地形、三江水系向北、向南、向东的不同流向，使逐水而居的村落间交往受阻，客观上让方言群落区别扩大；而最关键的是，客家人强烈的家族观念积淀在心理深层，体现在方言中，便是每个姓氏都有在语音上对内认同、对外区别的主观需求，都有着保持自身方音特色的强烈愿望。客家人对于祖宗语音的近乎固执的坚守，在连城客家人中表现得更为突出，以至于相邻的村落，也因各自坚守自己的方音不肯退让融合而难以沟通，必须依靠普通话才得以顺畅交流。

哦，祖宗言，客家人心头永远萦系的祖宗音啊！

乡间信俗

无所不在的伯公

闽西客家村口,大多有一片郁郁葱葱的风水林。数棵几百年的古树,苍然吐翠,古树的周边,是它们的子子孙孙,年轮不等的众多大树小树,墨绿、浓绿、碧绿、浅绿……层次分明的绿树大军,在阳光白云下焕发出勃勃生机。一脉小溪在林边打一个转,带着莹莹清流贯入村中,那是一个村庄的水口。

客家人特别看重水口的风水林,古树下,往往有个砖与水泥砌的小房子。那房子够小的了,长、宽、高都只有一米多一点,里边就是一块石碑,碑前安放香炉,香炉前则用两块砖架着一块石板作为祭台,用来摆放供品。小房子两侧写着副对联:"声灵赫濯光千古,福泽绵延庇一乡",只要看看这副对联,你就会明白小房子主人的身份,那是护佑一方的村落保护神——土地,客家人称其"伯公""社公"或"公王"。

在客家人的神灵系统中,土地地位不高,关系却最为密切。任何一个客家村落,哪怕是三几户人的小村子,也必定有"伯公"神坛。神坛一般立在水口,水流出村或入村的所在,"伯公"就肩负着把守水口的重任,入水之处,不让邪气进入,出水之处,严防财气外泄,春夏秋冬始终忠于职守。除了水口,水塘边有"塘头伯公",田畴间有"田头伯公",凉亭里有"亭头伯公",

伯公坛（李国潮摄）

住宅中有本宅"伯公"，一句话，"伯公"是无所不在的。

"伯公"身处基层，管辖地域也有明确限制，范围窄的有如自然村的村民小组长，范围宽些的也只相当于行政村的村委会主任，出了管辖范围就只是平头百姓一个，再使不出神通。不过在管辖范围之内，那可是当今土地说一不二，由不得村人不虔诚敬奉。逢年过节初一、十五，村落中户户轮流着到"伯公"神坛前，点上香烛，排开三牲果品，虔诚叩拜，念诵祭文："伏以土德厚深，万民沾养育之泽；福神慈惠，一乡赖护卫之恩。有求必应，有感必灵，逐邪祟而六畜蕃衍，安物产而四境清平……"缭绕的香烟中，村人的心似乎与土地"伯公"感应了。

在客家人的心目中，"伯公"就像自家的长辈，有能耐却又亲近。"伯公"是百事管：乡运、灾异、稼穑、婚嫁、丧葬、出行、争讼乃至村落间的交往交恶，统统都得问过"伯公"。有求必应的"伯公"，对内，一碗水端平，村人凡有争端，必到"伯公"前祷告，凭神示调解，所谓"伯公公十分公道，伯婆婆一片婆心"，足见村人对"伯公"还有其配偶"伯婆"的信任；对外，"伯公"

可就偏袒自家人喽，与外村交恶、械斗，村人必在"伯公"前祈祷，保佑旗开得胜。武平县有个大化自然村，村落的"伯公"就叫"得胜公王"，为刘、罗、曹三姓共有。据说当初三姓到此开基，与土著钟姓交恶。三姓就在"伯公"前祈祷，与钟姓先械斗后打官司，最终获得全胜。于是"伯公"冠名"得胜"，香火十分旺盛，连邻村的百姓也会偷偷前来祭拜。三姓人看见了就说，拜有什么用呢？"伯公"可是我们的！

正因为是"我们"的"伯公"，也就和芸芸众生的"我们"一般，有着与生俱来的缺陷。也会贪财，供奉的祭品丰盛一点，出的力也就多一点；也有情欲，如果能奉上"伯婆"，琴瑟和谐自然卖力佑护；也会趋炎附势，对着当官的主儿，免不了巴结讨好；还会在泥菩萨自身难保之际，狂呼救命。客家人的"伯公"很有点像古希腊的众天神，那是有法力也有缺陷、有血有肉的神灵。他似乎就是你这一脉的长辈，"伯公"嘛，不就和叔公、叔婆、伯父伯母一般称呼么？你对他知根知底，懂得怎样贿赂他，让他高兴，为你出力；知道如何制约他，不让他狮子大开口，为所欲为。有一个"帽村伯公"的故事，颇能看出客家人对待"伯公"的态度——

传说，武平帽村的"伯公"是外来的。有一年发大水，木雕的菩萨被洪水卷到帽村村头的河心，载沉载浮，狂呼救命。一个村民在捞鱼虾，顺带着一网把它捞了上来。"伯公"说自己很灵验，要求供奉。问它要什么供品，它说要童男童女。村民火了，刚刚脱离危险就狮子大开口，"扑通"又扔回河心。到了村中段，又一位村民把它捞起，这一回"伯公"降低要求，只要一对猪羊，村民觉得要求还是过分，又一次扔回河里。到了村尾，"伯公"看看没指望了，赶紧呼喊："我只要一点米粄就够了。"于是"伯公"第三次被捞起，放在了村尾供奉。据说，这个被水冲来的菩萨倒是很灵，大约经过了三沉三浮的教训，再也不敢不勤于职守了。

三教合流的客家神龛

盛夏时节，不经意间，走进有着数百年历史的永定坎市莲华堂。

莲华堂供奉的神祇颇有客家特色：三教合流。大殿正中是如来佛祖，前边是大肚弥勒，两侧是观世音和地藏王菩萨，最边上各有一尊小小的菩萨却是好玩，头戴皇冠，身着花衣，肩上背个红袋袋，开裆裤中坦然露着个小鸡鸡。两个30岁左右的女子在蒲团上拜毕，走到小小菩萨的面前，攥着小鸡鸡搓弄了一阵，嘴里念念有词。见我们进来，脸一红，不一会就离开了。问老尼，原来这菩萨就是吉祥哥，专司送子之职。两个女子嘴里说的是"吉祥哥，吉祥哥，不要在冷庙冷殿坐，到我热乎乎的肚里坐"，据说从吉祥哥小鸡鸡上搓下粉末，泡水喝了就能得子。

乡间公王庙（马与摄）

令人诧异的是大殿之外，玉皇大帝的神位竟在一个角落中，与之并排的是五显公王。最高神玉皇什么时候下放了，与最基层的"伯公"排排坐吃果果呢？神牌下密密麻麻贴满了红纸，都是山村小孩过继给神明做义子的凭证："契玉皇大帝取名玉兆""契五显公王取名显成"，既然过继给神明了，名字中就要带上神明的字样，据说过继给神明的孩子长得健壮。做客家人的神仙实在划算，不必尽抚养义务竟能子孙满天下，不知一亿的客家后裔中，玉皇大帝们究竟收了多少义子？

汉民族5000年文明史中创造了多少图腾、多少偶像，怕是谁也数不清的。客家先民从中原辗转南迁，数百年间与各地的土著交往融合，其间又有多少神灵进入了客家人的信仰体系？有学者把宗教信仰分成两类：一类是制度化宗教，即有系统化的教义与经典，有比较完善的组织及教堂寺庙，而且其活动与日常生活有相当程度隔开的宗教；另一类是普化宗教，即没有经典教义与组织，其信仰、仪式及宗教活动与人们的日常生活交织在一起的民间宗教、民间

玿瑚庙（沈文生摄）

信仰。汉民族的宗教信仰就是这样一种普化宗教、一种民间信仰。其显著特色就是泛神，而客家人在汉民族中这种泛神信仰特别突出、特别典型。举凡道家的玉帝、老君，释家的如来、观音，儒家的孔子、朱熹，历史上的刘邦、项羽、关公、孔明，以及众多的当地自产名人、烈女，乃至义虎、义犬、灵蛇、灵石……统统成了善男信女膜拜的偶像，一座庙宇，往往玉帝与观音同列，灵蛇共土地一室。宁化石壁的汉帝庙，竟让刘邦与项羽同一神龛，两个不共戴天的仇敌居然能够和平共处同享奉祀，也真让人匪夷所思。曾经在连城莒溪镇看过民间游神，神轿中的三尊菩萨合称"三太祖师"，细考，这三尊神像竟然一位是华夏祖先神农氏，一位是佛家的文殊菩萨，第三位却是闽西宁化人，据称会降龙伏虎的伏虎禅师叶惠宽。三位风马牛不相及的神明，居然三位一体，共同介入莒溪人的世俗生活。几个扛轿的农民乐颠颠地摇摇晃晃在春节的莒溪街头，身后簇拥着一大帮的男男女女，喊着"给三太祖师过年喽"，那场景几分喜庆几分滑稽，世俗的气息，那么奇妙地与信仰融合在一起。

这就是客家人的神明崇拜，看似那么杂乱而没有章法，却也并非无序可循。但这"序"，不是客家人是难以厘清的。多数客家人崇拜神明，只用一个十分简便的方式：灵应与否。不用管是哪路神仙了，只要灵，就请进庙堂，香火伺候；不灵，那便另请高就。归纳客家人崇拜的神明，有属于佛家的如来、弥勒、观音、地藏、文殊，属于道家的老君、玉帝、天后、八仙、土地，属于历史人物的刘邦、项羽、韩信、萧何、关羽，属于传说的盘古、女娲、伏羲，属于祖先崇拜的马公、邹公、郭公，属于自然崇拜的雷公、风神、龙王，属于灵物崇拜的灵蛇、灵石等，循着这些神明管辖范围的不同，把众多的神灵一一纳入不同的层次，神明的谱系就分明了，其"序"自出。

最基层的，是"伯公""公王"，管的都是村落，管自然村的多称"伯公"，管行政村的多称"公王"。往上一级，相当于乡镇或跨乡镇的层面，是数个、数十个村落共同尊奉的神明，一般以祖师、公太之类的身份出现。比如连城四堡盆地的邹公崇拜，长汀、连城两县交界处十三个村落共有的"玭瑚公太"崇拜。再往上，是一个跨县、跨区甚至跨省的区域范围内共同尊奉的神明，比如闽西一带的定光古佛、伏虎禅师，粤东一带的三山国王、惭愧祖师，等等。最上端，则是全国性乃至跨海跨洋华人共同尊奉的神明，像玉帝、老君、关帝、妈祖等。可惜，客家人独创的神明未曾上升到这个层面。

跨区域的神明中，有两位是闽西客家人独有的。

一为伏虎禅师。俗姓叶，名惠宽，福建宁化人。生活在南唐清泰年间，据传颇有法力，曾多次驯服恶虎，消除虎患，因而得名伏虎。他的驻锡地在长汀童坊镇平原山一带，宋代朝廷曾赐匾额为"广福禅院"，闽西北数县都有其庙宇。

一为定光古佛。这是闽粤赣边最具影响的区域性神明。

狮岩与定光古佛

狮岩位于闽粤交界处的武平岩前镇，平原中心伏卧着的一尊大狮子，身姿蜷曲，只一个狮头昂然朝着公路，朝着远山。狮头下方相当于嘴巴的部位，是一个岩洞，赭黑色的岩石，仿佛狮子正大张着深不可测的大口，不怒自威。大约一千年前，一个17岁的小和尚，背个包袱，托个钵盂，从遥远的海边云

定光古佛祖庙均庆院（李国潮摄）

游而来，一步步地走进这座山岩。其时此地乱藤荆莽，出没着老虎、攀缘着蟒蛇。小和尚攀藤附葛从狮子牙缝间进入洞天深处打坐，不吃不喝，坦然入定，任凭身边虎啸、蛇盘、毒虫攀爬，只管喃喃诵经，一诵七七四十九天。诵到后来，老虎在他的面前俯伏，蟒蛇在他的面前蜷曲，各色的毒虫都在他的面前静卧不动，所有的生灵都被感化了，成了他超度的第一批生灵。附近的农民们得知了如此奇异，也纷纷皈依，小和尚于是有了第一批弟子。

小和尚就是后来名扬闽粤赣边乃至海外的定光古佛。他本是厦门同安人，俗姓郑，名自严，从小就不茹荤，11岁出家，不久就云游天下，遍访名僧，据说不仅修得佛法，还练得神通。他在狮岩降伏了老虎、蟒蛇、毒虫之后，就把狮岩当作驻锡地，前后住了半个多世纪，其间数度出访闽粤赣边各地，大显神通，除蛟、伏虎、收蟒、活泉、祈雨、治河、护航、御灾、送子，赢得众百姓尊崇，生前便声名远扬，82岁在狮岩圆寂后，又传说他多次显灵，曾经在汀州城被贼寇围困的时候，显灵退敌。由此，地方官员上奏朝廷，一次次加封，最后被封为"定光圆应普慈通圣大师"，其驻锡地狮岩宋真宗时赐额"均庆院"，南宋绍定三年又赐名"定光院"。

如今狮岩是闽西一个著名旅游景点。车子可以一直开到狮岩脚下。岩洞之前是山门，大书匾额"均庆寺"，估计不会是宋时的真迹了。入山门后沿着一级级阶梯上山，于路多有绘画或浮雕，粗粗一看，大多是记叙定光古佛伏虎、除蛟、御灾之类的事迹。说是寺，其实是几个弯曲相连的洞。主洞供奉着定光古佛，长额、长脸、长耳、长长的鼻梁，和善中透着威武，身着黄色的袈裟，黄色的冠冕上绣着龙与凤凰，这样的佛像在客家地区之外是几乎看不到的。偏洞供奉的是观音菩萨，偏洞的外侧，还有一座何仙姑亭，亭中供奉着仙姑的神像。据说狮岩原来是何仙姑之父何大郎的地盘，因为定光佛灵应，仙姑便劝其父把这一块宝地施舍给了定光。整座寺庙的布局，让人诧异，拢共三尊菩萨，竟然没有如来的佛像，而是定光古佛为主，观音菩萨居次，属于道家的八仙之一的何仙姑处在外围。佛寺乎？道观乎？民间祠宇乎？

由此可以看出客家人对待神明的基本态度了：灵应与否为第一考量。定光古佛之所以备受尊崇，主要不在其佛学的修炼，而在其神通。圆寂之前，定光的故事中就多有其神异的传说。距岩前5里路有个伏虎村，说是常有老虎吃人之事发生。定光到此诵经，老虎就在他身边转悠，一遍遍地想拿他打牙祭。定光以一把木刀在虎额上一挥，嘴中念念有词，老虎立时伏地，三叩首后夹起尾巴离开了，从此再也不敢在此处伤人，伏虎村于是得名。

汀州诸县水利工程，多叫定光陂，传说某地筑水陂引水，水流湍急，无法合龙。定光古佛便脱下草鞋甩向合龙口，湍急的水流立刻被截住，水坝顺利合龙。此后，闽西各地筑坝，都把水坝水渠称作定光，说是这样就不怕蛟蜃作怪，保得渠坝千秋永固。

定光古佛的神通举不胜举，民间出现争抢佛像供奉的场面。为满足需求，聪明的岩前人就干脆给古佛雕了5个分身，分别称作大古佛、二古佛、三古佛、四古佛、五古佛，5个古佛不仅相貌各异、脾气不一，分工居然也不同，有的管驱邪去灾，有的管送子保赤，有的管降龙伏虎，有的管保驾护航，视山民的需要分别请各位古佛分身去接受供奉。客家人的智慧与谐谑令人莞尔。

客家民间信仰特征

客家民间信仰的特征，中外学者做过系统的概括，诸如功利性、多神性、渗透性、移植性、造神性、娱神性等，而最本质的特征就是其实用功利性，对待所有神佛，客家人其实都抱着一种实用的态度，关键看的是其灵应与否，目的为的是自身的利益。所有其他的特征都是从这种实用功利性派生出来的。比如多神性，确实，客家人的信仰是十分繁复的多神信仰，有人形容客家人是头戴儒冠、身着道袍、足蹬僧履。但其深层体现的却正是客家人实用的功利意识。多一个朋友多一条路，多一个神明多一份帮助，只要灵应，只要对我有好处，多拜一个又有什么不好呢？再如造神性，谁也数不清客家人造出了多少神明。吉祥哥是客家人的创造，邹公、马公、玲珑公太是客家人的创造，惭愧祖师、伏虎禅师、定光古佛是客家人的创造，定光古佛的5个分身更是客家人的创造。即便是汉族普遍尊奉的神明，客家人也进行了适应性的改造，海神妈祖就先被改造成江神，既而改造成妇女保护神，最后成为保佑范围包罗万象无所不能的神灵。造神是因为需要，正所谓有什么需求就有什么信仰，客家人是从自身的现实生活出发，寻找相适应的信仰方式，以达到相应的功利目的，现有的神仙不够用了，那就创造或者改造一批新的神灵。把握了实用的功利性这个关键、这个锁钥，你就能明了客家人的信仰，你就不会再为客家人那么繁复杂乱的神明崇拜而惊诧莫名。

其实，客家人庞杂的民间信仰，是与其千年流徙分不开的。复杂的移民构成与迁徙途程，复杂的移民与土著的交融，各种因缘的融汇，造就了复杂的客家多神信仰。其本质上是趋利避害的，在此基础上形成的客家民间信仰，不管多么庞杂多样，也都无法超越这实用的功利性质，这，或许就是乡间信俗的局限所在。

缤纷节庆

闽西客家地区节庆缤纷，尤以元宵前后为最，尤以连城县为最，其民俗风情的多姿，民间活动的多彩，足以用眼花缭乱喻之。试举数例——

"天下第一龙"

元宵"游龙"，客家山村极为普遍，亦各有特色。有一年元宵，幸遇老家四堡的游龙，俗称"拔龙"，因为特色在"拔"，正是高潮时候，长长的龙灯在临水靠墙的巷道里左支右绌，忽然一声铳响，前前后后的汉子一声狂啸，个个奋力，只是龙头向前龙尾往后，力道南辕北辙，把一条曲曲弯弯的长龙瞬间拉直，也把扛着龙身的汉子一个个拽入水中，笑声四起，喊叫声、欢呼声夹杂着鞭炮声，弥漫一片，真真好一场狂欢！

游龙舞龙最有名的是与四堡同属连城县的姑田，特点是其龙硕大无朋，气势非凡，号称"天下第一龙"。龙头尤其壮观，高3米多，长5米多，仅仅一条龙舌，便长一米，一个龙头重达数百斤，需十余人轮换扛才能游完全程。数百米长的龙身跟在龙头后，白日在田野坑垄间蜿蜒，如腾云驾雾；夜间燃起灯烛，穿行街巷，红光灼灼，整个村落都罩在洋洋喜气中。扛龙头的精壮汉子多为本地人，也有专程赶来沾沾"福气"的外地人乃至外国人，一个个争着让

天下第一龙（沈文生摄）

龙头上肩，道是"龙头扛起一年顺"。当然，外地人、外国人只是在本地后生群中凑一个角色，面红耳赤扛上三五步，就赶紧撤出，那龙头，沉啊！

　　姑田大龙起源于明代万历年间，下堡一邓姓子弟到潮州探亲，看到当地的舞龙，兴奋不已，便将龙画成图样带回姑田仿制，第二年的元宵节就有了姑田山村的第一条大龙。民间传说龙能行云布雨、消灾降福，象征祥瑞，见邓屋游出大龙，村民们欢天喜地，家家都在门前点松明、放鞭炮，迎接祥龙。龙游大地，喜到人间，天长地久，舞龙就成为姑田元宵节庆习俗，每年由各个姓氏间轮流出龙，相互攀比，龙便越扎越大，终成龙灯中之巨无霸。

　　姑田游大龙讲究细节，比方龙尾要与龙身脱节，人们认为不脱节就与真龙相似，那样会招来雷鸣电击。倘若那样，如何喜庆？故而龙尾不与龙身接上。至清乾隆年间，龙的高度、宽度已定型，龙的制作式样也已日臻完美，相承沿袭至今。最盛时整个姑田镇有12条大龙，分布在上堡、中堡、下堡等11个村庄。2012年元宵节，姑田以346节、791.5米的长龙，超越了台湾在2011年创造的204.53米最长游行花车纪录，成功打破最长游行花车吉尼斯世界纪录。游龙队伍浩浩荡荡，达3千米之长，延伸于山野乡村，蜿蜒于田间地头，大有吞云吐雾，威震山河之势，气度之不凡，无与伦比，其壮观场面，让在现场的所有人都叹为观止。"一夜龙游天下晓，三声铳响九州知"，姑田的"天下第一龙"，从此也就名副其实了。

水上"走古事"

"走古事"是闽西客家山村较为普遍的节庆习俗，据传在明朝，客家山乡常闹旱、涝两灾，多有忧患。为祈求风调雨顺、国泰民安，兼兴元宵民间娱乐活动，当地百姓就把盛传于北方的"走古事"移植过来，逐渐形成传统延续至今。

"走古事"，其精彩在"走"。"走"是古义，意为"跑"，"古事"即古代故事，找两个小男孩穿上戏装，扮成刘备关羽、李世民薛仁贵之类古代人物，固定在搭好的古事棚上，就成了一个微型移动戏台，可以抬起来走村串户巡游了。一棚"古事"相对单调，"走"不起来，只是"游"，而山村每个姓氏都来

水上走"古事"（沈文生摄）

一棚"古事"，场面就活跃多了。几大姓氏几棚"古事"聚在一起，就有了比试的意味：比古事棚的精致，比小男孩扮相的精到，比抬古事后生的精壮，比狂"走"的精彩。这一"走"，就"走"出了客家山村节庆的狂欢。

闽西众多"古事"，以连城县罗坊的"水上走古事"为最，没有之一。清初罗氏族人在湖南武陵、陕西宁州等地为官，卸任时把盛行于湖南的走古事移授乡梓，以祈岁月吉祥，由此相传至今。当时罗坊拥有九大房族，各出一棚古事。元宵期间，二九一十八个小男孩一一勾画脸谱，身着古装戏袍，二人一组，一扮主角，直立棚中，腰身以铁杆铁圈固定；一扮护将，坐于底座。古事棚四周用木柱镶成方形框架，装饰精美，棚底是两根又长又粗的抬杆，整个棚连人带物重达400多斤，要用22位精壮汉子扛抬。因竞走激烈，需三班轮替，一个古事棚就要66位后生出力。9棚古事齐动，要劳动600位壮汉，饶是罗氏人丁兴旺，精锐全出，有时也凑不齐如许众多的汉子，就只能退而求其次，"古事"少出一棚二棚。

正月十五上午，各棚"古事"在万众围观下，齐聚宽阔的屋背山坪，神轿、宝伞、彩旗居于坪中央指挥，各棚"古事"列队外围待命。一声铳响，欢声雷动，四百米左右的椭圆形跑道上，一棚棚"古事"不要命地奔走，风声飒飒，戏装飘飘，汗气升腾。一拨人疲惫不堪了，马上换一拨，又来一圈更生猛的竞走。直走得观看者人人声嘶，参与者个个力竭，这一轮精彩方才落幕。

稍事休息，补充能量之后。古事棚移师青岩河畔，端立清乾隆年间建的古廊桥"云龙桥"侧，正午一时许，神铳声响，"走古事"进入最高潮，古事棚蜂拥下水，逆水而走。后棚超前棚，前棚再超后棚，人人奋力，棚棚争先，全不顾天寒水深、河石苔滑，跌倒了再爬起，勠力奔走，图个大吉大利。群情之高昂，场面之热烈，无与伦比。赛事进行中，鼓乐队或者走古事的后勤人员，竭尽所能，先互相泼水，来个人人透湿。尔后，再奋力将两岸游客泼湿，但凡湿身者，乐滋滋觉得新的一年必定好运连天了。场面疯狂之程度，比较西班牙国的斗牛，半点都不为过，更是名副其实的"山村狂欢节"。

"客家第一粽"

这是"粽子界"的"航空母舰",有多大呢?一个粽消耗糯米 120 斤、粽叶万片、高 1.6 米,蒸煮四天四夜。抬出巡游时,蒸熟的大粽重达 160 斤,一公一母两棚大粽各由 4 个壮汉抬着出游,无数个小粽,挂在大粽尖端。前有神铳鸣锣开道,后有龙凤旗、花灯、古事棚相随,一路吹吹打打,浩浩荡荡。每年农历二月十二至十五,连城县北团镇上江坊村都要上演此俗,延续了 350 多年。

清康熙初年,上江坊村 3 位后生到邻县清流学播种技术,恰逢当地人正在参拜"五谷真仙",此乃五谷之神,3 人当即参拜。技术学成后,3 人回村,见乡亲们已把秧苗插入了田地中,赶紧补插,却未料到后来者居上,秧苗苗壮,远比乡亲们的长得好,收成时 3 家都仓满箩满。乡亲们钦羡不已,纷纷前来垂询,3 人道出原委,乡亲们认定必是得益于"五谷真仙"的神助。于是建起"五谷真仙庙",并以谷物供之敬之。远古人们以粽情粽意纪念一代爱国诗

游大粽(沈文生摄)

人屈原,那么如今就劳请全村同包大粽来供奉"五谷真仙",为显示隆重,加以打醮及彩车、乐队、锣鼓等多种形式敬奉,由村中各姓轮流负责,操持游大粽一应事务。

从此,每年二月初,乡亲们就着手制作大粽准备,摘粽叶的、缝制粽叶的、浸泡糯米的、砌大灶坐大锅备柴火的,以及组织乐队、装扮花车的……家家各负其责,全村出动无闲人,足见敬奉"五谷真仙"之隆重。一俟制作成1.6米高的大粽后,初七晨就下锅蒸煮几天几夜,十二日用金箔、吉祥纸花等装扮大粽,大粽有一公一母,游行时公的在左边,母的在右边,百余个指头大小的公母小粽,挂于大粽尖端。游行完毕,四邻妇女争讨小粽,想生男孩讨公粽吃,想生女孩讨母粽吃。大粽则分给村民,保佑各家五谷丰登、五业兴旺。

分给村民的大粽,主要是用来酿酒的。据说,酿酒时,掺杂些许游过的大粽米,如此酿出的酒,特别的醇香,且酒劲十足,神呐!

狂欢"闹春田"

闽西客家人源自北方或中原或西北,在信仰和生活习惯上处处都有祖地的痕迹。比如闹春田,每年春耕之前,客家人都要把祭拜的关公从庙里请出来,抬到水田里戏玩一番,客家人认为只有和关公一起闹过的春田才会五谷丰登。而客家人祭拜的关公,就源自山西。

闹春田习俗,名声最著之地为长汀县童坊。每年农历的正月十二在举河村、正月十四在举林村,人们都要抬出关帝庙内的关公,先是巡游,彩旗开道,吹打伴奏,沿着村路,在每家每户门口走一趟,接受村民祭拜。巡游之后,全村人就簇拥着神轿,来到上年收成最好的水田。水田里早已灌满了水,4个精壮后生抬着神轿,在人们的围观中下田奔跑、角力、踩水田、甩泥巴,不停地轮番打转、相互追逐,一时泥浆飞溅,欢声四起。众多的后生聚集候补,当田里打转的4人筋疲力尽时,快速换上另外4人重新奔跑、打转。轮番上阵之后,闹春田进入高潮,众人一拥而上,共举神轿在水田里奔走,呐喊声惊天动地,将原本寂静的春田渲染得热闹非凡。最后,所有参加活动的村民捧

闹春田（李国潮摄）

起水田的泥浆相互追打嬉戏，场面激烈而壮观。众人皆沉浸于这泥田乐事，观者无不乐开怀，目送着村民虔诚地将"泥佛"洗浴干净后才兴尽而归。这个民俗活动有深厚之寓意：传说关帝庙里曾有个泥鳅转世的关公，村民们每年都会在这个时候将这位关公抬到泥田里玩耍，以此来唤醒田地，激发地力，祈求来年风调雨顺、五谷丰登。童坊闹春田那两日，家家户户都得烧香、放炮仗，同时把早就准备好的鸡、鸭、鱼肉等供品，放在自己家门前，等着关公神像路过时供奉。

童坊"闹春田"这一激情四射的水田狂欢，在众多摄影爱好者的宣传下，已四海扬名。2015年中央四台播出了《老家春天闹闹闹》的闹春田节目，电视观众好评如潮，名声更是远播。

壮观"作大福"

远远地传来了二胡声、唢呐声、锣鼓声，村道热闹了，一头猪身上缠着

土楼作大福(沈文生摄)

缎带,在乐器的吹吹打打中被人驱赶而来,蹒跚走向"大福场"。重阳刚过,永定湖坑镇李姓三年一度的"作大福"就开始了。

何为"大福"?相传乾隆年间当地瘟疫流行,死者枕藉乡间,求神打醮均无效。一日,五个小童在河里洗澡,突然都跳起神来,一直跳到敬奉"保生大帝"的马额宫前,口中念念有词,说要请"保生大帝"来才可降服疫魔。村民于是沐浴斋戒,以三牲致祭敦请"保生大帝"出宫,瘟疫遂息。为答谢神恩,自乾隆三十五年(1770年)开始"作大福",三年一度,沿袭于今。

大福场在湖坑中心坝,平坦开阔可容万余人。正面搭起15米高的木制牌楼,两侧竖着原木拼接高达18米的旗杆,彩旗飘飘。神坛上,保生大帝居中,刘汉公王、民主公王、水口公王、鬼谷先师……湖坑各庙各路神仙云集与此,香案前竟有近600张八仙桌,据说最多时八仙桌摆到了一千张。八仙桌排成八行长蛇阵,摆满三牲、水果、糕饼、菜蔬。缭绕的香烟,密匝匝的人群,那壮观的场面让人瞥一眼再难忘怀。

神祇巡游乡境是"作大福"的高潮。七八个精壮的汉子,手持火铳,在溪边空地上向天鸣放,一声接一声,震得牌楼、旗杆、大地都在微微晃动。神祇巡游就在火铳声中开始。二十几面大龙旗打头,碗口粗的旗杆,三四人合扛一杆,数不清的人们跟在后边,吹唢呐的、拉二胡的、打竹板的、敲锣拍钹的、舞龙舞狮的、扛牌匾的、抬神轿的、提香篮的、穿着戏装扮成古代人物的……和纸扎的彩车、彩船一起,如渐渐上涨的潮水缓缓涌来,人潮涌到哪里,哪里便炸响震耳欲聋的爆竹声。这一天,湖坑人的眼中不见青山绿水,只有涌动的人潮,耳边震响的,只有那一阵紧过一阵的爆竹、火铳、锣鼓交织的声响。

站在山坡上俯视这狂欢的人群,心头感慨莫名:"游大龙""走古事""闹春田""作大福"……这些绵延数百年的民俗活动,这些节庆的狂欢,真的只是为了敬神祈福么?客家人的祖先来自遥远的中原,遥遥迁徙途中那扶老携幼举族逃难的涌动人流,与眼前的人潮何其相似!或许,这样的仪式更是对当年迁徙的模拟?或许,敬神的初衷也是敬祖,是与遥远的祖先的沟通,是承接起南迁先人对安定生活的渴望?

一阵阵的爆竹、火铳、锣鼓声中,分明蕴含着:历史的回响。

戏里乾坤

"十八罗汉"入杭

大明洪武之初，一个夏日的黄昏。

四个后生：赖法魁、李法佐、李法佑、温法明，身着短衫，肩担戏箱，从浙江杭州日夜兼程，在这个傍晚的火烧云中走进闽西上杭县白砂镇。四个游子的突然回归，尚不如火烧云那般引起乡亲的注意。但在闽西的戏剧史上，四个后生的回归，却是第一束绚丽的光，注定将载入史册。

三天之后，当四个后生打开戏箱，敲起锣鼓，十八个身姿各异的木偶在吊线的指挥下摇头晃脑、摸爬滚打的时候，小小的集镇立马沸腾了。"簇簇人群看出神，登台傀儡似活人"，这闽西大地上有据可查的第一个戏班子，就依托这俗称"十八罗汉"的十八个小小的傀儡，给六百多年前的闽西客家地域，带来了最初的欢乐。

"十八罗汉"出杭（杭州）入杭（上杭），白砂由此成了客家木偶戏的发源地。从杭州移植上杭的木偶戏祖师爷——戏神"田公元帅"，端坐在白砂的水竹洋"田公堂"中，岁岁接受客家木偶艺人的供奉，已越六百余年。

最初的客家傀儡班子，为"高腔戏班"，俗称"三角班"，只需三个木偶艺人，两个负责提线，一个在后台击打锣鼓连说带唱。简便，却也嫌简陋了些,这被称作"细戏子"的高腔木偶,大有完善、提升的空间。

"细戏子"撞"大戏"

"细戏子","细",客家话意为"小","细"再加"子",极言小也。就是这小而又小的"细戏子",在整个明代,甚至在清初,都是闽西地域的主流剧种。直到清雍正、乾隆年间,以西皮、二黄声腔演唱的"大戏"传入闽西,才终结"细戏子"一枝独秀的局面。

大戏的演员是人,不是木头木脑、没心没肺、几根吊线牵着的傀儡;不是那软不拉塌站不直走不稳的三寸丁。那些演员,站如松、坐如钟、行如风,要身段有身段要嗓子有嗓子,岂是小小傀儡可比?舞台也大,大幕边幕、丝竹管弦、锣钹鼓点一应俱全。大戏一入闽西,立即在各县广泛流行,主导了城乡戏台。"细戏子"撞"大戏",撞成了配角,尽管依然受到闽西客家百姓的喜爱,却是风光不再。提升,成了客家木偶戏的当务之急。

当然,大戏也待提升,有一个地方化的过程,地方化的结果就是闽西地方剧种"闽西汉剧"(其时称作"乱弹")的形成。这一地方化的过程长达130余年,前80年跨越清雍正、乾隆、嘉庆三朝,为"乱弹"的孕育与形成时期;后50年跨越道光、咸丰、同治三朝,为基本成熟时期。

"乱弹",由人到偶

"乱弹",是闽西汉剧的前身,是皮黄系统的剧种在闽西地方化的结果。何谓皮黄?皮者,西皮,源于西北的秦腔,盛于湖北的汉口、武昌,湖北方言称"唱"为"皮",西皮,即由西而来的唱腔;黄者,二黄,源于湖北黄陂、黄冈一带,亦即本自南方的唱腔。二者都是"乱弹"剧种采用的声腔,老艺人将"西皮"称为"北路腔",将"二黄"称作"南路腔",南腔北腔都要过得闽西百姓的眼和耳,地方化势所必然。

先是声腔的地方化。闽西丰富的客家方言、民间艺术供外来的皮黄声腔吸收、结合、衍化，从而创出独具特色的"乱弹"唱腔，生旦净丑各个行当都有特色唱腔，尤以"净"最具特色，乌净腔用炸嗓，强调粗犷、洪亮、沙硬，特色鲜明；红净腔以假嗓带鼻音，间以低音原嗓，强调粗犷有力、刚柔相济，则是全国各剧种中独一无二的发声方法。

剧目的地方化。对全国性的剧本做地方化的改编，以适应闽西客家口味，如《梨花斩子》《双颗印》等；剧本取材于本地或相邻地域，以增强本地民众关注，如《武平案》《白砂案》等。

舞台语言的地方化。剧中角色在说"官话"的基础上，注意采用当地客家方言语汇。尤其"丑"角，几乎全用当地土语词汇，最能调动舞台气氛。

脸谱的地方化。尤其寓意"乱世英雄"脸谱的绿脸、白脑门上勾画一只夸张的绿蜻蜓，非客家人颇难理解。客家谚语：蜻蜓赶会天落雨，蜻蜓成群，意为变天，引申乱世。而眉心的一颗红点正在蜻蜓之下，代表红心，正是乱世英雄的象征。

还有……

大戏花了130年，走出了一条地方化的创新之路。撞大戏的"细戏子"，也以大戏为师，几乎在同一时段，完成了从"高腔"到"乱弹"的提升，让"乱弹"，从人到偶。

不再是"十八罗汉"，有了"二十四诸天"，甚至更多独特的傀儡；

不再是单纯的锣钹鼓点，有了悦耳的丝竹管弦；

不再是"三个师傅一台戏"，一个班子少则五六人，多可达十人、十数人；

操控傀儡的吊线，不再是四肢加头仅5根，手指、嘴唇、眉眼，凡利于表情达意的部位，都加了细线，操控的傀儡，有了一点智能的味道；

剧本用大戏的，音乐用大戏的，语言用大戏的，处处，向乱弹靠拢，与乱弹争宠，这就有了，傀儡的"乱弹"。

因为小，因为简便，因为独特，更因为艺术的提升，木偶的"乱弹"博得了闽西城乡百姓的青睐，从白砂出发，傀儡"乱弹"红遍闽西各县，鼎盛时期仅上杭县就有近二百个木偶戏班。而随着客家人的迁徙，傀儡"乱弹"更向闽粤赣边，向广西、湖南、浙江乃至台湾，传播。闽西，多了一份客家木偶发源地的殊荣。

两位大师

两位大师，让闽西客家提线木偶，上升到国际知名的高度。

第一位大师：徐传华。

木偶可分提线、杖头、布袋几个种类，块头最大、难度最高的是提线木偶。杖头、布袋等类木偶块头较小，操作常可借助人的手臂、手肘、手掌、手指直接拨动木偶完成。提线木偶则不同，人与木偶的全部媒介就是吊线。那么软的吊线，要让傀儡像人一般翻转腾挪，难度可想而知。人家提的木偶是木偶，木头木脑，了无生气；徐传华提的木偶却是精灵，生机勃勃，灵气四溢。但他不满足，因为所有提线木偶高手都能把傀儡摆弄得活灵活现，如何才能创出他人无法模仿的绝活？

20世纪30年代的一天，徐传华执掌的连城县老福星木偶戏班日间演出《大名府》。戏台上的傀儡知府正吸烟，台下前排一位观众叼着烟斗也在吞云吐雾，烟圈徐徐上升，徐传华的目光不由随着烟圈上扬。相形之下，傀儡知府的吸烟就有点走过场了。要是木偶也像人一般，直接点火，燃烟，吞吐烟圈，这一招可不就是人无我有的绝招吗？可是，全靠吊线的挪移，要让傀儡的手擦亮火柴，燃着另一个傀儡嘴上烟斗的烟丝，还要让吸烟的傀儡吞进烟再徐徐吐出烟圈，谈何容易！

闯！失败连着失败，终于，又到《大名府》演出的那一天。

傀儡戏台上，知府又在悠闲地吸烟。衙役抖抖索索地上来，唰地擦亮了火柴，火光把人们的眼睛吸引了，呵呵，木偶，居然还真的擦着了火柴。凑上去，烟嘴对好，火光却灭了，知府的眼睛瞪了起来，衙役唯唯诺诺，赶紧，又一根火柴擦亮了，再凑过去，火柴燃着了烟丝，知府似乎用力吸了一口，好惬意呀！他眯起眼，张开嘴，烟圈徐徐从他的嘴里缓缓吐出，一圈一圈，上升，

闽西提线木偶（吴尧生摄）

上升，这哪里是傀儡，分明是活泼泼的生命！人们欢呼起来，掌声雷鸣。徐传华，创立了连城木偶的第一个绝活。

徐传华此后的木偶艺术生涯就不赘言了。作为中国三大木偶艺术大师之一，20世纪50年代，他进过中南海怀仁堂，为朱德等中央首长演出；他曾受文化部聘请，在"中国木偶艺术剧团"任教；更为骄人的是1956年9月，作为闽西木偶艺人的唯一代表，参加了"中国木偶艺术交流访问团"，代表国家到苏联、捷克斯洛伐克、波兰等东欧国家演出，饱受欢迎与赞扬。

第二位大师：李明卿，徐传华的嫡传弟子。

1978年，停办20年的连城县木偶剧团复办，李明卿是首批学员。他颇有心，总是瞄着师傅们的手，看他们拨弄吊线、指挥傀儡，一有机会就提着木偶请教，哪怕连挨几顿臭骂。大师徐传华闲时爱喝口小酒，每每闲暇中，香喷喷的连城米酒就从李明卿手中传了过来。酒酣耳热之际，李明卿提着木偶求教，微醺状态下的大师点拨起来格外亲切而到位，手中的傀儡也通人性而分外精神。终于，李明卿脱颖而出，精通木偶艺术十八般技艺之后，接掌连城木偶剧团。

20世纪90年代初的全国性戏剧危机，让各剧种人心惶惶。出路何在？创新，让新的绝活抓住观众的眼球。

苦苦思索之后，李明卿请出了王乞佬——连城提线木偶中的滑稽角色，一个傀儡明星。

那段时间，《济公》主题歌家喻户晓，王乞佬这一角色与济公有几分神似，正好请出来扮扮济公。

不要背景，不要所有陪衬，就一台卡拉OK机，李明卿直接带着王乞佬出场。王乞佬头戴破帽，手摇破扇，摇头晃脑，站在李明卿身前，高度只到李明卿的大腿。这一高一矮一对兄弟般甫一亮相，立即赢来一片笑声。十数根吊线指挥下，傀儡济公腾挪跳跃，使出百般技巧，紧接着就赢来了一片掌声，一炮走红。

李明卿木偶书法表演（廖亮璋摄）

再度请出王乞佬，让他学川剧的变脸。百来次失败后傀儡变脸已具雏形，李明卿却果断放弃：变脸再棒也是拾人牙慧，提线傀儡要有独家的绝活。

2010年岁末，中央电视台演播大厅，李明卿带着他的王乞佬，走上《我要上春晚》舞台。

憨态可掬的王乞佬一摇一摆，点头、抱拳、作揖，脸上始终挂着带点滑稽的笑容。他侧转身，走向墨盒，用他那修长修长的拇指和食指夹起毛笔，饱蘸浓墨，面对悬置木架上固定好的宣纸，挥动手肘，一行漂亮的行书就在他的笔下渐次呈现："我要上春晚"，一字字，力透纸背。电视机前观众的目光，跟着镜头，沿王乞佬手肘上的几根吊线上移、上移，于是，人们看见了王乞佬身后的李明卿，看见了那张全神贯注的脸，以及脸上一颗颗豆大的汗珠。

这就是李明卿新的绝活：木偶书法。在木偶艺术千年史上，独一！

软与硬,一对多么耐人寻味的矛盾:人手是硬的,吊线是软的;傀儡是硬的,毛笔又是软的;硬驾驭软,软又驾驭硬,每一次软与硬的交替驾驭,都需要提线者对"度"的精确把握,稍有偏差,就是失败。前后5年,李明卿练此绝活每天二到四小时,雷打不动。终于,木偶书法大获成功。2000年列入上海大世界基尼斯纪录;2004年获得中国民间绝技绝活大赛金奖;2009年10月,李明卿荣获国家知识产权局授予的"中华人民共和国成立60周年百名优秀发明家"荣誉称号。木偶书法作为优秀节目,多次分别参加文化部和福建省的对外交流组团,先后在法国、西班牙、葡萄牙、丹麦、瑞典、日本、印度尼西亚、新加坡等十余个国家演出。而每一次重要的演出,李明卿都要亲亲木偶,在王乞佬的耳边悄悄说上几句激励的话,那一种心灵相通的感觉,仿佛已不是人与木偶,而是生命与生命的默契。

南国牡丹

牡丹真国色,如同傀儡"乱弹"享誉海内外,大戏"乱弹"亦不逊色,在地方化的进程中日趋成熟,成为闽粤赣数省颇为知名的剧种、福建省六大地方剧种之一,被誉为"南国牡丹"。中华人民共和国成立之后,定名"闽西汉剧",以特色鲜明的形象,立于中华戏剧之林!

好一枝"南国牡丹"!闽西汉剧在闽西地域流传近三百年,留下了近千个传统剧目、六百余种音乐曲调、一百余套"锣鼓经",艺术积淀十分丰厚,享誉遐迩的表演艺术家更是代不乏人,生旦净丑皆有名角。张全镇、邓景舟、陈坤福、邓玉璇、张莲蓉、陈秀英、吴通裕、伍银莲等都曾广受戏迷追捧。遥想

闽西汉剧脸谱(何吟摄)

闽西汉剧《二度梅》剧照（李国潮摄）

数十年前在乡村劳作的时候，每逢闽西汉剧戏班进山，那是全村乃至相邻村庄共同的节日。四乡八邻的亲友齐聚，戏台前人头攒动，那份热闹！乡村人家的文化熏陶，正是如此潜移默化完成。

"顷刻间千秋事业，方寸地万里江山"，乱弹，弹出了闽西两大地方戏剧的沧桑蝶变，闽西汉剧也好，闽西客家木偶戏也罢，在闽西子民心中，是万难忘怀的记忆，展现着戏里乾坤、戏里人生。

山中天籁

自古山歌从口出

这是闽粤赣边客家大本营地区流传久远的传说:

一个客家妹子,聪明灵秀,出口成歌,她穿着大襟衫,戴一顶帽檐飘飘的凉帽,风姿绰约,她的手中是一个木盆,盆中是农家的土布衫裤。如同越溪浣纱的西施,她在河沿漂洗衣衫,浆槌声声,动人的山歌脱口而出:

日日唱歌润歌喉,睡目(睡觉)还靠歌枕头;
三餐还靠歌送饭,烦闷还靠歌解愁。

一个秀才乘船顺水而来,这个落第举子,听说三妹歌才过人,不禁技痒,带着七八箩筐的歌本,来找三妹对歌。

"细妹子,刘三妹家在哪儿啊?"
"三妹?你寻她做嘛个(什么)?"
"对歌啊!"
"你有几多山歌,敢同三妹对呀?"
"呵呵",秀才手指船舱,摇头晃脑:

讲唱山歌𠊎（我）就多，船上载来七八箩；
拿出一箩同佢（她）对，对到明年割番禾（晚稻）。

秀才一开唱，三妹乐得直不起腰，对着寻章摘句的书呆子，她张口就来：

河唇（沿）洗衫刘三妹，借问先生哪里来；
自古山歌松（从）口出，哪有山歌船载来。

客家话中，松与从同音，三妹的歌一语双关，"自古山歌从口出"，既指山歌本是从众人口中即兴唱出，又夸耀自己的家乡松口，才是山歌的正宗。秀才一听，张口结舌，赶紧掉转船头，溜之乎也。身后，还回荡着三妹山歌的袅袅余音。

闽粤赣边客家大本营地区，是客家山歌最为著名的产地。闽西客家祖地的长汀山歌、上杭山歌、宁化石壁山歌，数百年间早已遐迩闻名。"自古山歌从口出"，三妹的歌道出了一个颠扑不破的真理：山歌的源头只能在民间，在那清凌凌的山水之间。

有歌唔唱塞肚肠

大约是受客家三妹传说的影响吧，在许多人心目中，山歌似乎是水的产物，总带着水的灵气。

客家山歌，确也有些与客地的河流连在一起，但更多的是山的回响，带着山的坚韧、泥土的质朴，带着林涛的激荡、山花的芬芳。从根本上说，客家山歌姓"山"。

闽西客家人的村庄，大多处在大山环抱的盆地之中，村庄之间，隔着重重山峦。这样的地理环境虽然造成交通不便，交往困难，却是山歌流行的极

山清水秀好唱歌(沈文生摄)

好环境。客家人劳作都在山间田头,艰辛的拓荒、垦殖,日复一日地挑担、砍柴、伐木以及众多的田事,郁闷在胸需要发散,快乐在心需要抒发,哀愁要诉说,欢喜要倾吐,山歌就那么自然而然地冲出客家人的喉咙:

山歌唔(不)敢肚里藏,有歌唔唱塞肚肠;
有歌唔唱人会病,华佗摸脉无药方。

山歌,是生活的需要、心灵的诉说,是客家人生命的组成部分。

多年前,曾经参加抢救民间文化遗产的工作,拜访过一位年近90的老山歌手。老人耳聋、眼花、齿落,满脸的皱纹间杂着老人斑,呆呆地抱着火笼坐在墙角。这样的老人还能告诉我关于山歌的往事么?没有想到,当他的孙子在他耳边大声说起,这些同志是来和他谈山歌时,老人那呆滞的眸子竟然一下活络了,干瘪的嘴唇轻轻地翕动,凑近听,一种遥远的旋律时断时续、低低地飘入我的耳中:

烧炭阿哥真苦凄，五更做到日落西；
入炭就像熏老鼠，出炭又会火烧须。

他唱的是《烧炭歌》。年轻的时候老人在山中烧炭，旧时山多人少，往往一重山就是他一个人，至多加上一两个同伴，相与为邻的只有野兔、雉鸡、黄羊、山獐。那个闷啊！实在憋闷时就朝着大山狂吼"哦——喂——"，让长长的拖音在空谷峭岩间碰撞、回旋。客家习俗男女同样从事山间劳作，往往四周的山梁会有女子砍柴、掘笋或采摘山菌，碰上了，就会有清爽的"哦——喂——"声旋转着回应。这个时候，心怦怦跳了，血汩汩涌了，带点急切、带点挑逗的山歌如飞而去：

满山竹子叶青青，摘皮（片）竹叶溜（逗）黄獐；
满山黄獐溜得叫，样般（怎么）阿妹唔（不）开声。

对山的女子其实早已急切地盼着引吭高歌了，人在山间，村落中礼教束缚带来的压抑开始松动，面对高天流云，丛林苍莽，只想放开喉咙：

你在那山偓（我）这山，你系凤凰偓雉鸡；
你系凤凰唔开口，叫偓雉鸡样般（怎么）啼。

清亮的山歌就这样你来我往，青年男女在歌声中心越贴越近，当然，终成眷属的毕竟在少数，大多数歌手只是在抒发自己的情感，表达生活的喜怒哀乐。劳作的辛苦，一身的疲乏，都在这酣畅的山歌中纾解了。

借助形象的歌词，借助那些陡然升高又猛然跌落的长长的尾音，借助那些饱含独特韵味的方言词、感叹词，客家的山歌，千回百转地旋出那些充满真情饱贮感慨的歌喉。

端起饭碗吃饭，歌来了：

端起饭碗真苦凄,上照眉毛下照须;
照得屋瓦几多块,照得椽角几多支。

夜来准备入睡,歌来了:

北风起哩偃(我)唔(不)愁,夜里无被盖石头;
问偃石头样般(怎么)盖,掇(端)上掇下汗流流。

这真是神来之笔!信手拈来的形象,把旧时生活的凄苦表现得淋漓尽致。水一般寡淡的稀粥上,晃动着的是歌者的胡须与眉毛,胡须与眉毛之上,只照见几块屋瓦以及托着瓦片的椽角。歌者的消瘦、饮食的恶劣、家中的一无所有,历历眼前。而北风呼啸的寒夜,连破棉絮也没有的歌者,只能彻夜无眠,依靠搬动石头活动身体抵御刺骨的严寒,"盖石头"那含泪的诙谐,"偃唔愁"那表面的豁达,闻之催人泪下。

这样的山歌真是不胜枚举。客家山歌的灵魂就在活生生的歌者心中,生活常青歌常青,生命无尽歌无尽。正如一首山歌所唱:"就像深山清泉水,水勺越打越流来"。

条条山歌有妹名

爱情是永恒的主题,情歌,是客家山歌中最为牵动人心的华彩乐章。

客家山歌特出名,条条山歌有妹名;
条条山歌有妹份,一条毛(无)妹唱不成。

这也许有些夸张,但客家女儿在情歌乃至各色山歌中所起的决定性作用,却是半点没有虚夸的。

穿越岁月的风尘,一个青年走在山道上。他肩犁驱牛,要去梯田翻土。正是阳春三月,山花烂漫,浓浓的春意让小伙子的心中也春潮翻滚,面对寂静的山坑,他忍不住放开嗓门:

这条山坑真孤单,鸟儿唔(不)叫人唔声;
鸟儿唔叫出了薮(巢),妹子唔声出了坑。

他不知道,这时节,对面的山林间,正有一个妹子在采摘红菇。姑娘直起身子,揩了揩汗,春天的气息让她的心也有些躁动,不觉应和着小伙子的歌声,亮开歌喉:

一条罗帕五尺长,出门撞着打歌郎;
有好山歌唱几只,和你对到日头黄。

好一个泼辣的妹子,小伙子的心怦怦跳了。不过可不敢造次,还是先试试姑娘的口气吧:

一朵红花树上生,阿哥不知妹姓名;
阿哥不知妹名姓,手攀花树问花名。

这支山歌作得不赖,看似问花,其实问妹,想要借梯上墙。只是,山歌刚对几句,还没到通名报姓的时候,姑娘话锋一转,先刺刺小伙子,杀杀他的威势:

你有好歌毛(没)好声,你有好酒毛好坛;
昨夜食了炒鸭子,今朝唱出鸭公声。

小伙子可不怕"刺",干脆单刀直入:

> 山歌唔（不）用好声音，只要四句唱分明；
> 恋妹唔（不）要人才好，只要两人同得心。

唱罢他心里颇有些得意，这可是一石三鸟：一来回敬了"鸭公声"的指责；二来顺带刺了姑娘一下，人才相貌可不一定好咧；三来再逼近一步，直说要"恋"了。妹子当然懂得他的心思，再说，满山的春色也撩人啊！于是她松口唱道：

> 高山高岭高台台，山岭顶上有好柴；
> 你要用柴就去砍，你要恋妹行前来。

后生子高兴得要跳起来了，当然，牛在山垄犁在田，真正"行前来"是不容易的。但山歌却不仅可以"行前来"，还能碰撞、迸发出火花。一首首山歌你来我往，两个青年男女的心渐渐交融，这回是初识，下回、下下回可就是初恋了。

客家情歌中，最为出彩的部分，该是热恋与相思：

> 桐树开花球打球，（巴）不得桐子来打油；
> 不得桐油来点火， 不得老妹共枕头。

后生子急不可耐，桐树刚刚开花，他就巴不得结出桐子榨油、燃起桐油点灯；妹子刚刚认识，他就巴不得同床共枕。当然，只要郎有情妹有意，进入热恋却也快速：

> 作田要作上下丘，两人目珠溜啊溜；
> 保佑上天发大水，打坏田埂共一丘。

妹子的心开始热了，她幻想着与心上人相处，你在上丘，我在下丘，火辣辣的目光你溜我我溜你，突然碰撞立刻就火花四溅。哦，这样还不够，远远不够！上天啊，赶紧发场洪水吧，把田埂冲垮，把横亘在两人之间的阻力冲垮，让她与心上人"共一丘"，也就是从此生死与共。

热恋中的男女，真是说不尽海誓山盟：

　　生唔（不）丢来死唔丢，拿个泥团捏只牛；
　　把牛系在河唇（沿）上，哪年吃草哪年丢。

一个多么聪慧、可爱而无比坚贞的女子！她表达坚贞的方式竟然是泥牛吃草的幻想，那不仅是坚贞，更有可爱与妩媚。

生生死死，此情无尽，伴随着生死不离的誓言的，往往却是残酷的现实。客家地区山高田瘦，要发展只有向外开拓，客家的男子大多外出劳务，有的甚至漂洋过海到南洋一带谋生，纵成眷属，亦是聚少离多：

　　城头更鼓打五更，听到更鼓心就惊；
　　闰年闰月都有闰，样般（怎么）毛（无）人闰五更。

离别前夜，痴情女依偎心上人怀中，真希望就这样过上百年。不解风情的更鼓却无情敲响，敲一下，心便一激灵。天就要亮了，阿哥就要去到遥远的地方。老天爷为什么不体谅恋人的心呢？为什么有闰年也有闰月，就不能闰五更，让天迟一个时辰再亮么？整首山歌不见一个情字，却句句痴情！"闰五更"，真正是突发奇想！从闰年闰月到闰五更，其内涵出人意料地跳跃上更为奇妙的层次，姑娘的痴情一下子推上极致。

另一首更是近乎痴人说梦：

　　指望明朝雨淋淋，指望水涨毛（无）船行；
　　指望日历毛（无）日子，指望阿哥走不成。

多舍不得阿哥走啊，姑娘幻想种种留住阿哥的理由：下雨了、水涨了、因为洪水船无法开了，最奇特的是希望日历没有日子，阿哥就用不着走了："指望日历毛日子"，简直是掩耳盗铃、似呆似傻，然而一片痴情却就在这样的痴傻中纤毫毕现，令人动容！

客家的情歌，就是这样，以它丰富的想象、生动的形象、深远的意境、明白如话的口语，尤其是火一般炽热的真情，深深地打动了一代代的歌者与听者，深深地融入了一代代客家人的血脉中。

榄子打花花揽花

山歌，这一朵客家的奇葩，它的源头在哪儿？

有学者论证，客家山歌的渊源，在《诗经》，源于诗经中的"十五国风"。

《诗经·国风》的主要表现手法，是为赋、比、兴。赋，又称直叙，也就是直抒胸臆，怎样想也就怎样说。比，比喻、比拟，以此喻彼、以物拟人、以人比物。兴，"先言他物，以引起所咏之辞"，也即起兴，借物托起触景生情。这些表现手法在客家山歌中得到大量的运用。

> 赋：井边打水洗衣衫，双手洗来眼看郎；
> 失手浆槌打手指，口骂浆槌心想郎。
> 比：新戴笠麻（斗笠）簇簇新，油纸在面叶在心；
> 阿哥好比笠麻样，天晴落雨都随身。
> 兴：三兜杉树般般（一样）长，哪兜杉树好做梁；
> 三个阿哥般般好，哪个阿哥系偓（我）郎。

重章叠句，也是《诗经·国风》中十分突出的表现手法，客家山歌中亦很普遍：

山间层层梯田，山歌滋生的土壤（李国潮摄）

> 山歌要唱琴要弹，人毛（无）两世在人间；
> 人毛两世人间在，花毛（无）百日红在山。

重叠二、三两句，强调人生苦短，还是要及时把握今天。叠句在这里强化了主题。除了叠句，这一首还带着客家山歌非常突出的修辞特点：双关。"琴"，谐音"情"，"弹"谐音"谈"，字面"弹琴"既是写实，又指"谈情"，双关使得山歌的韵味更足。而在《诗经》中，双关的例子并不太多。是否可以说，客家人在山地生活中，既承继了《诗经·国风》的表现手法，又不断创新，"双关"表现手法的突出运用，或许就是一个显著的特征。

闽西客地广为流传的一则山歌故事，其双关运用之绝，令人称叹——

说的是一个姑娘砍柴归来，看到一个后生正在橄榄树上摘橄榄，她走到树下，呼唤小伙子扔一些橄榄给她尝尝，还撩起衣襟准备承接橄榄。小伙子早就钦佩她的歌才，趁机要她唱支山歌才肯给她橄榄。姑娘只稍稍一想，脱口而出：

榄子打花花揽花，郎就榄上妹榄下；
　　牵起衫尾等郎榄，等郎一榄就回家。

　　客家话中，"揽"是抱的意思，揽、榄同音，意思却相差十万八千里。字面上，是唱橄榄开花，花一团抱着一团，郎在橄榄树上妹在树下，小妹撩起衣襟等着郎的橄榄，等到了郎的橄榄妹就回家。这是写实，而另一层意思呢？木字旁的"榄"成了提手旁的"揽"，静态的名词橄榄跳跃到动词揽也即拥抱，暗示小妹撩起衣襟等郎拥抱，等郎抱着小妹回家。姑娘看来对后生颇有些意思，树上的后生禁不住心猿意马。那结局呢？有的说小伙子把持不住，一下子竟然从树上摔了下来，引来一场悲剧；有的说小伙子高兴地把橄榄投得姑娘一衣襟满满，然后跳下树来，果真抱起姑娘，而姑娘托着一衣襟的橄榄不好动弹，半推半就任由后生抱着满面放光回家去了，这又是一场喜剧了。不管喜剧悲剧，山歌双关的魅力可见一斑。

𠊎有山歌万万千

　　夏夜，月明如水，风爽如波。

　　蒙蒙山影间，几点萤火闪烁，几声虫唧蛙鸣。

　　古老的山村，年轻的姑娘小伙，兜几条板凳，各踞晒谷坪两端，借古老的月色，抒年轻的情怀，银铃般的歌声与洪钟般的歌声交替荡起，在村落间久久回旋：

　　一把芝麻撒上天，𠊎（我）有山歌万万千；
　　南京唱到北京转，转来还唱两三年。

　　你歌哪有𠊎（我）歌多，楼上藏起十八箩；
　　老鼠咬开一个眼（洞），一走走了八千多。

哦，一场精彩的斗歌，已经拉开了序幕。

从涓涓滴滴的源头，客家山歌一路走来，早已是波澜壮阔、气象万千。与它的远源《诗经》相比，无论是内容或形式，都既有承接，更有创新。

斗歌，就是客家山歌形式上的一种创新。

搭一个歌台，一个擂主居于台上，众多的山歌手在台下与其山歌对驳。内容不限形式不拘，全都是即兴出口成歌，让人惊叹歌者才思的敏捷。有时也不一定有擂主有擂台，男女歌手分成两队，各自踞一个山头，山歌来来往往，歌者争相抢唱，有点像今天的辩论赛到了自由论辩的阶段，辩手们你争我抢，精彩纷呈。而这样的精彩居然可以延续若干个钟头，从月挂树梢直唱到残月西沉。

斗歌，往往夸张乃至荒诞，比如石壁流行的"盘古歌"：

盘古歌来盘古歌，问你盘古盘几多？
烂泥田里挖冬笋，火烧山上捡田螺；
捡个田螺三斤半，剔出螺肉八斤多；
门口种棵千年豆，一夜长高七尺多；
昨日买来一头牛，给蚊子咬撇三只脚。

盘古歌来盘古歌，问你盘古盘几多？
上厅瞎子写对联，下厅哑子唱山歌；
风吹磨石飞过河，牛牯上树猫食禾；
灯芯拿来撬石板，鸡蛋拿来敲铜锣；
桅杆顶上撒泡尿，涨了九十九条河……

如此虚幻的歌词，配上腔调怪异的曲子，常常煽起一阵阵的笑声。

别人的老婆系老婆，𠊎的老婆系田螺；

保佑田螺缘（爬）走佢（她），合（给）人讨过靓老婆。

别人的老公系老公，偓的老公系蟹公（螃蟹）；
保佑蟹公缘走佢，合人嫁过好老公。

连城乡间这组夫妻打情骂俏的斗歌，同样夸张、风趣，细品，意味更为深长。有道是老婆是别人的好，这位丈夫在歌中贬低自己的妻子，似田螺般丑而笨，梦想有机会再娶更靓的老婆。又好气又好笑的妻子灵光一闪，把丈夫喻成又丑又蛮横的螃蟹，来了个以其人之道，还治其人之身，堵得老公哑口无言，令人捧腹。

斗歌，正是这样，以歌手想象的丰富、才思的敏捷、语言的风趣，给人留下难以磨灭的印象。

山歌，已成绝响？

客家山歌，这山地的天籁，在今天客家人的呼吸间，是否还吐纳着清凌凌的芬芳？

龙潭公园坐落在汀州古城卧龙山一角，几座凉亭，数条小道，若干草坪。入夜，这里常有不定期的歌会，纳凉的人散坐在草坪，唱歌的人聚集在凉亭，悠扬的琴声伴奏下，那原汁原味的山歌依旧让人回肠荡气。只是当你定睛细看的时候，你才发觉，那些投入的歌者，那些陶醉的听众，几乎都是白发无牙一族。头上是雪冠，面前是瘪嘴，当他们唱着笑着旁若无人全然忘我的时候，你会觉得，他们生命的脉搏与山歌的节奏竟是那么合拍，仿佛山歌，就是他们生命的呐喊！

只是，年轻人都到哪儿去了？

今日的客地，即便是那些偏僻的山乡，山歌似乎也只成了老人怀旧的道具。山道上、村落间，一色是喧闹嘈杂、生猛强劲的电子音响，骑着摩托车拉着化肥去为责任田施肥的青年男女，嘴里哼着、脑中绕着、心头挂着的，是花样翻新的天王明星，是如潮而来又如潮而退、流行性感冒一般迅猛的最新流行歌曲。

　　也还有叫作山歌的东西，在"山歌搭台、经贸唱戏"的招商引资活动中，一车车的帅哥靓妹，扭动着腰肢，诠释山歌形式的广告，那歌词，不，那广告词，包装在印刷精美的册页上，连同那精美的纪念品，一车车运进会场、运进舞台、运进宾馆客房。

　　假如刘三妹活到今天，她会像那些帅哥靓妹一样，在那舞台上扭腰摆臀歌唱吗？还是像对待那个秀才那般，即兴唱出"哪有山歌车载来"呢？

　　汀江边，几个浣衣女郎已经洗好了衣衫，挽着竹篮，托着塑料面盆，哼着歌儿上来了。

　　她们在唱山歌吗？仔细听，一缕余音，悠悠地飘进我的耳朵：

　　"亲爱的，你慢慢飞，小心前面带刺的玫瑰……"

汀州风味

（一）

汀州风味，在眼，在鼻，在耳，更在舌尖。

你知道，我说的是闽西客家的饮食文化。

民以食为天，辗转漂泊、屡经磨难的客家人，曾经历了那么多食不果腹、饥肠辘辘的日子，那个时候，只有饮食，还谈不上文化。直到进入闽西，在与土著的磨合交融中逐渐安居乐业，形成客家民系，客家的味道这才浓郁起来，文化这才有了用武之地。

山地出产什么呢？稻米、杂粮、菜蔬、畜禽、山珍……先民们因地制宜，巧用食材，创造出了集山地饮食文化之大成的闽西客家菜系。无论是宴客菜或是风味小吃，讲究的是原汁原味，食材是养眼的鲜与嫩，烹调是诱人的香与脆，咀嚼则是快意舌尖的清与滑，而伴随你品尝客家菜的时候，更让你心旌摇荡的，是那浓得化不开的客家亲情。

年节的时候，到闽西客家山村来吧，备尝迁徙之苦的客家人，最懂得漂泊在外的不易，好客成了客家人的本分。年节里每家的客人，都会是整个山村的客人，且敞开鼻翼、放开肚皮，尽情品一品客家的味道。

（二）

甫进村，酒香便不由分说扑向鼻翼，紧随而来的，是豆腐的香、腊味的香、干菜的香、米粄的香、鸡鸭的香、菜蔬的香……一股脑儿涌来的香，香，我的家乡马屋，一个普通的客家山村，这一刻成了香村了。

酒是黄酒，家家户户自酿的糯米酒。糯谷收成，拣选谷粒饱满的，用自家的砻，砻出糙糯米，三几十斤一股脑儿兑水入锅，看看籽粒有几分膨胀了，捞起放入饭甑，柴火熊熊蒸煮。八分熟了，两个人抬起大饭甑，哗啦一下，倒入两条长凳架起的大盘篮中，铺开，那个香啊，香得屋梁上的老鼠都忘了是白天忍不住吱吱乱叫探头探脑了。细人仔们围着盘篮，嘴角挂着一尺长的垂涎。母亲抓一把糯饭，揉作一个饭团，再抓一把糯饭，又揉出一个饭团，细人仔们一人一个饭团，香香地嚼着出门去了。大人可舍不得吃，拌上酒曲，放凉，盛入酒瓮，封好，放入暗处，那就等着半月一月之后，时辰一到，香得醉人的酒就可上席了。

你被让进众家大厅，远方来客当然是坐上首席。主人家的酒才喝几口，菜才上第一道炆肉汤煮面。炆汤用的是整块条肉，每一块都超过2斤，炆好后捞出肉块，把面条与油花点点、肉香丝丝的肉汤同煮，味真鲜呢！面寓意什么？那是脸面，炆肉汤煮面，是请客人赏脸。你正在赏脸呢，左邻右舍一一来了，人人提一壶自酿的米酒，端一盘刚炒好的菜，满面笑容，连声劝酒：尝一口吧，尝一口吧，酒淡人意浓噢。你招架不住，只能尝，这壶尝一口，那壶尝一口，还没尝完，醉意已尽在鼻尖、双颊。人还在络绎不绝地来，左邻的左邻来了，右舍的右舍来了，都没空手，都是那一手酒壶一手炒菜，香喷喷热乎乎，真是难消人意好啊！没法，耐心，静品。把所有的酒沿着大桌排开，把所有的菜沿着大桌排开，依序而品。这时候你是品酒师，你是美食家，所有的眼睛都在注视着你的唇齿之间，期待你吐气如兰。夸吧，尽情地夸，夸赞是最好的回报，对客家山民来说，远方来客的夸赞，预示着一年好运，是最美的祝福。

有两道菜是不能依序品的，它必须趁热食用，家乡话说："赶滚""滚"

非滚，乃滚烫，菜一凉，味道就差了一大截。"赶滚"有优先权，带着"赶滚"来的邻舍亲房，自然就能把酒菜先排在你的面前，"快吃吧，赶滚，赶滚！"

你盯着"赶滚"，有些疑惑，这应该是一种饺子吧，三只角，馅儿从晶亮的饺子皮中透出，嫩生生的可爱。主人笑了，确切的菜名叫"三角包"，"三"即"生"也，马屋方言"三""生"同音，品尝

山村百壶宴（廖亮璋摄）

这道菜，寓意的就是"生生不息"。不同于饺子用面粉擀皮，也不同于客家其他地方的芋仔包，用芋仔地瓜粉掺和制皮，家乡的三角包用的是蕉芋粉，先用少许凉水把蕉芋粉调匀，再把滚烫的开水兜头浇下，趁热搅拌成团，包子皮就亮闪闪的透明。这样的包子皮热乎时绵软，一凉就生硬得不太好包了。制作包子皮时要"赶滚"，包的时候也要"赶滚"，吃的时候更需"赶滚"，这不就是货真价实的"赶滚一郎"吗？

还有一道"赶滚"又让你疑惑了，水水的豆腐块，嫩生生的白，每一块中心都嵌着肉馅，一块块排于油锅中，加精盐、味精、酱油，文火焖煮，待肉馅熟透，开盖，锅中豆腐赤白相间，在汤中荡漾，撒一点葱花，浇一点香油，再撒些许胡椒粉，起锅，扑鼻的香气叫人酥软。这道菜正式的名称叫"漾豆腐"，"因起盘后十分细嫩，似摇似动如水漾动，故称'漾'"，故乡的菜谱如许介绍，"特色：浓香软嫩"。可是，这也要"赶滚"吗？当然，这样水波荡漾般

"侍儿扶起娇无力"的感觉,正是要"赶滚"的,一旦变凉豆腐就硬了,哪能再"漾"得起来?据说最美味的吃法是在锅中即食,拿一把汤勺,掀开锅盖不待装盘便舀而食之,那个美啊!一离锅装盘,其味就要稍逊一分了。

无须"赶滚"的家乡菜中,值得隆重推介的是"炒雪薯"。左邻右舍带来的多是这道菜,可以让你立判烹调者手艺的高下。雪薯即山药,刮去薯皮通体白皙如雪,切成片清炒,脆生生别有风味。家乡人不称山药而称雪薯,不仅贴切,更因为家乡话"雪""遂"同音,"薯""时"同音,"雪薯"就是"遂时",好兆头啊!

一场酒宴从上午可以吃到日头偏西,邻舍亲房们的酒菜一一尝遍,主人家的拿手菜这才出场。二道,一道是猪大骨炆萝卜,汤菜,不起眼,却让数小时饕餮有些腻烦的肠胃立马有了精神。家乡人请客从来不说喝酒不说吃饭不说用餐,只土土地说声"来食几块萝卜角吧",这当然是自谦,不过,萝卜在酒宴中的地位却也可见一斑。

压轴的一道菜是大块炆猪肉,炆肉汤煮面时捞出的二斤左右的肉条,已经熟了,一条条肉皮朝下放入油锅,炸成微焦,切作三四指见方的大块肉,加上调料,又香又烂,没牙齿的老叔公也能吃个满嘴流油,这样的大块肉不掺一点杂,满满盛上一大盆,喷喷香的大甑米饭同时端了出来,容量大的甑甚至能装下数十斤米饭,需要两人共抬,家乡俗语叫"无饭不成餐",你就是肚皮圆成水桶了,大甑饭也是不能不吃上一碗半碗的。大块肉,大甑饭,大碗酒,那个豪爽,直让人想起水泊梁山呢!

(三)

闽西客家菜当然远不止上述这些,进入中国名菜谱的就超过了10道。比如长汀的"白斩河田鸡""麒麟脱胎",连城的"清炖白鹜鸭""涮九门头",每一道都赫赫有名,动用的食材有鸡、有鸭、有狗、有牛,鸡是河田鸡,烹制加米酒,出锅皮黄、肉嫩、味香,"不吃河田鸡不算到长汀";鸭为白鹜鸭,炖汤只一瓮泉水,咕噜咕噜炖上两三个小时,撒一撮盐便成至味,鲜不可言。鸡与鸭都曾打过"天下第一"的广告，名头当当响。狗普通一些，选用的是刚刚满月的乳狗，宰净包入猪肚内同烹，食用时剪开猪肚现麒麟，风味也是独一份。"九门头"是指牛身上九个部位的精华，包括牛肝头、牛肾、牛舌黄、牛心冠、泥肚尖、百叶肚、蜂肚头、草肚壁、牛乳房，一一切好拌上地瓜粉，汤料则以米酒为君以中草药为臣以各种调味品为走卒，汤沸，浓香扑鼻，你就"赶滚"吧，自涮自品，大快朵颐的同时，兼具驱风湿、壮筋骨、健脾胃的功效，何乐不为？

饕餮了一天，烂醉了一夜，清早起来，晨风一吹，吐出三二口酒气，人有些活泛了。你说，再不能吃了，这哪是吃饭喝酒啊，再消受不了客家人的盛情了。那好，主随客意，随意在镇上村中走走好了，随意尝一点风味小吃好了。

客家的风味小吃用料多是米，米是客家地区的主食，把主食变着花样吃出百种风味，那就是客家特色了。米粄、米糕、米桃、米冻、米丸、米……客家米制品实在数不清有多少种。渴了，喝上一碗煮米冻？一碗猪血粉肠粥？一碗米茶？一碗汤丸？一碗米粉片？饿了，吃一点糍粑、发糕、麻蛋、梭哩粄、草鞋粄、捆粄、老鼠粄、簸箕粄、黄粄、馕菇粄……要是不怕上火，还可以来几块灯盏糕，米浆拌肉碎，油炸得喷香喷香。闽西童谣"灯盏糕，糯糯圆，又想食，又没钱"、"灯盏糕，嚯嚯烧（热乎乎），食了没钱叼（支付）"之类，都是在唱这种美味和孩童的馋相。不怕笑话，孩提时节，我曾一连数日游走在灯盏糕摊子现场，目灼灼如贼徘徊复徘徊，求之不得，辗转反侧，终于下定决心，不怕牺牲，冒着皮肉受苦的风险，把家中还剩一半的牙膏挤个精光，以一块牙膏皮外加积蓄三月的两分钱，换得油乎乎、热乎乎灯盏糕一块，小小心心撮唇，作樱桃小口状，沿着灯盏糕圆边，顺时针吻了一圈又一圈，这才牙根一狠，轻轻咬下一小口，那一块糕吃了有三刻钟吧？不，那香味几乎香了整个童年呢！

客家的米粄不仅种类多，且每一种命名都有来历。比如捆粄，是指米浆制成粄皮后，卷上豆芽香葱瘦肉馅，捆成长条；黄粄，是指米浆中加了碱，做出的米粄色泽亮黄；馕菇粄，是指米粄中加了野地里的馕菇花，色泽有草的青碧花的金黄，别具一格。更多的米粄走的是象形路线，老鼠粄，做出的粄细细尖尖，像煞老鼠的尾巴；草鞋粄，那粄的模样就像一只草鞋，为何要做成草鞋状呢？说是从前的从前曾有一场瘟疫，保生大帝赶来驱瘟神，把一个大大的草鞋印留在了村口，这个村于是逃脱了瘟疫的侵袭。这以后村里每逢八月初一，家家户户都做草鞋粄，谢神，也纪念这次难忘的遭遇。

　　家乡最流行最普遍的是梭哩粄，圆滚滚的身子两头尖，如梭，命名也是象形。客家山区素来穷，却是节庆不断，只为图个热闹，难得有鸡鸭鱼肉，食品匮乏的岁月，梭哩粄就是招牌食品，几乎月月登场。

　　节庆到了，家家户户都忙着做粄。前一夜主妇就把几十斤大米先行浸泡，凌晨三四更天，磨坊的灯一盏一盏亮起，男男女女、老老少少睡眼惺忪，掌勺、推磨。推磨是力气活，后生可以一人推动，老人小孩就要一大一小搭配着推了，配合默契，就推得轻松，配合不好，就累出屎。掌勺则要眼明手快，在磨杆旋转的间隙见缝插针，一般都是灵慧的女子，或是主妇，或是八九岁、十来岁的女娃。吱吱呀呀的推磨声中，白花花的米浆沿着磨道纵流，仿佛顺着喉管流进了肚里，推磨的手也轻松多了。待米浆满桶满盆，天也亮了，灶房的大锅刷好，整桶整盆的米浆倾入大锅，紧接着柴火就在灶膛熊熊燃起。孩子蹲在灶膛前，不住添火，小脸被灶火烤得通红；主妇擎一把大锅铲像个将军，对着满锅米浆奋力拼杀。搅啊搅啊，米浆加了碱，越搅越稠，越搅越黄，稠与黄再跨一步便是焦，关键节点上主妇的汗不断线地淌，搅啊搅啊，水退，粄皮成，起锅，装盆，压实。接下来就是包馅。梭哩粄的馅料历来粗糙，芋头、萝卜、豆角、酸菜、辣椒，平日里吃的什么包的馅也就是什么，特色是量多粄大，鼓鼓囊囊，三二个粄就能装上一碗头。细人仔双手捧一个梭哩粄边走边吃，只看见半拉头发两道眉毛，一张脸大半遮掩在梭哩粄中了。大人们食量小的一个粄就够了，食量中的二个粄也就饱了，食量大的三个下肚就只能打住。创下梭哩粄大吃纪录的或许是我，20世纪70年代初，我在邻近家乡的北团公社当知青。九月重阳，大姑特意让表哥赶了30里路给我送梭哩粄，整整10个，满满一篮。忘了表哥在场，饥肠辘辘的我抓起梭哩粄猛吃，一口赶一口吃得生龙活虎，满世界一时只剩下梭哩粄了。一连5个下肚，感觉梭哩粄已从胃部堆到喉咙，不管，抓起第6个，再一大口，噎了，眼珠子突突，上气接不来下气，慌得表哥不住为我拍背，边拍边喊，慢点，慢点，吐出来，吐出来。这一回与梭哩粄的零距离接触永难忘怀历久弥新，可那天的梭哩粄啥馅？啥滋味？不好意思，不记得了。

（四）

霜降未过，秋的味道就浓得流油了。菜地里的芥菜也识趣，不失时机可着劲抽苔，赶乘秋的最末一班车。那苔儿一节一节，拇指粗细，顶端花蕾，最是脆嫩，趁鲜炒上一盘，其味妙不可言。这样天然的美味是农家的福分，只是吃得多了，也觉寻常。秋冬时节，哪家菜地不是以芥菜萝卜为主力呢？多的菜吃不完，就要制成干菜，以备他时之需。砍下整棵芥菜，洗净，横一刀竖一刀，剖开却不剖断，菜秆部分留下一点粘连，一棵棵挂上院墙、篱笆、屋檐晾晒，一时间满村落都铺排开这种鲜鲜的绿色。几天过后，叶子蔫了，暗了，收下，入盆，撒盐，纤纤女儿手死命揉搓，直揉得菜们眼泪汪汪，盆底都是青涩泪液，这就好了，装入陶瓮，一层菜，码一层盐，再一层菜，又码一层盐，层层加码，直到瓮顶，封严，移入阴暗处。藏个半月余，开瓮，取出再挂，再晒，干后，就可收存了。嘴馋的时候，抓一把，投入唇齿间，真是口角噙香。最勾馋虫的是与五花肉同烹，是为客家名菜：梅菜扣肉。荤素相间，两情相悦，肉得菜之香，菜得肉之润，二者的品位一起升华，小家碧玉顿成大家闺秀了。闽西籍著名侨领、万金油大王胡文虎最迷这口干菜，一回回托水客从家乡永定万里迢迢捎菜干，想来他老人家品的不仅仅是菜干，更是浓浓家国之情了。

客家干菜的种类有多少？同样数不清。著名的"汀州八大干"是闽西原属汀州府的8个纯客县历史悠久的特产，一县一品，包括长汀豆腐干、连城地瓜干、武平猪胆干、上杭萝卜干、永定腌菜干、宁化老鼠干、清流明笋干、明溪肉脯干。历史最长的"长汀豆腐干"制作始于唐朝开元年间，超过1200年了。瞿秋白在长汀写作绝笔《多余的话》，最末一句还真有些多余："中国的豆

汀州美食集锦（天一燕摄）

腐也是很好吃的东西，世界第一，永别了！"还用说吗？他指的当然是长汀的豆腐，包括：长汀豆腐干。

乡间的干菜当然没有"八大干"之类的名气，比起名品却不逊风骚。藏糟菜、萝卜干、黄豆酱、烟豆腐、炸龙骨粉，样样风味独一。譬如藏糟菜，是以酒糟菜干同藏一瓮，糟得菜之清甜，菜得糟之醇香，也是一对完美的夫妻档，不亚于黄蓉妹妹与靖哥哥。客家俗语"人心高又高，有酒还想糟"，家乡人还真是有酒想糟，酒留下待客，糟才是日伴三餐的糟糠之妻，断断缺不得的。

藏糟菜之外，最可心的是萝卜干，瓮中取出，其色金黄，一咬一个嘎嘣脆，香、甘、咸……萝卜是怎样炼成干的？细品，能嚼出成干过程中的天光云影晓霜夜露。晴好的日子，萝卜收成了，生萝卜咬一口，甜，辣，少儿不宜。父亲挑一大担萝卜，我挑一小担萝卜，哼哧哼哧担到清凌凌的花溪水边。沧浪之水清兮，可以濯吾缨，花溪之水也清，却只濯萝卜缨。百来斤萝卜都洗净了，手在微凉的水里浸得红红。父亲一手举刀一手萝卜，也是横一刀竖一刀，剖开却不剖断，萝卜大头上留下一点粘连。萝卜切好了，父亲拍屁股走人，为这些藕断丝连的萝卜们寻找归宿，是我的使命。也好办，就地消化，花溪河畔有的是灌丛、刺棵，让萝卜一只只叉开腿脚骑上去就是了。一边骑，一边就有麻雀们跳来跳去观景，还叽叽喳喳发议论，甚而在萝卜上撒一泡鸟屎留念，过分之至。你只能狂吼数声泄愤，灌丛刺棵之间，谁敢动手动脚造次呢？待到萝卜挂完，走出十来二十步回望，呵呵，沿河上下家家都在挂萝卜，长长一溜灌丛、刺棵飘满白胡须，忽如一夜东风来，千树万树萝卜白。

过上一天，早起看看萝卜，瘦了一点，暗了一点，萝卜头上有几点露珠，像泪。再过一天，萝卜更添憔悴，再没了当初的水灵。三天才过，萝卜已瘦成干瘪"老妪"，饱经风尘。收将家来，抛入盐盆中，母亲辣手摧萝卜，死命把盐揉进萝卜身子，直到萝卜奄奄一息吐出咸水，这才重又悬挂起来，继续露天晾晒。这样的吸露餐盐轮回了几度呢？不太记得了，只记得萝卜从藏瓮里起盖的那一刻，实在是惊艳啊！

如今父亲还在，母亲还在，我还在，花溪还在，萝卜还在，只是此在与彼在相隔迢迢，花溪的灌丛刺棵还好吗？萝卜还好吗？水还清吗、甜吗、能灌萝卜缨吗？想一想，不觉几分怅然。

The
Biography
of
Longyan

龙岩 传

九龙江咏——九龙江与龙岩闽南支系文化

第三章

九龙江,哺育了今日龙岩地域另一支民系——福佬人,也称河洛郎。

作为闽南语系的一支,沿九龙江溯源而上的福佬先民,创造了特色鲜明的闽南支系文化。这一文化成熟的重要标志,是清雍正十二年设立的龙岩直隶州。从此,闽西地域有了"一府一州",有了客家人与福佬人在闽西的齐头并进。

两条江,两个民系,原本平行的两种文化,在宋元之交,有了最初的交流与碰撞。因为一个大写的名字——文天祥,因为那一腔正气,那一种精神,鼓荡起两个民系子民偾张的热血,这是两个民系性格深处,最宝贵的遗存。

岩邑沧桑

溯源而上的南下汉人

高高山上一坵田，三个田缺列三边；
汀江闽江九龙江，三江之水此为源。

将军山在连城县曲溪乡境内，主峰海拔1650米。接近山顶处，泉流自石隙漫出，源源不绝。好多年前有山民利用泉水，在此开垦出一坵农田。多余的水通过三个田缺，分流三方，一方向北、一方向南、一方向东，终点分别是闽江尽头的福州、汀江尽头的潮州、九龙江尽头的漳州，这座山顶便被叫作"水流三州顶"，蔚成一景。有意思的是，福建境内不过四条大江，除晋江外，另三条江居然都与这一道泉流相关，令人怀想这"一水流三江"的神奇。

当然，三条江的正源都不在这处山顶，但汀江、九龙江两条江的正源在闽西却是无疑。汀江正源在距此不算太远的赖家山，九龙江干流北溪正源离此更近，就在将军山下。龙岩地域山深林密，水网纵横。万千条小溪近80%以上汇入境内的两大干流：汀江、九龙江。古代闽西人便沿两江及其众多支流逐水而居，并由此逐渐统一语言，统一风俗民情，统一地方文化艺术。这就形成了同在龙岩市这一行政区域内，两条水系两样方言两种风俗各自特色鲜明的现象，也因之成就了闽西文化的多元与丰富。

与汀江流域的客家人不同，生活在九龙江流域的，主要是闽南语系的福佬人及其后裔。客家先民进入闽西，是沿汀江顺流而下；福佬先民进入闽西，则是自九龙江干流北溪溯源而上。同为中原南下的汉人后裔，福佬先民入闽要早于客家先民，首次大规模入闽是唐初，陈政带着12岁的儿子陈元光，率5600名河南光州子弟南下平蛮獠，时在唐高宗总章二年（669年），不久陈政之母魏夫人又率58姓军校驰援。陈政死后陈元光继续经营闽南一带，确立了汉人对土著的主导地位，并于唐垂拱二年（686年）建立了漳州，担任首任刺史。陈元光因之而被尊为"开漳圣王"。

大唐垂拱三年（687年）之秋，也即漳州建立的第二年，一支部队的喧闹声驱散了一条大河的晨雾暮霭。刀光剑影中，沿江的荆莽簌簌倒下，沙石移位，禽兽奔逃。如此的大阵仗持续了一月又一月，大约在冬季吧，部队顺利地抵达上游，一个被称作"九龙里"的开阔地带。

这是闽西历史上具有里程碑意义的进军，标志着中原汉人正式进入九龙江干流北溪上游地域。这条原本无名的江水，因为军士驻扎插柳为营，一度称作柳营江。进入九龙里之后，这条河便有了一个豪气干云的名字：九龙江。尽管无法考证，九龙里与九龙江得名孰先孰后，但二者必然互为因果，且必然与中原汉人密切相关。其时那些土著，那些以蛇为图腾的闽越人、以神犬盘瓠为图腾的畲人，是不可能用中原汉人的图腾"龙"来为这方土地这片水域命名的。

九龙江干流北溪水道的疏通，为中原汉人大量进入闽西创造了条件，一批又一批的汉人循水路进入闽西，在九龙江北溪上游的各条支流旁生息繁衍，一代又一代与土著碰撞、融合，漫长岁月之后最终同化了土著，一个带着闽南文化烙印的民系，在闽西九龙江干流北溪流域形成。

苦草·新罗·龙岩

　　山压城头城抱山，清溪一带水潺潺；

北头茅店南头市，都在明岚积翠间。

曾经应约写一篇《龙岩印象》，不假思索就写下"城在山中，山在城中"，以为这是扩大了的今日龙岩之特色。不想偶然翻到清乾隆年间龙岩知州包承祚这首《新罗杂咏》，却原来清代龙岩城虽不及今日五分之一，已把城包在山中了，包老先生这一句"山压城头城抱山"，比我随手写下的实在精彩多了。

这首诗写的是清乾隆时期的龙岩城，清新、形象，读之如入画境。你看龙岩城群山环绕，这当然不算什么，欧阳修早就吟过"环滁皆山也"，但被山包围的城市又把山抱在了怀里，这就别具一格了。清清的溪水潺潺地从城中流过，无论是北边的茅屋还是南边的集市，都映衬在山光、水色、林木的满目青葱之间，美得令人神往。当然，这样的美是中原文明南下此地，与土著文明千年碰撞融合的结果。而在溯九龙江北溪而上的南下汉人到来之前，这里为人熟知的只有瘴气蛮烟。

一千多年前的九龙江北溪上游地域，是土著生息的地方，更是飞禽走兽的乐园。众多的山林荒莽、河汊溪涧，随处可闻禽鸟的鸣叫、野兽的嘶吼，不多的土著，刚告别巢居或穴居生涯，在山腰水湄搭棚架屋，以农耕与渔猎为生。闽越人断发文身，"以象龙子"；畲人刀耕火种，随山散处，为的都是靠山吃山，傍水吃水，这样的生存不仅艰辛，且时刻伴随着危险。散处的土著渐而向更有人气的所在聚居，形成了广袤地带的一个个绿洲。如今的龙岩中心城区，其时是一片宽展的湿地，湿地上丛生苦草，土著们只能聚居在拱立湿地间的山包上。久而久之苦草成了这块地域的名称。西晋太康三年（282年）闽西地域第一次设立县级行政机构，是为新罗县，这一片土地就成了隶属新罗县的苦草镇。盛唐开元二十四年（736年），汀州建立，下辖三县：黄连、长汀、新罗，苦草镇升格为汀州属县之一，承袭了早已被裁撤的新罗古县的名号。不过此名号只承袭了6年，到天宝元年（742年），新罗县便更名为"龙岩县"，因为邑之东部翠屏山上，发现了"龙岩"。35年后的大历十二年（777年），因龙岩县与汀州无水路相通，与漳州则有九龙江相连，"从郡往来所便，"改隶漳州。龙图腾随着福佬先民的不断进入而光大，从"苦草"到"龙岩"，不仅仅是名称的更改,也是从蛮荒到文明的进程。

这片土地,从初唐陈元光部将溯源而入开始,数百年间不断迎来接踵而至的南下汉民。值得大书的另一次大规模移民,是在唐末,在黄巢起义的烽火硝烟中,由王潮、王审知率领的五千余河南光州子弟。

闽王王审知的名号甚至盖过"开漳圣王"陈元光。与陈元光之父陈政入闽是为平蛮不同,王潮、王审知兄弟跟随光州刺史王绪入闽,是一次武装避难。逃难路上暴戾的王绪下令精简老弱病残,屠刀直指与王潮兄弟随行的老母,逼得王潮兄弟先发制人除了王绪,此后挥师占领了全闽。王潮病逝后王审知治闽29年,全境安定丰足,中州江淮士民纷纷南投。王氏子弟兵及此后随之而来的北方移民,散居福建各地,对福佬民系与客家民系的形成起了重要作用。九龙江北溪上游人口增长的第一次高峰,就在这一时期。

巧合的是,唐初唐末的两次大规模军事移民,都来自河南光州。"开漳圣王"陈元光与闽王王审知,均为固始县人,陈元光故里陈集与王审知故里王堂,相距不过20里。相隔200年的两位固始人,在福佬民系的初创与壮大中,作出了决定性的贡献。固始,成为闽南语系包括今天九龙江北溪上游原龙岩县子民共认的祖地。

裂变:一而二,二而三

九龙江干流北溪上游流域,自唐初陈元光、唐末王审知入闽,南下汉人把中原文明带到了这片原本的蛮荒地带,宋元以降,汉人接踵南下,至明初,龙岩一带人口已有较大增长,经济也发展到一定的规模。人口增多则事杂,贫富不均则多争,仅靠一个龙岩县,再管理如此宽阔的地域难免捉襟见肘,设立新县势所必然。而恰恰明代中叶起,闽西南一带畲汉起义不断,应对平乱需要,也加速了新县设立的步伐。

明初,龙岩县下辖二乡十一里:铁石乡四里、九龙乡七里。成化七年(1471年),九龙乡之五里:居仁、聚贤、感化、和睦、永福,被析出设立新县,是为漳平县(今漳平市),隶漳州。"县名取邑居漳水上流,千山之中,此

宁洋古县白塔（沈文生摄）

地独平之意"，漳平旧志如是说。其实，取名"漳平"固有此意，但更多包含的应该是统治者立县求"平安"的企望。

这一"析"，龙岩县切出了一块大蛋糕，依然还有"广一百三十里，袤二百四十里"。过了96年，明隆庆元年（1567年），朝廷又析龙岩、永安两县地设立新县，因其包含东洋、西洋两大块地盘，依"宁靖东、西洋"之意，命名"宁洋"。至此，九龙江北溪流域上游三县鼎立的格局形成。

综观整个明代，福建增设新县11个，有4个都在闽西地域。汀州府的归化（明溪）、永定，以及由龙岩先后析地设立的漳平、宁洋。这些新县的设立，既是人口增长、经济发展的因素，更多的则是为辖地宁靖的需要，11个新县中，9个县名带有"平、宁、安"之意，便是明证。明代良臣、心学创建者王阳明在《添设清平县治疏》中说："考之近日，龙岩添设漳平县而盗寇以靖，上杭添设永定而地方以宁，此皆明验。今若添设县治，可以永保无虞。"明清之交名士顾炎武亦举漳平、宁洋等县设立之例，论证："每因寇乱，设县即定"。看来，设立新县不仅是朝廷对宁靖一方的企望，也确实产生了良好的效果。

龙岩州，闽西一府一州格局的确立

清雍正十二年（1734年），龙岩直隶州设立。清乾隆年间《龙岩州志》记载了设州因由："请以龙岩县为直隶龙岩州，以漳平、宁洋二县归其管辖，则互相犄角，金汤永固。"以此观之，龙岩建州固有经济发展的因素，但首要因素仍在朝廷寄望宁靖一方。

龙岩直隶州的设立，是闽西历史上另一个重要的里程碑。比起建于唐开元二十四年（736年）的汀州府，龙岩州的建立迟了998年。九龙江北溪上游这片土地沉寂得太久了，在闽西地域的汀州府建立近千年间，这片土地总是居于从属的地位，先属汀州41年，再属漳州957年。归属汀州时，整个闽西尚在蛮荒时代，"毒雾瘴气，日夕发作"；归属漳州后，辟处九龙江北溪上游一隅，经济发展远在漳州其他属县之下。南宋担任漳州知府的名儒朱熹在《劝谕龙岩民榜》中说："独有龙岩一县，地僻山深，无海乡鱼盐之利，其民生理贫薄，作业辛苦"；北宋末知府廖刚来了一趟龙岩，路途的艰险令他感慨万端："见说龙岩路，猿啼今始闻。深林埋宿露，高岭出层云。天去头三尺，崖垂足二分。只愁双目眩，敢恃一杯醺。扪历增泥滑，瘏痛日向曛……"深林、宿露、高岭、层云，猿猴的悲鸣在耳畔萦绕，手足并用攀登在陡崖上，举头望天，天低得仿佛就在头上三尺；低头看地，崖陡得只能嵌入一点脚尖。双目晕眩，真要喝上杯酒才能壮胆；雨后的山道因为手足的"扪历"更加泥泞滑腻，疲劳困乏跋涉在途，未到龙岩却见夕阳就要西下……

独立建州，预示了原龙岩县在闽西的崛起，原本辟处一隅的龙岩，因为建州，成为闽西地域的另一个中心。闽西近两万平方千米的广袤地域，从此有了"一府一州"，有了客家人与福佬人在闽西的齐头并进。这一格局的形成，依托了汀江与九龙江两条大江，经历了西晋、南北朝、隋唐五代到宋元明清近1500年的漫长。清代汀州府、龙岩直隶州"一府一州"的格局，一直延续到民国末年。

闽西首府

经历了太长太长的沉寂，崛起的龙岩势头强劲，开始了向闽西首府的进军。这样的进军经过 200 多年的延续终成正果。1947 年，在中华人民共和国诞生前 2 年，曾经隶属汀州的龙岩反过来把古汀州属县全纳入了自己的旗下。1956 年，宁洋撤县，主要县域划归漳平、龙岩；1962 年，宁化、清流、永安三县划出归三明管辖，自兹迄今，龙岩管辖的范围为原汀州府属的长汀、上杭、武平、连城、永定五县和原龙岩州属的龙岩、漳平二县，共 7 个县级行政区。

从隶属汀州到逃离汀州再到管辖汀州，龙岩走过的道路常让世居于此的闽南语系居民自豪。但汀州并没有失落，随着龙岩成为当代闽西首府，原汀州府属数县的客家人群体进入龙岩，汉民族两个民系在此碰撞与磨合，多元文化在此混杂与交融。磨合与交融的结果，让这个历尽沧桑的闽西中心城市，有了一般城市少有的大气与包容。一批批进入龙岩的各色人群都能在这个城市找到立足之地、用武之地，都能在这里生息、发展乃至腾飞，这，该是本书之后章节的话题了。

龙岩中山街旧景（白云提供）

龙吟山水

龙岩洞衍生出一座龙岩城

龙岩中心城区众山环绕，登高山、莲花山、天马山、虎岭山、东宝山、梅亭山、乌石山、奇迈山、紫金山、九侯山……数不胜数，最为人称道的是城东的翠屏山，树木蓊郁，翠色满屏，半山上一个溶洞，洞壁上龙纹灿然，耀人眼目，因名"龙岩洞"。明代曾任潮州知府的龙岩名士王源，500多年前写下散文《龙岩记》，摹写此景惟妙惟肖："壁右涌出一条如柱，黄色鳞甲，恍若真龙，头角手足不露，至顶而止。"又说，"左一条青龙，附壁而上，蜿蜒缘顶至檐，头角鳞鬣宛然，口颊间有窍，滴水错落如珠……"

华夏大地以"龙"命名的地域多如牛毛，但虎踞九龙江上游的龙岩市，却是全国唯一的以龙命名的地级市。龙岩市区，由晋代到当代，一千余年间经历了"苦草镇""新罗县""龙岩县""龙岩州""新罗区"的交替。历史上政区名随着不同朝代行政建制的变化而变化，其现象十分普遍，如荆州在汉以前曾是地跨数省的大州，现在则是江陵的一个小镇；石家庄原来是个小村，如今是河北省的省会。据史料记载，晋朝时，现在的龙岩市区名为苦草镇。镇名苦草，缘于早期中原迁闽先民，多对南地水土不服，而服食此地盛产的苦草后，神清气爽，故居民越聚越多，苦草镇由此而立。唐开元廿一年，闽西地域始设

龙岩洞摩崖石刻（沈文生摄）

汀州府，苦草镇由是升格为汀州三县之一，县名"新罗"，乃是承袭晋代闽西一度设立后又裁撤的新罗古县之名。一时间，当地有识之士纷纷上书朝廷，要求改新罗县为龙岩县，原因就是苦草镇有方圣地龙岩洞。6年之后，新罗县果然更名龙岩县，龙岩洞，由此衍生出了一座龙岩城。

"龙岩洞"得名始自何时，无考，但必定与中原南下汉人相关，因为"龙"图腾，最早正是始自中原。可以想象，当唐初中原南下汉人溯源而上进入闽西，并把那条无名河命名九龙江的时候，"龙"的图腾就势不可当地在这南方烟瘴之地传播。苦草镇东部的这个溶洞，闽越先民、畲人恐怕早就熟稔而习以为常了，洞壁上的那些凸起凹下的纹路，在他们的眼中只不过是别样的装饰。而在南下汉人的眼中，这些纹饰是上苍的启示：两条真龙，一左一右，一黄一青，跃然石壁之上，这是吉祥的象征，预示着这方土地，有了"龙"的庇佑，将会风调雨顺，会是安居的乐土。于是，"龙岩洞"的命名不胫而走，祭祀真龙的香火终年缭绕；于是，龙岩洞成了龙岩地名的由来，成了龙岩的文脉所在。"翠石龙纹绝顶开，依稀脚底是蓬莱。千年丹灶云封住，百丈晶虹两脉回……"（清·陈瀛）；"山根幻作鳞之面，陆海苍茫恣出没；头角峥嵘牙爪张，鳞甲片片苔藓苍……"（清·包承祚）；"洞自何年辟？披榛窈窕深……县名因尔得，捷径不须寻"。（清·张仲坚）无数文人墨客的诗文，尽情倾吐对龙岩古洞的赞叹，就连洞口石崖上虬曲生长、不盈三尺的两株古桃树，也被传为仙桃，珍之宝之。

无独有偶，在龙岩城南的适中镇，也有一个"龙岩洞"，因地处偏僻历来鲜为人知。该洞位于适中镇蓝田村的陈坑尾溪边，距岸十多米处，海拔700多米，藏在葱茏林木掩映处，因洞内有石钟乳岩的巨龙造型，得名"龙岩洞"。它与城东"龙岩洞"相比，更加高大深邃，属暗洞，可分上、中、下三层，各层有路可通。

此洞彼洞，皆称龙岩洞，龙岩城因此得名，或许也就顺理成章了。

龙行于水　龙行于山

先有龙岩洞，后有龙岩城。而有了龙岩城，龙岩的山山水水似乎都带上了"龙"的色彩——

穿城而过的河水，发源自闽西第二高峰黄连盂的山谷间，一路汇纳众水，潺潺而来。接近龙岩城的时候，狮山象山两峰拦路，两山间谷地狭窄，把河床收缩成窄窄的一条，此为"龙门"。河水于此积蓄，待得大成，轰然跃过龙门而下，把下方冲击出一个深潭，称龙潭，再左旋右转，平复心境，然后缓缓流过城区，直奔九龙江而去。作为九龙江北溪最大的支流之一，这条河被称为"龙川"："黄连盂、朗车苍二山系之间者，曰龙川，因历经龙门汇九龙江故名"（民国三十四年《龙岩县志》）。而在城中心的一段，又被称为"龙津"，川即指河流，津即指龙的津液。至少从明代起，这条河就有了龙川和龙津两个美名。

曾有这么一首童谣：月公公，月婷婷，行晚路，过田埂，田埂一窟水，晶溜溜，撑船过漳州……童谣里所说的撑船过漳州，指的正是这条养育了龙岩几十万子民的母亲河。这条叫作龙川或是龙津的河流穿城而过，为龙岩城区编织出了一幅立体的风情画卷，构成了神奇俊秀的山水长廊。古时的龙岩八景，第一景便是龙川晓月。当晓月升起，水月交相辉映，空茫一片。特别是攀上城内的登高山，看龙川缥缈，碧波荡漾，银光闪闪，景色迷人，观鱼赏月，情趣倍增。古人词赞："宝镜灵虚印碧波，龙川十里晓烟多。一声欸乃渔舟去，带得余晖尚满蓑。"

水以"龙"名，不仅有龙川、龙津、龙潭，还有龙湫，就在龙岩洞右，自然喷涌一泉，汇而成池，为"龙湫井"，湫者，水池也；还有龙井，在翠屏山之东的东宝山麓，有一个"龙井洞"，"其门悬折如牛角，六月，洞上水凝如珠，味甘冽，冬夏不竭，祷雨辄应。知县韦济题匾曰：'天瓢灵源'。"（明嘉靖三十七年《龙岩县志》）同在此志记载的还有："龙宫山，县东四十里，三峰奇秀"，则又属山以"龙"名了。

在龙岩城乡，冠以"龙"名的山山水水不胜枚举，名声卓著者，龙硿洞或许算是其一。龙硿洞风景区面积广达10平方千米，内有8个大厅，16个支洞。是国内外特大喀斯特溶洞之一。洞分上、中、下三层，层层叠叠，洞中有洞，洞外有洞，游于其间，如入迷宫，满目绚丽的石钟乳、石笋、石柱、石幔、石花，让人目不暇接，且有不可多得的洞中暗河，时隐时现，时聚时散，平添几许幽趣。尤其令人惊叹的是，洞内以"龙"之称的景点众多，"龙宫""龙井""龙幔""龙伞""龙床""龙蛋""龙爪瀑"……仿佛群龙来此聚会，聚会的地点就选这个"龙宫"好了，上层下层，前厅后厅，七彩灯光亮起，头戴冠冕的"龙王"立于帷幔之下，洞顶星光闪烁，洞侧流水淙淙，洞内沧海桑田，万象变幻，群龙翔舞，有篇文章称此为"藏天之洞"，虽略显夸张，却也足见龙硿洞之气势不凡！

名声卓著者，"龙门"大致也算其一。两崖夹一深涧，崖壁如门，闭锁龙川，此为"龙门"得名之说，何况"鲤鱼跃龙门"之传说在民间家喻户晓，其意象何等吉祥而威猛？明代吴守忠撰《建龙门硿桥记》，文中如是说："乃择基今所称龙门硿，以其绾诸水口，阔缩前渡处十之六，又两崖皆石，石复突起中流，可墩。"有这么一个记载为证，说明"龙门硿"作为地名，早在明代就已存在。

重建后的龙门塔（天一燕摄）

学者李如龙先生在其《地名与语言学论集》一书中提到："地名的命名法大致可以分为三个大类：其一为描述性地名；其二为记叙性地名；其三为寓托性地名。""龙门"的命名方式，在我看来，寓托多于描述，龙门正在龙岩城市的前沿，是汀州西来龙岩的必经之地，"龙门"正可谓"龙岩之门户"，一道龙门，人在青云路上，这座以"龙"为名的城市，正待腾飞！

龙的传人　龙的故乡

龙者，文明之象也！

南下汉人在这方山水间不断发现"龙"的身影，也把"龙"文明意象倾注于山水之间。不仅水以"龙"名，山以"龙"名，洞以"龙"名，人类的各色建筑乃至社会结构，都不乏以"龙"为名。就说最普遍的桥梁吧。千百年来，城中桥梁兴废修建，周而复始，已难记忆。但人们大多记得，城中的桥梁多带"龙"名：迎龙桥、见龙桥、龙津桥、登龙桥……它们由东向西，如一架架彩虹,连通两岸。龙岩人在龙津河寄托着乡情、承载着文化、诉说着传说、构筑着山水之境,联结着一代又一代的最美乡愁。

和桥梁类似,其他与龙相关的地名同样不胜枚举:古有九龙乡、龙门里、龙津保、登龙驿、龙归庵、龙门渡、龙门陂、龙门塔、龙潭坑圳、龙池书院,今有龙门镇、龙康村、龙山村、龙腾路、龙州大厦、龙岩大道……尤以龙门塔最足称道。这座建于明代的古塔,初建伊始便伴随着传说:塔建在龙门两崖之间的天然石墩上,下为深不可测的龙潭。建塔顶的时候,最后一道工序,是要把长长伸出的屋桷板锯去尾部,可潭深、塔高、塔顶坡度急,谁敢探身出去锯桷尾呢?工匠师傅愁眉苦脸,其子见之,便说:"我晚上害怕时,用被子蒙住头就不怕了。爸爸害怕是看到下面深潭、石墩高、塔又高才怕的,如果把眼睛闭起来,那就不怕了。"儿子的启示让父亲顿时省悟。第二天晚上,他就乘着夜色,叫徒弟提上马灯,跟他攀上塔顶开锯,很快就顺利、安全地完工了。

龙门塔是龙岩城古往今来最有含金量的名片,是逝去时代的醒目地标。伫立在龙岩城通达四方的要道上,由明而清,而民国,而新中国,她曾经独领风骚四百年!"疲惫的旅人来了,远远地瞄见她的塔影,心中就升腾起抵达的喜悦;远行的游子去了,遥遥地回望她的塔尖,胸臆便萦回着离别的怅然。良缘在塔前缔结,情丝缕缕;恋人在塔前分别,珠泪涟涟;学子在塔前励志,书声琅琅;商贾在塔前祈祷,细语殷殷。春夏秋冬,人间万象,尽都在她的身旁演绎,尽都收藏在她三层六角、七窍玲珑的胸中。她凝注了四百年的风霜雨雪,站成了这个城市一代代游子心中不易的图腾"!

龙行于水,龙行于山,龙行在这片南迁汉人命名的土地上,行走在龙的故乡——龙岩。龙吟山水,多么美的意象啊!作为她的子民,我常爱登上翠屏山腰,走近龙岩洞,看青黄二龙在洞壁上盘绕,然后,选一处洞外的亭台小坐,啥也不说,啥也不想,就那么双目瞪瞪,俯视,看龙岩在眼皮底下,长大,看这条龙,翘首摆尾,欲飞!

天地正气

"天地有正气,杂然赋流形。下则为河岳,上则为日星。于人曰浩然,沛乎塞苍冥……"在今日龙岩地域行走,常常会与民族英雄文天祥的遗迹不期而遇。他那脍炙人口的《正气歌》,那澎湃激荡、充溢天地之间的浩然正气,仿佛就在眼前风起云涌。

南宋景炎元年(1276年)十一月,文天祥率领抗元大军,自南剑州(今南平)进入闽西,先后在汀州的明溪、清流、长汀、连城和隶属漳州的龙岩等地驻扎,翌年三月初离开闽西移师广东梅州。文天祥在闽西地域前后居停虽不足半年,却留下了大量的遗迹和传说,记载在闽西的典籍上,流传在百姓的嘴角。那一个大写的名字,那一腔正气,那一种精神,已经成为闽西两大民系子民宝贵的遗产,昂扬在本土,在海内外,生生不息。

清酒浩歌

《呈小村》

(宋)文天祥

予自剑进汀,小村过清流来迎,不图此生复相见。
万里飘零命羽轻,归来喜有故人迎。

> 雷潜九地声元在，月暗千山魄再明。
> 疑是仓公回已死，恍如羊祜说前生。
> 夜阑相对真成梦，清酒浩歌双剑横。

一壶闽西的老酒，一对重逢的老友。

寒夜正阑，北风正紧。社会大气候也如窗外的北风，散发出森森寒意。

这是南宋景炎元年（1276年）的冬日，文天祥抗元大军进入汀州的第一站：闽西清流县。

时局艰难，元军步步紧逼，投降的阴影也在南宋小朝廷内部蔓延。沧海横流方显英雄本色，文天祥受命于危难之际，以右丞相兼枢密使的身份，都督诸路军马，外抗元军，内反投降，矢志不移。让他稍感欣慰的是，闽西的老百姓在他的感召下奋而劳军、从军，在闽西，部队得到了休整与补充。更让他欣喜的是，他的邻里、朋友、随他起兵抗元的战友刘沐，率领一支军从江西进入福建，与他会师在清流。两支队伍的会师，让抗元大军实力大增；而两位老友的重逢，则让经历了九死一生的文天祥百感交集。夜阑相对，清酒浩歌，似梦却又非梦，双剑横陈，热血在胸，这样的场景怎能不让诗潮汹涌？

小村是刘沐的字，诗题《呈小村》，足见文天祥对刘沐的亲近与信赖。战火硝烟，本以为此生再无缘相见，没有想到惊喜来得如此突然——

> 万里飘零，生命如羽毛般无足轻重，何须挂怀？
> 征战归来，真高兴迎接我的竟是久别的老友。
> 惊雷深潜在地底，霹雳暂歇却不会消失，
> 月虽被掩，千山幽暗，但光明终究会重生。
> 向死而生，是仓公的妙手让我摆脱死神？
> 仿佛羊祜，我在前世的场景中流连。
> 夜阑相对，恍若隔世，这一幕多像梦境，
> 且举起酒杯，高歌一曲，让双剑舞动绝世的豪情……

七百多年前闽西的那个寒夜，大军会师，老友重逢，这百感交集的场景因为文天祥的这首诗，无数次重现在闽西人眼前。清流，这文天祥入汀的第一站，也因之超越了"清清溪流"的本意，而以"清流正气"的内蕴，令代代闽西后人怀想。

传说，文天祥还到时属清流的明溪，拜谒了其地著名的莘七娘庙。莘七娘为五代时人，随夫南征，殁于此地，死后护境安民，造福一方，南宋嘉定年间敕封为"惠利夫人"。据说文天祥在此题诗自励且激励部众，诗中有"男儿若不平妖虏，惭愧明溪莘七娘"之句，明溪一带家喻户晓，小儿能诵。

垂珠岭

《汀州道中》

（宋）文天祥

雷霆驱精锐，斧钺下青冥。
江城今夜客，惨淡飞云汀。

正是暮色苍茫时分，我登上连城县朋口镇附近的一道山岭。

远处是山，是重重叠叠起起伏伏云遮雾障的山；近处是河，是绵绵延延曲曲折折轻吟浅叹的河；岭亭，古木，朔风，村落间浮起淡淡的烟霭，暮色中的一切，苍凉得让人即刻走进了历史。

七百多年前，民族英雄文天祥登上这座山岭的时候，该也是这样的暮色这样的苍茫吧？倚着岭亭，傍着古木，翘首回望沦陷的大片国土，他的心头，该有多少感慨、多少激愤、多少悲凉？盈盈珠泪再也遏止不住了，扑簌簌垂下、滚落，溅湿了胸前的大片衣襟。

这座山岭，从此就有了中国地名史上独一无二的名字：垂珠岭。

历史是多么奇妙，一座山岭，仅仅因为与一位伟人的一掬泪联系在一起，便有了万古千秋的声名，令一代代凭吊者唏嘘感叹，尽管梳遍全岭，已寻不到文丞相一星半点的遗迹。

这一掬泪，该是多么内涵丰厚、蕴藉万千的泪啊！

这是忧国忧民之泪。他从汀州来，确切地说，他是带着部队仓皇撤退至此的，时在景炎二年正月。进入闽西之后，大军自清流、宁化直抵长汀，计划以汀州为根据地，进而收复赣南。他兵分两路，一路出宁化，连克江西石城、宁都，一路出长汀，接连攻占瑞金、于都，声势复壮。但随着元军的大举南下，两路军先后失利，退守长汀，驻军于州城北之汀关。危急存亡关头，汀州太守黄弃疾居然奉城出降，令坚守计划顿成泡影。仓促之间，他漏夜披袍佩剑，率军撤往时属漳州的龙岩。面对山城动荡的夜色，文天祥触景生情，慷慨悲吟，雷霆、精锐、斧钺，一首《汀州道中》，字字剑气，行行硝烟，读之令人血脉偾张。

这是蕴藉亲情的泪。以身报国，他，早已是有家难顾。几个月前，两个女儿：定娘、寿娘相继病逝；空坑一战，妻欧阳氏，子佛生，女柳娘、环娘，又悉数落入元军手中，死生难卜。登上山岭，家园渺渺，亲人渺渺，谁能抑制得住满腹心酸？数年后，在北狱中，他作《六歌》，哭妻，哭妹，哭女，哭子，把垂珠岭上的思念抒发到极致，真是字字血泪："……凤飞翩翩失其凰，将雏一二去何方？岂料国破家亦亡……呜呼一歌兮歌正长，悲风北来起彷徨……"

这还是感怀世态的泪。乱世艰难，荣辱浮沉，饱尝了几多世味心酸。"世态炎凉甚，交情贵贱分"，初授丞相的宾客如云，被拘北营的友朋星散，脱身路上的随从叛走，桩桩件件，利剑穿心。而与此形成强烈反差的是，闽西子弟却跟随他出生入死、辗转流离，虽九死而不悔！在这些淳朴坚毅、深明大义的将士面前，纷纭的世态算得了什么？感慨的泪又怎能不纵情奔涌？

这一掬泪，这一掬贯穿古今、彪炳千秋的泪啊！

垂珠岭一带地名，据说好些与文天祥相关。岭下的自然村，名垂珠坝，当是由垂珠岭引申而来。距山岭不远的王城村，原名杨城，传说文天祥陪护幼帝、太后，在此驻扎，因改皇城，谐音讹为王城。更远的隔川乡有地名御衣坪、御衣盘，则有文天祥陪护幼帝、太后在此晾衣的传说。

荒垒斜阳

《二月晦》

（宋）文天祥

元年二月晦，予从镇江脱北难。险阻艰难，于今再见仲春下澣。追感堕泪八句。

塞上明妃马，江头渔父船。
新仇谁共雪？旧梦不堪圆！
遗恨常千古，浮生又一年。
何时暮春者，还我浴沂天。

丞相垒在龙岩的适中镇，通往漳州的车马道上，道已废弃，一块明万历年间竖立的"文丞相驻师故垒碑"依然立于遗址上，斜阳映照下，一种苍古、肃穆的感觉。不远处的倒岭，溪畔有过驻师桥，又名国公桥，传说是文天祥部队渡河之处，亦只存遗址。伫立在这已显荒凉的遗址上，历代诗人的凭吊之诗不由在脑中纷至沓来："孤城风雨感山河，故垒萧萧半薜萝……古道残碑剩芳草，春风春雨泣杜鹃。"（清·林晓村《丞相垒》）"当年丞相过桥东，战

适中丞相垒（沈文生摄）

马萧萧满路风。万古人间留英烈,百年溪水泣英雄……"(清·林泰《题国公桥》)。

在龙岩,文天祥大约待了两个月,部队休整、扩充、士气重振,如今被龙岩民间奉为神明的郭公,兄弟两人名郭铉、郭鍊,传说就是此阶段在龙岩加入部队,成为文天祥的左右先锋。文天祥部队的遗迹,除了适中的两处遗址,在江山的孟村,有丞相岩,传说是文天祥题诗的所在,历代文人以丞相岩为题的凭吊诗文留存在《龙岩县志》中。龙岩城郊名胜龙岩洞,传说文天祥曾带领手下将领探访。进洞前,文天祥倡议大家摘梅花瓣含于口中,取"衔枚(梅)疾进"之义,以鼓舞士气。后人因而在洞旁建"景忠祠"("文信公祠"),以表达对文天祥的敬慕和怀念。

《二月晦》写于文天祥离开龙岩前夕。晦,每月的最后一天,二月晦日一过,便是三月初一,文天祥大军就要开拔了。

适中是文天祥在闽西的最后一站,丞相垒在适中镇与南靖和溪镇交界之处。写作这首诗的时候,文天祥大约正在如今被称作丞相垒的营地里,怅望长天,感慨万端:一年前的二月晦日,他在镇江从元军的羁押中脱逃,一年间在与元军的征战中九死一生。又到二月晦日,旧恨未雪,更添新仇,此恨绵绵无绝期啊!什么时候能够壮志得酬,赶走侵略者,还中华大地一个祥和的"浴沂天"呢?浴沂,在沂水沐浴,典出《论语·先进》:"暮春者,春服既成,冠者五六人,童子六七人,浴乎沂,风乎舞雩,咏而归",是孔子的学生曾点自述已志的话。也是历代文人对美好生活的向往。

全诗感情强烈、沉痛,国恨家仇,萦萦在心。

文天祥部队转战闽西各地,前后接近半年,先后活跃在客家聚居区的汀属各县,以及本属闽南语系的龙岩县。加入文天祥义军的,既有客家人,也有福佬人。闽西的两大民系,此前因分属两郡往来并不太多,融合更少,自此一同聚集在文天祥抗元旗帜下,并肩作战,相互间开始了交融。文天祥在闽西,不仅留下了充溢天地的浩然正气,也为闽西两大民系的交融奋进,谱写了最初的篇章。

品"味"龙津

一方水土生一方"言"

  佤系龙岩人，待人讲诚意；谋生靠本事，挣钱看运气。
  出门靠朋友，天下随佤走；世情要做好，做人别漏气。
  烊鱼，什锦，曹溪清汤粉；前鼎没滚，后鼎炝炝滚……

  2013年年末，一首龙岩本土歌曲登陆KTV曲库，在新罗区城乡立即激起一阵热潮，一时，大街小巷疯传《佤系龙岩人》的旋律，男女老少几乎都能哼上两句。

  作为方言歌曲，这首歌很好地体现了龙岩方言的特点：佤、鼎、世情、漏气，无疑都是闽南语的发音与词汇，恰可佐证其属于闽南语系的分支，但与同属闽南语系的漳州、泉州、厦门话相比，龙岩话又融合了不少客家话的特点，而自成一格。

  龙岩在盛唐建县，先由汀州管辖了41年，唐大历十二年（777年）划归漳州管辖，直至清雍正十二年（1734年）独立建州，隶属漳州府管辖接近千年。加上地处九龙江上游，与九龙江下游的漳州，水路往来方便而密切，中原南下的汉人，进入闽西的漳平、龙岩（新罗区）地域，最初就是通过九龙江干流北溪溯源而上。因而，无论是历史来源或是地缘，均与漳州联系紧密。龙岩话的语音基本规律、词汇、语法都与漳州话大体一致，龙岩方言属于闽南方言的次方言，自无疑义。但另一方面，闽西境内自清初起便一府一州并存，操龙岩方言的原龙岩州（含今新罗区、漳平市）居民，与操客家方言的原汀州府数县居民多有往来，龙岩方言与客家方言彼此交融影响，龙岩方言又融入了相当部分的客家方言词汇、语音，而区别于闽南语系的其他分支。正所谓"一方水土生一方'言'"，正是独特的历史与地域环境，造就了今天的龙岩方言。

有学者分析龙岩方言区别于其他闽南语的主要特点，有两点至为突出：一是语音、词汇均融合不少客家话特点，如"妻子"称"老婆"，雄性动物称"牯"，雌性多称"嫲"等，这些词汇基本与客家语相同，而不同于其他闽南语；二是交通较闭塞，语言发展相对缓慢，古语成分比其他闽南语保存得更多，如称"鸟"为"只"，称"厕所"为"东司"，"男孩"为"丈夫婴仔"等。

舌尖上的龙津味道

烊鱼·什锦

"不出烊鱼什锦，不成宴席"，烊鱼与什锦是新罗区城乡喜宴的传统名菜，人们常以出不出这两道名菜，作为宴席是否丰盛的标准。

烊鱼非鱼，其制作材料主要靠肉、蛋、面粉以及香菇、冬笋等山珍，加上一点虾米撑门面。打几个鸡蛋，加少许面粉，搅匀，揉作团，擀成片，包入剁碎的五花肉、虾米、香菇、鲜冬笋、花生米、葱白等，做成一个圆饼，再投入油锅炸得金黄。上席时，把饼切块，浇上鸡汤，略蒸10分钟，即食。上品烊鱼，入口酥松脆嫩，清香爽口，令人回味。

比起烊鱼，什锦有更值得自豪的历史：20世纪50年代，曾经作为宴请外宾的一道甜点，登上人民大会堂宴会厅。其主要食材有肥猪肉、白糖面饼、冬瓜糖、橘饼、花生米、葱油、蛋及少许精面粉。制作时，先将肥肉、面饼、冬瓜糖切成丁，橘饼切碎，花生炒后去皮捣碎，然后加入葱油，蛋浆并少许面粉，搅拌混合成馅。裹进蛋皮中，卷成长筒，置于蒸笼中蒸熟。名厨师制作的

龙岩小吃什锦、烊鱼、麻糍、馃饺（天一燕摄）

什锦，皮色金黄，里馅晶莹剔透，蛋皮薄，切成圆片，却不松散；酥松滑嫩，不粘不腻，满口甜香。因是甜食，龙岩人办喜酒时以最后一道菜出现于餐桌，表达了生活的丰盛、富足和甜蜜。

麻糍·馃饺

享用麻糍在七夕，馃饺在冬至，都与节令相关。

七夕送麻糍，岩俗约起自清初。传说清初龙岩有一对恩爱夫妻，丈夫被清廷征兵，妻子无奈为夫准备干粮，可是家里除米外别无他物，聪明的妻子便在"米"上做足文章：她把米蒸熟、晒干、碾压、油炸，放入捣碎的花生米、麦芽糖，再烤成又脆又香的米饼。带上干粮的丈夫临走时握着妻子的手对她说：牛郎织女相聚那一天，他一定会回来。征途很艰险，每当他快坚持不下去的时候，拿出妻子做的米饼。脆甜的米香总能让他撑过难关，让他记得与妻子的约定。而家中的妻子日夜都期盼着丈夫，每当乞巧节，她都会做好米饼，等着丈夫回来。

多年后的七夕丈夫终于归来，夫妻抱头唏嘘之际，丈夫告诉妻子：是你的米饼让我能够坚持下去,每次我受重伤要放弃的时候,我都会想起家中的你在等我回家,我们再也不分开了。之后每年七夕,他们都做米饼,丈夫还给米饼取了个名字叫"老嘛"(龙岩音"老婆"。)

随着时间流逝,他们的后代把"老嘛"叫成了"麻糍"。七夕吃麻糍这一风俗至今仍得以沿袭。岩俗有句话说:"父母吃生日,女儿吃七夕",做父母的每年七月初七前几天必须购买麻糍赠送女儿。尤其是嫁后第一年,女方的父母会送来一筐的麻糍。寓意生活丰足富裕,夫妻恩爱到白头。

粿饺,是一种特殊的饺子。冬至到,吃水饺,龙岩亦然,只不过此饺子皮为"粿皮",在面粉或米粉中,加入一种叫艾的植物之嫩叶。艾为草本,有香气,秋季开黄色小花,全草供药用,可杀虫,防治植物病虫害。叶可制艾绒,供灸病用。加入艾之嫩叶的饺子皮,呈青绿色,嚼来别有一股香气与韧劲,不仅风味独特,且能祛病驱寒。

清汤粉·苦抓汤

新罗区的水性热,水质偏硬,水中矿物质偏高,这里人容易虚火旺,因而长期形成了喝汤的习惯和清淡的饮食口味。清汤粉与苦抓汤,切合龙岩水土物候,堪称当地饮食两绝。

苦抓汤的主要食材是败酱草,俗名苦抓。以其与猪大肠熬汤,嗅之有臭味,食之却十分可口,异味全无。且具有清热、泻火、解毒、散瘀消肿等功效,虚火旺盛的时候食苦抓汤,排毒祛瘀再好不过。

清汤粉最大的特点就是一个"清"字,清而不淡,浓而不腻。它的主料不外乎粗粉、油葱、豆芽,配料有猪瘦肉、猪肉皮、猪血、牛肉、卤蛋、煎蛋、油炸豆腐、酸菜、韭菜,等等。拿粗粉在滚烫的汤水里烫几分钟,捞起入碗,加特制的汤水与佐料,这汤水是用猪骨头长时间熬煮出来的,是味道的关键,汤水好,清汤粉就好。尤以曹溪一带的牛油渣清汤粉最为有名,成为龙岩城市的一个标签。

清汤粉是龙岩人尽熟知的传统小吃,大街小巷随处可遇。对于龙岩籍游子来说,清汤粉已成为思念家乡的一部分。似乎可以这样说,几乎每个龙岩人的血液里都带着清汤粉的基因,清汤粉承载的,不仅是龙岩人舌尖上的味道和过去的回忆,更是每一个龙岩人思乡念家时最具体而深刻的意象。

甜泉与美酒

在龙岩,既有名气很大的"新罗第一泉",又有21次斩获国际、国家级金质奖的"龙岩沉缸酒"。名酒出自名泉,甜泉美酒争辉,大自然的馈赠,总是让闽西人福气满满。

新罗第一泉

昔时龙岩城中,有上、中、下三眼大型泉水,水清而碧,澄洁似玉,如同3颗大明珠镶嵌城区,其中"下井泉"更是明珠中最耀眼的一颗。它在"清高山之西麓,泉自地涌出,尤为甘洌",所谓"山通龙窍,水接仙源""一脉通神灵,千家汲朝夕",因有"新罗第一泉"之称,且有碑为证。

说到为泉立碑,这里边还有个典故:古时下井泉靠北边是十八堂,靠南边是杜厝。十八堂连氏和杜氏均为望族,但长期不和。到了明代万历年间,十八堂连氏已传至第十四代,人丁兴旺,族人就试图封锁巷子,独占下井泉。此举惹恼了杜家,矛盾激化,事情直闹到县衙。时任龙岩县令吴守忠智出一招:在下井泉边立了一块厚重巨大的石碑,碑正中大书"新罗第一泉",右上首落时间款"万历乙亥岁后九年酉月吉旦",左下摆为"知龙岩县事高安吴守忠立"。"新罗第一泉"石碑的竖立,确立了下井在新罗众多泉井中"泉魁"的地位,它更重要的意义在于"示此为官巷,不得私塞"。特别是有"知龙岩县事高安吴守忠立"字

新罗第一泉碑刻(天一燕摄)

样，见字如晤面。连姓人家若要封锁下井巷，便是藐视吴守忠，公然与官府作对，封建时代，即便地方豪强势力再大，吃了熊心豹子胆，也不敢妄图在官家头上动土。此一举消弭干戈于无形，连杜两家人都不再声张，下井从此成为这一带百姓共同饮水之井。知县吴守忠泉边立碑，既平息了连杜之争，也借此泉表明自己的心志，自比"臣心如水"，清廉之心如同泉水一样，长留"清声"，颇有政声的吴守忠可谓一举两得。

下井泉因知县立碑而名声大噪，广受青睐。雍正十二年(1734)龙岩县升直隶州，首任知州张廷球是个清官，勤勉为民且体恤下属，每天清晨从州衙亲自到下井泉挑水。一是日日喜见清泉、与清泉无声而语；二有身体力行、事必躬亲之美德，一时传为佳话。随着年代的变迁，明朝吴守忠所立的"新罗第一泉"石碑，已没入风尘。但无论怎样的岁月风雨，新罗的此方井中清泉，仍然是新罗城区百姓赖以饮用的好水。直到二十世纪五六十年代，泉井附近的学校以及地区行署机关食堂都曾成立挑水队，专门到下井取水。担水的人流，喊着一二、一二的号子，你追我赶，常常溅得满巷是水，犹如下过一场倾盆大雨，整天湿漉漉的，可见当年泉井之水的丰盛。

"白云变苍狗，人事何错迕"，岁月时光的更迭，曾经一度让"新罗第一泉"风光不再，几近消失在历史长河中。进入21世纪，政府与民间合力，于2018年6月，让这汪清泉"起死回生"，再度回到新罗百姓的视野，赫然醒目的"新罗第一泉"石碑，伫立在广场之上，斑驳的字体里记载着丰厚的历史，演化为历史常青的另一丰碑。

金奖沉缸酒

沉缸酒历史悠久，即以文字确载的清朝嘉庆元年（1796年）算起，距今也超过200年。相传这年，上杭一位名叫五老官的酿酒师傅慕名来到"新罗第一泉"，见水之清洌，心绪大好，急忙舀起一瓢，呡上一口，顿觉甘之如饴，直呼妙哉、快哉。他绕着清泉左左右右地转着，上观清亮的天空，下看清甜的泉水，又一呼一吸那清香的空气。惬意地想，自己是十里八乡出了名的酿酒人，十分明白水是酿酒之源，水好酒自香。新罗此地有如此神赐之水，何不在此取水酿酒？再次让自己扬名。五老官便离开家乡来到新罗的小池村，开设了一家酒坊。随着岁月的推移，五老官的酒坊越开越宽阔，名气也水涨船高，通过酿酒挣取的银子也越积越多，五老官虽然不是官，却比一般的官员来得风光。

起始，五老官按照传统的酿酒方法，以糯米制成酒醅，得酒后入坛，埋藏3年之后再出酒。但是酿制出来的酒，度数低、酒劲小、酒虽甜却觉口淡。五老官就在酒醅中加入低度的米烧酒，经压榨后得酒，这样酿制出来的酒味道浓郁些了，但还不够醇厚，于是他又二次加入高度的米烧酒，使糯米酒陈化、增香，终获成功。从此，五老官选用优质糯米，配以秘方酒曲，精心酿制，陈酿而成，明显异于别种黄酒。特别是制作时采取两次小曲米酒入酒醅的方法，让酒醅三沉三浮，最后沉入缸底，"沉缸"因此得名。此酒酒色鲜艳透明，呈红褐色，有琥珀光泽，香气醇郁芬芳，饮后余香绵长，真是谁喝谁叫好，美酒数"沉缸"。

自五老官这一代酿出沉缸好酒后，龙岩的千家万户就年年岁岁的美酒飘香，年时节到，总少不了一杯好酒。但凡喜庆宴席，主人家总要抱来数十坛沉缸酒，一桌一坛，不够了再添。特别好这一口的酒友们，三五成群聚集在一起，桌上可以只有一碟花生米，却不能没有沉缸酒。一坛见底了，又借着酒劲吆喝：再上一坛……直至一醉方休。

可惜，曾有一段时期，沉缸酒真的"沉"入缸底，不再飘香了。直到新中国诞生后的1956年，龙岩13家百年酒坊联合组成公私合营的龙岩酒厂，重新酿造沉缸酒。水源全部取自新罗第一泉，酿酒用的糯米选用各县产自山中的优质米，配以祖传秘方酒曲，成功酿制出传统型沉缸酒。经权威部门检测，证实酒中含有18种人体所需的氨基酸和多种维生素，营养十分丰富，不仅绵软可口，且能滋补健身。此后半个多世纪，沉缸酒业多次参加国内外评比，先后斩获21块国际、国家级金牌，与绍兴黄酒并称为"中国黄酒之冠"。

2007年，香港创宏集团入驻，龙岩沉缸酒业迎来了发展的新契机。今天的龙岩沉缸酒业，如同贵州建于赤水河上游的茅台酒业，也建于便于取甜泉的龙门镇赤水紫金山下。贵州茅台用的是赤水河之水，龙岩沉缸酒用的是新罗第一泉的水。好水出好酒，贵州茅台香飘国内国外，龙岩沉缸酒也将甜美大江南北。

说着说着就醉了……

岩漳信俗

一条大江依依东流,千万年来始终是无名的状态。直到 1300 年前,南下的中原汉人以群体的风姿溯源西进,历尽艰辛抵达它的上游,才用汉人的图腾给了它无比豪迈而美丽的命名:九龙江。

古老的典籍记载了这次伟大的进军,《漳州府志》载:"刘氏兄弟三人,从唐将军开漳。旧时岩平宁(龙岩、漳平、宁洋)水道舟楫不通,刘氏疏而达之北江之上。"

九龙江干流北溪的疏通,为闽西地域九龙江上游地段带来了中原文明。率领部众开拓九龙江上游的三位领头人,"开漳圣王"陈元光的三位部将:刘珠华、刘珠成、刘珠福三兄弟,也因此走上神坛,成了后人顶礼膜拜的"九龙三公"。

生活在闽西地域九龙江北溪上游的福佬人,其信俗与汀江地域的客家人有同有异,同属中华文明圈,信奉的神明多有相同,诸如玉帝、观音、妈祖、关圣、八仙、土地等,自无须赘言,相异的部分则带有九龙江流域的鲜明烙印,可兹一述。

开漳圣王

"开漳圣王"是后人对漳州首任刺史陈元光的尊称,也是福佬人信俗最具

开漳圣王庙（白云提供）

特色的一位神明。

陈元光（657—711年），河南固始人，唐高宗总章二年（669年）随父陈政入闽平蛮，并在其父逝世后继续经营闽南一带垂数十年，成为漳州设府置郡的创始人和中原文化与闽越文化融合的奠基者，陈元光及其部将的子孙多繁衍在闽南语系各地区。因开发漳州功勋卓著，陈元光被百姓尊为开漳圣王，立庙奉祀。闽南语系的漳州、泉州各地乃至台湾，都建有崇祀开漳圣王的庙宇。龙岩县自唐大历十二年（777年）划归漳州管辖，至清雍正十二年(1734年)独立建州，隶属漳州府已近千年。在闽南形成的开漳圣王文化圈为九龙江上游的今新罗区、漳平市近80万人所认可。新罗、漳平城乡多建有奉祀开漳圣王的威惠庙或威惠祠，龙岩城西一条著名的深巷就叫西宫巷，巷子尽头的西宫，就是威惠祠，乾隆《龙岩州志》记："威惠祠，在城西门外，祀唐开建漳州、漳浦将军陈元光"；每年农历十一月初五是陈元光忌辰，百姓多往西宫巷膜拜，相沿成俗。漳平新桥有灵著庙，又称开漳圣王庙，崇祀陈元光及其夫人种氏，每年农历正月初六为陈元光生日，当地均举行祭祀活动，迎神出巡，热闹非凡。

九龙三公

九龙三公即陈元光的部将刘珠华、刘珠成、刘珠福三兄弟。他们是进军九龙江上游的直接领导者,在岩漳一带自然受到更为广泛的崇祀。仅九龙江北溪沿岸,就有奉祀九龙三公的庙宇三十余座。漳平碧灵峰下的嘉应庙,又称三公庙,庙中一副楹联,颇能说清三公的来历与功绩:

构庙自皇唐,历宋元明清,嘉应重修垂万古
立功追神禹,验疏沦排涣,卯金流泽永千秋

由此可知,九龙三公的祭祀早在唐代即已出现,历千余年不绝。漳平籍名人、曾任陈独秀秘书的郑超麟在《髫龄杂忆》中,回忆漳平城区正月迎三公的盛况:"正月初七迎上三公,正月初八迎下三公,正月初九迎城内三公……县城内外同时有三个三公庙,一连三日迎接三公出巡。"

九龙三公信仰在岩漳尤其是漳平九龙江沿岸地带最盛,且由此带来诸多传说与信俗。碧灵峰下的嘉应庙不仅庙宇堂皇,且庙内庙外各有一道奇特泉水。庙内天井的一道,无色无味,称西湖泉;庙外的一道泉水味咸,称咸水洋,传说是三公在此震山引海,因而留下这道咸味泉水。漳平灵地文山村的三公庙,每年农历二月初二祈平安、六月初六祈丰收,祭祀十分隆重,其俗奇特处在唱名时,需从村尾逆水唱向村头,这是否意味着纪念九龙三公逆水而来开通九龙江北溪航道呢?

仙妈娘娘

仙妈信仰在岩漳一带比较普遍,但仙妈的来历,却有马氏三姐妹,马金瑛杜氏姑嫂,朝、郭、马氏三姑嫂,马、赵、李氏三姑嫂等多种传说。比较一致的是,所有传说中都有马氏,仙妈宫楹联:马氏施法术济世丰功千载仰,真仙显神迹救民大德万年崇,大略可以看出仙妈的业绩主要是济世救民。祭祀仙妈的祖殿在今三明市尤溪县倒排岩，称龙龟祖殿，始建于北宋天圣七年（1029年），可见仙妈信仰由来已久。

相传北宋初，福建永春有马氏姑嫂隐居百丈岩修炼，她们精通医术，乐善好施。有一年瘟疫流行，马氏姑嫂不辞劳苦配制驱瘟良药，拯救了一方百姓。人们为纪念她们的功德，遂建"仙妈宫"，供奉马氏姑嫂塑像。仙妈信仰自此传播，逐渐成为八闽尤其是闽南民间信仰的神灵。

郑超麟的《鬓龄杂忆》记述了漳平城区迎仙妈的隆重："正月初六迎东门仙妈，东门仙妈宫在东门外，宫门直对城门，连福州人也来拜这位菩萨……正月十一迎坂尾仙妈，正月十二迎坂头顶仙妈。比迎三公热闹得多……"

祭祀仙妈的宫庙颇多，仅漳平城乡便有十余座。比较有名的有市区西郊的龙兴宫，西园乡基太村的紫云宫，赤水乡的龙凤宫，拱桥下坂坑的龙温宫等。祭祀或迎神多在正月初六至元宵之间，也有在传说中的马氏姑嫂诞辰日正月初九、六月十九、九月二十九祭祀的。

郭公崇拜

南宋景炎二年（1277年）正月，文天祥义军自汀州转战龙岩，驻扎在江山孟村，扩充兵马，江山乡义士郭铉、郭铼兄弟，率领当地乡勇二百余人，投奔文天祥麾下，为左右先锋。从此，郭铉郭铼兄弟追随文天祥南征北战，几个月间，就克梅州，越五岭，入赣南，收会昌，并在雩都大败元军。一次征战中，兄弟俩身中十余箭，血流贯甲，依然冲锋在前，英勇无敌。文天祥亲自解衣和药以慰劳，兄弟俩从此名震四方，宋皇朝授予兄弟以惠济二侯。义军失败后，兄弟俩返乡筑铜城继续抗元。元朝至元十九年（1282年）文天祥被害，噩耗传至，"公兄弟北向拜泣，继之以血而死。死之日天为昼晦，民皆涕泣"。与文天祥肝胆相照、荣辱与共的郭铉郭铼兄弟，成了后人敬仰的千古民族英雄。

为纪念郭铉、郭铼兄弟，乡人于明万历十六年（1588年）在江山大峡谷中建起一庙，庙中联云："宋室勤王及兄弟，铜城世祀古犹今。"清嘉庆十六年

（1811年），重修时又立起《郭公惠济二侯传》石碑，开头即记："郭公二侯，长名铉，次名鍊，吾岩邑铜城人也"，表明家乡人以郭铉、郭鍊兄弟为荣。据说当年郭公庙建成时，周边十里八乡的百姓都赶来祭拜。庙中香火插不下，于是就在庙前平地上铺沙插香，成了香火如林的景观，因此郭公庙又取名为香林庙，英雄成神，有联为证：国士无双同胞同袍双国士，忠臣不二难兄难弟二忠臣。

铜城城墙由"垒石而成，环城一千米多，石城外有壕沟，一百多米城壕旧基保存至今，与汀州城合称闽西最古老的城池"。

每年农历十一月十一日郭公忌日，江山及周边村落村民都要到香林庙祭祀。时至今日，每年都要举办为期半个月的郭公文化节，节庆期间，热闹非凡。

郭公庙大殿（郭鹰摄）

石佛公崇拜

定光古佛是汀江流域客家人崇奉的神明，其信仰亦延伸到九龙江流域，其崇奉形式也有所变异，带着福佬民系的特色。

岩漳一带奉祀定光古佛的庙宇，以江山乡的灵远宫最为著名。灵远宫位于江山风景区内，背靠九侯山石磨峰。定光古佛在新罗区一带俗称石佛公，其生日为正月初六，所以每年正月初六是灵远宫最热闹的日子，崇奉石佛公的香客之多、香火之旺，据说供香客的斋饭一日之间，有近万人享用。

民间传说石佛公有求必应，特别是新婚夫妇到此求上一签，就能喜得贵子；汽车驾驶员，每年正月初六都要前往许愿，以求平安顺利。然而，敬拜石佛公者，多不知石佛公是何神灵。善男信女只信神之灵，而不知其远古传说，特别是石佛公雕像，黑乎乎的让人难见其脸，因此给香客们平添了几许神秘感。灵远宫内有一神坛，两边的对联："定力无比感昭有情，光照社稷庇护百姓"，其实已表明神即定光古佛。据传，明崇祯七年（1634年）乡民张预、林明、廖宾三人经过此地，发现不远处有一和尚走在他们的前面，于是加快脚步往前赶。突然间和尚不见了踪影，却发现一巨石上闪烁"定光古佛"四字，乃悟古佛显灵，此地当作其道场。第二年春，人们在和尚消失的地方建起了"灵远宫"，并在有字的巨石上雕刻出神像，定光古佛因而被称作石佛公。

石佛公庙位于九侯山中部，青峰绵亘，秀水萦绕，瑰丽的自然风光与丰富的人文景观融为一体，堪称人间胜境。古人有赞：

    灵远神宫　九侯峰中
    风景秀丽　八景称雄
    山峦叠嶂　势如游龙
    壁高千仞　万丈涧深
    山环峡抱　林海苍葱
    云雾缭绕　香火熊熊
    烟霞氤氲　暮鼓晨钟

风情新罗

最能体现九龙江干流北溪上游福佬人风情的，应属山歌戏与采茶灯，这是龙岩闽南支系文化的两朵奇葩，盛开数百年，至今仍灼灼焕彩。

采茶灯

"百花齐放好春光，采茶姑娘满山岗，手提篮儿将茶采，片片采来片片香……" 2009年9月10日，龙岩人民广场万众喧腾，500支代表队、10100人身着盛装，翩翩起舞，一齐跳起传承200余年的"采茶灯"，霎时万盏花灯怒放，彩蝶飞舞，真是盛况空前。知悉如此震撼性的乡讯，身在外省应付有关事务的我，因为无法身在现场与乡亲共同挥洒激情而倍觉遗憾，一夜无眠。

新罗区万人表演"规模最大采茶灯舞"，创造了上海大世界基尼斯纪录，并由中央电视台播出，喜讯顿时轰动八方。家乡的光荣也就是我的光荣，因为心念念于那场让世界都为之惊叹的表演，我曾在返乡的日子前往当时表演现场，在广场上流连。静下心来浮想之际，眼前就浮现起采茶姐妹山中走，翩翩彩蝶满岭飞的意境：与蝶争飞，与茶争香，姑娘与茶山，满岭阳光下的露珠，满岭的山歌声，似乎都像长上了翅膀的彩蝶，飘飞……

老艺人温七九领跳采茶灯（何志溪摄）

"采茶灯"起源于新罗区苏坂乡美山村。这个村落依山傍水，九龙江支流龙川河在这里蜿蜒曲折，从村头到村尾连绵数千米，如同一条美丽而柔软的五彩飘带，系在村庄的胸前。如此灵动之地，代代都有灵气之人，能歌善舞者遍布村庄。相传280年前，村中林姓十七世祖，在广东偶然发现一支宫廷流落民间的古曲，其欢快悠扬的曲调激起其对家乡的怀想：清澈的溪水、柔软的草坡、葱翠的茶山，姑娘们结队前往采茶，她们过田埂、走平路、避草丛、绕羊肠道、攀盘山路、行独木桥，一路欢声笑语，抵达丛丛翠绿欲滴的茶山后，姑娘们巧手翻飞，或"正采"或"倒采"，一边劳动一边嬉戏。引得彩蝶翩跹，或上或下，亦前亦后，时左时右，采茶女们或单扑，或对扑，或环扑……如此的场景不就是上好的舞蹈吗？于是他将这支曲谱结合家乡小调，并融合当地上山采茶等生产劳动情景，创作了歌舞《采茶灯》。

《采茶灯》曲调欢畅，载歌载舞，韵感美、节奏强，为村民所喜爱，很快流行于九龙江上游城乡。新罗区一带百姓把《采茶灯》视作吉祥歌舞，多在岁时节庆表演，旧时还由宗族牵头设立"灯馆"传承采茶灯技艺，代代流传。见于记载的，有清咸丰八年（1858年），龙岩陈氏举行大型活动时的采茶灯表演，其时手抄的歌词、曲谱，现珍藏于龙岩博物馆。采茶灯，是龙岩民间大美的风景。

早期的《采茶灯》，融说唱、戏曲、舞蹈为一体，由8位采茶娘和茶公、茶婆、武小生、男小丑等12人组成。富有中原的遗风，戏味十足。其基本舞步称为"采茶步"，步法轻盈、细碎，身姿挺拔。舞蹈以穿插、变队形为主，有几十种花式变化，所表现的盘山、越岭、涉水时，采用"篱笆花""水波浪""剪刀股""双水圈花""绕三柱"等，表演动作可以归纳为：上园花、八字扇、扭身步、肩扇双云步、肩园花跳步、笔扇步、前点斜点扇步、八字扇步、腰抖扇步、托灯举扇步、莲花八字扇、云步八字扇、翻身扑蝶、左右赶蝶、捉蝶、蝶绕花、划船步、整装等数十种。道具有花灯、花扇、彩蝶等。花灯原用竹编的茶篮，后缀以鲜花，变为花篮，因多在夜间演出，尤其是在喜庆的春节、元宵节与龙灯、舞狮同时演出，花篮要装上油灯或蜡烛，于是便成为采茶花灯。龙岩的妇女下田上山，多以凉笠、头帕挡日，原本的采茶灯也以顺手摘下的凉笠、头帕为道具，后因舞蹈不便，改用麦秆团扇，最后才换成折扇、花扇。彩蝶是一种夸张性的富于浪漫色彩的道具，竹篾为支架，糊以色纸，画上蝴蝶图案。舞蹈时，硕大的彩蝶在茶婆（后改为茶童）手中前俯后仰，翩翩翔舞，逗引得采茶姑娘争相扑蝶，情趣盎然。新中国成立后，《采茶灯》经文艺工作者提炼加工，更名《采茶扑蝶》，将说唱和小折子部分剔除，成为纯粹的歌舞。并在参与各级会演中，脱颖而出，走出闽西，走向全国，直至走向世界。

采茶灯，是龙岩中心城市最靓丽的一张名片。采茶女的雕塑曾矗立最繁华的街心公园，成为龙岩城市标志性的雕塑；采茶灯的曲调在龙岩城随处可闻，男女老幼几乎都能哼上几声；采茶灯的舞蹈是龙岩城区最流行的街舞。让人无比动容的是，龙岩有一位名叫温七九的民间艺人，他小小少年时就开始演"采茶灯"，首次在大庭广众之中演出时，年仅9岁。1929年红四军进入龙岩时，他曾登台为红军战士上演"采茶灯"。2009年，88岁高龄的温七九作为把采茶灯舞跳得好也跳到老的人选，受中央电视台之邀录制了采茶灯节目。这位富有传奇色彩的老人，前后跳了八九十年的采茶灯，一辈子与采茶灯结缘，采茶灯舞蹈，已经成为他生命的一种形式。

谁也不曾料到，原本山里自娱自乐的歌舞《采茶扑蝶》，居然从地方演到中央，并由中央文艺团体带出国门，走向世界。早于1953年就荣获第四届世界青年与学生联欢节银奖，便是走出国门的一个例证。更为龙岩人鼓舞的是，1981年，该节目的曲谱被联合国教科文组织收藏，并通过各国的航天器不断向太空播放，成为人类最美丽的语言向太空人发出诚挚的邀请。《采茶扑蝶》还由联合国教科文组织选定为"人类口头文化遗产"，1996年，在第26届奥林匹克运动会上，《采茶灯》音乐作为中国体育代表团的入场曲，名扬海外。

让龙岩城沸腾的"万人采茶灯舞"入选上海大世界基尼斯纪录后，被海内外人士誉为"东方神曲"，近些年来又好戏连台。2011年，《采茶灯——采茶扑蝶》成为"百花迎春"中国文学艺术界春节大联欢的重要歌舞；2014年，龙岩采茶灯入选国务院发布的"第四批国家级非物质文化遗产代表性项目名录"……

"采茶灯"的"足迹"，起始于山环水绕的美山村，一步步叠印在千万里的大中国和大世界。一代又一代采茶灯的传承人正继续飞翔之梦，让采茶灯永不停歇地走向广博的人间大地，飘向天外之天。

山歌戏

"龙川河水波连波，龙岩山歌锣打锣。这山唱来那山应，一人唱歌万人和"。闽西大地从来不缺山歌，在这里生息的客家人、福佬人、畲族人都是山歌高手，"念彼岗头溪尾，肩挑一担，竟日往复，歌声不歇者，何其才之大也"！

就原汁原味的山歌而言，福佬人的龙岩山歌，比起客家山歌、畲族山歌，曲调似乎还要单调一些，但龙岩山歌的优势不在单项冠军，而在综合全能，一首首看似单调的山歌组合成列成阵，就有了别样的气势，由山歌组合成小演唱、小戏，进而组成山歌剧、山歌大戏。这样的进程可以追溯到清朝初期，到清朝中晚期已基本成型。清咸丰八年（1858年）手抄本《颖川泼水记》中，记载的《采茶灯歌》《花会歌》《凤凰歌》

山歌戏剧照（郭鹰摄）

《栽花歌》《十八小姐歌》等，都是以山歌为基调的小演唱，比如《栽花歌》："正月栽花春草清，五龙吐水树木青，含笑开花为第一，芽到青窄正芽心……"一年的花事从正月唱到十二月，就有了比单首山歌远为厚实的内容。而标志着龙岩山歌戏定型的，要数清晚期改编的山歌戏《梁山伯与祝英台》，虽是改编自其他剧种，但全本戏全用山歌加方言道白推动剧情，让当地的观众看得如醉如痴，不能不说是一次成功的尝试。

当然，清季的山歌戏多属小戏，剧情简单而原始，往往被士绅们目为低俗而贬斥，但在俗民百姓间却十分受欢迎。进入民国，这种民间欢迎上层贬斥的状况，在"五四"新文化运动之后有了重大改变，大众文化如火如荼，尤其是大革命时期，大量的红色山歌涌现，山歌小戏乃至大戏频频走上舞台。1929年夏，红四军进入龙岩，当时的武安坊剧社就上演了山歌戏《可怜秋香》，内容是一个丫鬟的悲惨人生，乐器是简陋的二胡、三弦，收获的是观众强烈的共鸣与长时间的掌声。山歌剧演员黄礼发（土名冬瓜三）也因此剧成名，满城尽说冬瓜三，实为一时之盛。红军离开闽西后，国民党当局一度禁歌，武安坊剧社被解散，黄礼发被罚款 10 个光洋。一个几个演员、一家两家剧社可以封禁，但遍及龙岩城乡蓬勃的山歌乃至山歌戏，又岂能禁得住呢？多少山歌、山歌戏，多少名演员如春笋般崛起？正如著名山歌大王火烧山所唱："当局官府管事多，张榜发令要禁歌；山歌若是禁得住，文武秀才要断科。"火烧山的本名叫洪兴柏，我总觉得，这个火烧山的艺名，正是因抗议国民党当局禁歌而来！

龙岩山歌戏的高峰在新中国成立之后。1952 年，人民政府文化部门举办民间艺人、山歌手培训班，引导已初步成型的山歌戏提升，随即，火烧山、温七九等 16 位著名山歌剧演员联合成立了"大众山歌剧团"，编导、演出了《流浪女》《风雪之夜》《柳树井》等现代山歌戏，在 20 世纪 50 年代龙岩观众的掌声中，龙岩山歌戏从村坊土台正式登上了城市的专业剧院舞台。1955 年秋，龙岩县山歌戏实验剧团宣告成立，标志着山歌演出已从业余发展到专业，龙岩山歌剧团成立之后，大力延揽人才，广泛收集闽西民间山歌小调、歌谣，整理、改编、创作出了适应山歌戏演出的 100 多首曲调，形成龙岩山歌戏音乐的基本唱腔，自此，龙岩山歌戏成为独立剧种，以一个专业剧团、数十个业余剧团的声势，以截然不同于其他剧种的全新唱腔，立于中国戏剧之林。

新旧世纪交替的时候，曾经看过龙岩山歌剧团的大戏《茶花娶新郎》，现代变幻的舞台大幕、边幕，多种现代光影手段，与土生土长的山歌小调，那么融洽地交织在一起，古与今，新与旧，雅与俗，土与洋，这个依然还有些稚嫩的剧种，在你的眼前迈开了走向 21 世纪的脚步，一步步，踏实而坚韧！

The
Biography
of
Longyan

龙岩 传

风帆向洋——海丝之路的闽西记忆

第四章

汀江南行，九龙江东去。两条江，承载着两个民系世代的梦想：出大山，向海洋，扬起风帆。

王景弘，七下西洋的领航者，福建海丝第一人，沿着他开启的航道，一代代闽西后人劈波斩浪，闯荡海外，风帆来往，山海互通，连接起：闽西——南洋。

客人开埠，渡海先驱，成就了海外华人的"大伯公信仰"，缔造了最初的传奇。而胡文虎，那个20世纪上半叶名震寰宇的东南亚首富，那个药业、报业"双料大王"，以其贯穿一生的爱国慈善义举，从首富到首善，续写了闽西子弟海外传奇的最激扬篇章。

海丝之路的闽西记忆，那无数独特而靓丽的背影……

江流入海

汀江南行，九龙江东去。

闽西境内这两条江，昼夜不息，向海洋。

大海在呼唤。当福州、泉州、漳州、潮州、广州……从闽到粤沿海一个个港口迎来远方商贸的客人；当海上丝绸之路成形，两条江出海口旁，一道道帆影载着出洋谋利的后生御风而去；两江发源地的闽西，听到了大海那急切的呼唤了吗？

"盈盈江水向南流，铁铸艄公纸作舟。三百滩头风浪恶，鹧鸪声里下潮州"。清光绪年间，汀州名诗人康詠自汀江顺流而下去往潮州，饱经了险滩危石、惊涛骇浪之后，他吟出了这首《由汀往潮舟中作》。这一吟，吟出了汀江的千年风貌，也吟出了汀江风情诗的百年经典。

我也曾像康诗人一样沿汀江而下，当然是驱车公路与汀江若即若离时疏时亲。散文《三河坝》，描述了我追随汀江入粤的所见所思：

汀江南流，出龙门，过水口，下回龙，在闽西长汀、上杭、永定几个县境内闯过"三百滩头"。于路回环曲折，进入广东地界的时候，水

汀江店下段江面（李国潮摄）

势骤然变缓，江面宽阔多了。越近三河坝，水声越静，仿佛跑过终点的运动员骤然放松，带一身疲乏凭着惯性漫步，渐行渐缓。只有江边水中的竹子、苇丛在轻轻抖动，宣示着水下其实暗流涌动，并不像表面的平静。想想也是，进入三河坝，汀江就要结束它不驯南流的历史，就要结束它作为一条江的历史，它将与梅江、梅潭河汇合，共同分娩一条新的江流——韩江，从此东流入海。在即将面临新的归宿之际，纵然汀江有超凡脱俗的豁达，纵然它的表面一派历尽沧桑的从容，但内心深处其实也如芸芸众水，难免暗潮汹涌，那是面对未知命运的惶恐？那是迎接明日朝阳的期盼？那是走向新生的激动与欢欣？

我未曾写出的是，汀江入粤，此前是三百险滩，滩滩惊心。汀江的源头在万山深处，沿途"山重复而险阻，水迅急而浅涩，山川大势固已奇绝"（明嘉靖版《汀州府志》）。仅仅汀江回龙段至永定峰市段的百十千米水路，叫得上号的险滩就有七十余处，声名赫赫的就有大沽滩、小沽滩、大磴滩、小磴滩、大池滩、小池滩、龙滩、乌虎滩、虎跳滩、猪妈滩、南蛇滩、目忌滩、剪刀铰滩、高车滩、拖船滩、笼钩滩、穿针滩、岐滩、折滩、吊滩、棉花滩等,比如穿针滩,河面特窄,舟船过此如同穿针;吊滩,滩陡浪猛,舟船过此均需绳索吊控;棉花滩,众峰夹峙,乱石嵯峨,激浪在石间碎成千万朵棉花,号称"十里棉花瀑,江水自天来"。大沽滩更是常常出现在历代文士笔下的著名险滩,明代著名学者、东林党领袖高攀龙有《纪行》一文,言及此滩心犹惴惴:"十三日过大姑,险绝处不可屈指……舟辄刺入白浪,裹而复出,穿于石鳟中……"如此险滩,再坚固的舟船也如一叶纸一般脆薄,闯滩全靠船工机敏、勇敢、果断、相互协作,闯荡谷底浪尖,也闯荡在生死一线之间,直如铁打钢铸。客家谚语"纸船铁艄公",表达的正是对汀江弄船儿的敬意。

江流入海,经几多回环曲折?历几度入死出生?追随汀江向海洋而去的闽西子弟,哪一个不是如同江流入海,要经历多少死生劫难?应和大海的呼唤,奔向海上丝绸之路,对于闽西山区而言,要比沿海艰难得多。但,闽西"田少山多,人稠地狭""男力耕不足于食,女力纺不足于衣",当生存的压力到极限的时候,在闽西子弟眼中,那艰险万状的旅途,就有点小儿科了,一批批的闽西儿女,就这样义无反顾地走向那条蓝色的道路,那是一种向死而生的决然、凛然。

是的,向死而生!

在南宋之前,汀江是没有这样一条航道的。除了两岸穿梭的摆渡船,只有个别平缓的河段有短途的货船客船通行。汀州百姓一日三餐不可离的食盐,要从福州或漳州运来,在本州境内全靠背驮肩挑,"涉历艰难,动经年岁不到",且质劣"不胜其淆杂",价高"不胜其贵"。南宋嘉定六年(1213年),汀州知府赵崇模开辟上杭回龙至峰市段的航道,让原本"食漳盐"的上杭、武平、连城三县百姓,吃上了沿水路运来、相对价廉质优的"潮盐"。23年之后的南宋端平三年(1236年),长汀知县宋慈,那个后来凭其著作《洗冤集录》名扬后世的法医鼻祖,又率领百姓打通了汀州城至上杭回龙段的汀江航道,让长汀城乡父老也吃上了"潮盐"。又是315年过去,明代嘉靖三年(1524年),

汀江摆渡船（李国潮摄）

　　汀州知府陈洪范率众炸通回龙险滩，原本需要分段开航的汀江航道至此算是全线贯通。整整用了338年，汀州府城驶出的船舶终于可以直抵峰市了。尽管闽粤交界处由峰市至大埔石市的7000米水路，石壁如削，巨礁林立，白浪翻滚，声震如雷，依旧是航运禁区，但只需翻一座山，就可以在石市再下汀江，抵达三河坝后转韩江入海。汀江入海流，尽管依旧是险象环生，但毕竟有了正式的航道，让在生存压力下喘不过气的闽西子弟，有了奔向蓝色海洋的向往与希望。

　　与汀江航道开辟的艰难相比，九龙江北溪航道的开辟相对容易一些，时间也早得多。自唐垂拱三年（687年）陈元光部下刘姓三将军披荆斩莽溯源而上进入闽西，九龙江上游的航道就已具雏形。随着龙岩划归漳州管辖，水道也逐步开辟。到了明清，不仅干流北溪，就是北溪的几道大的支流如宁洋溪等，也都有船影上下。好多年前在宁洋溪畔，见过一位中年登山客，手持长杖，背悬斗笠，峡谷的风把他一身质朴的布衣鼓荡。顺着他的目光，可以看到"山峡威逼，复嶂插天，曲折破壁而下，真如劈翠穿云"，看到"峰连嶂合，飞涛一缕，直舟从云汉，身挟龙湫"，听到他激动连声"宁洋之溪，悬流迅急，十倍建溪""雷轰入地之险，宜咏与此"。就冲他这些惊叹我久久伫立在他的面前，对着已成雕像的他"恨不早生四百年"。徐霞客，这个如雷贯耳的名字只让我感到亲切，窃喜他早在近四百年前的明末，就两度穿越宁洋溪、北溪直下漳州。"程愈迫而流愈急"，他的结论堪称科学，也让我明了：九龙江上游北溪水道开辟虽早于汀江，艰险却也近于汀江。投身海上丝绸之路，对岩漳一带百姓而言，同样需要向死而生的决然。

　　明清之际，从岩漳一带去往漳州月港或是厦门港出洋，有三条通道：一条水路，一条陆路，一条水陆参半。水路先从支流龙川入干流北溪，再沿北溪直下漳州；陆路是翻过板寮岭，过南靖县境而抵漳州；水陆参半则为沿林田岭越山抵南靖县金山镇的水潮村，在那里乘船直下漳州。三条通道，水路邈远，陆路艰险，水陆兼行为多数商贩与出洋过番人垂青。其时山货，诸如土纸、茶叶、香菇、笋干运往漳州、厦门，海货诸如海盐、海产，还有糖、布匹等运入闽西，多由水潮中转。货物之多，让"挑水潮担"成了岩邑人的一项特有职业，连扁担也因之被称作"水担"，不是岩邑人，怕是很难理解"水担"的含义的。无论是陆路水路还是水陆参半，每一条道路上，总断不了商贩来往的步履，断不了匆匆运货行走的船只与肩膀，断不了走向海洋的身影以及依依惜别的泪光！如同龙岩东肖《罗陈文安族谱》所载，其族人出门经商"盛于明，极于乾（隆）嘉（庆），替于同（治）光（绪）"，数百年间，这山与海的共鸣曲，日复一日地，回响。

　　汀江南行，九龙江东去。

　　无论南行东去，承载着的，都是闽西地域一代代子民摆脱贫困的希望：向海洋。

　　闽西有谚："人唔辞路，虎唔辞山"，"命长唔畏路远"。揣一颗奋起拼搏的心，向远路，向那亮闪闪的海上丝绸之路；向海洋，向那蔚蓝色的未知的远方，起航。

香寮遗韵

（一）

山路贴着峭壁迎面而来，溪水翻着白浪在脚下掠过，奇松、白茅、蔓草、溪涧中横陈的巨石、峡谷间清瘦的长天……香寮像一个长须飘拂的隐士，深深地隐入重重山峦的怀抱，隐入六百余年的沧桑。谁会想到遥远的600年前呢，就是沿着这样逼仄的山路、险要的溪涧，一个小小的身影，走向北方，走向京城，走向海洋，走进了世界航海史上最辉煌的一页，这个山里伢子，名叫王景弘。

在世界航海史上，东西方曾有过几乎同样的辉煌。哥伦布发现新大陆，麦哲伦环球航行，在小学的地理课本上我就感奋于这些西方豪杰的壮举。同样，中国的郑和七下西洋，2.8万名官兵浩浩荡荡的远征，也曾让少年的我血脉偾张。那时的我并没注意，郑和下西洋，远早于哥伦布、麦哲伦80~120年；那时的我更没想到，在下西洋的空前壮举中，从我的闽西家乡居然走出过一位与郑和并列的正使，二十余年间共同指挥了一次又一次的远涉重洋，在郑和第七次下西洋病逝印度古里之后，他指挥船队安然归国，此后，又奉旨出访苏门答腊，如果加上他这一次，中国的远征船队应该是：八下西洋。

从大山走向大洋，山风鼓荡的胸襟，拉开了一个风帆飞扬时代的序章。

山与海或许是相通的啊,都有峰,都有谷,都有那一波一波的涛与浪,让你驰骋,让你大显身手。沿着起伏的山道,穿过峰谷之间的一角长天,盘旋,盘旋,此刻的我是一只山鹰,不,一只海燕,翱翔在峰谷浪涛间。600年前的那个小小的身影,是不是像我一样,盘旋在这山海相通的大走廊,从山的海洋飞往那海的高岗呢?

(二)

穿过峡谷,拐过一道弯,便到了香寮村口。眼前平展展出现一片平畴,村庄就坐落在田畴间,一条清溪从村庄中心穿过,古色古香的小桥架在绿树掩映的溪上,好一派田园景象。

香寮村是远近闻名的"百姓村",不过四百余户、不足1600人,却有89个姓。据说最早在此开基的是"曹、梁、傅、谢"四姓,时在唐末,不久王姓迁此繁衍生息,鼎盛时期人口曾经达到数百人。如今王姓却是只剩下3户人家和一座破旧的祠堂。一个老人在祠堂前忙碌,提起给他们家族带来巨大荣耀的

王景弘故里香寮村(廖亮璋摄)

王景弘，表情竟有些茫然。族谱上没有这位先人片言只语的记载，如果不是当年的《龙岩州志》《宁洋县志》等志书上的简略记载，如果不是近年来专家的准确考证，香寮人是很难把自己同这位故里先贤联系起来的。

如今当然不同了，正是这个王景弘让香寮几乎一夜之间名扬世界。坐落村中的香寮小学建起了"王景弘史迹陈列馆"，郑和、王景弘下西洋的故事每一个小学生都耳熟能详，来自海内外的游人流连在新落成的王景弘塑像前。塑像太监装束，眉清目秀，一手按剑，目光平视远方，气宇轩昂。沿着他的目光眺望远方，似乎可以感觉到遥远的海浪搏击的声响，600年前那空前绝后的壮丽远征，就这样波澜壮阔地涌到了你的面前。

600年前，正是明初国力十分强盛的时候。抢了侄儿建文帝皇位的永乐帝朱棣，经过数年的东征西讨，已是寰宇大定。雄才大略的他踌躇满志之余却也不无担心：建文帝杳无踪迹，会不会逃往海外了呢？何况海外据称尚有数十国度并未臣服。何不派遣一支精锐出征海外，一来扬我国威，慑服诸国；二来寻找建文帝下落，永绝后患。可是派谁出征最合适呢？朱棣的目光自然落在了心腹太监郑和与王景弘的身上。就他俩吧！今天人们或许很难想象，这样一件轰动寰宇的壮举，在封建人治的时代，起因竟只在于独裁者那并不怎么光彩的一念之间。

那是一场多么浩浩荡荡、多么激动人心的远征啊！正使太监郑和、王景弘的指挥船，俗称宝船。船长148米、宽60米、9桅12帆，四层甲板，每层自首至尾有20道横隔壁，分成各种工作、生活、储藏舱室，华丽而气派。明末罗懋登《三宝太监西洋记通俗演义》描述宝船有"头门、仪门、丹樨、滴水、客厅、穿堂、后堂、库司、侧屋，别有书房、公廨等类，都是雕梁画栋、象鼻挑檐"，那简直就是一个小型的"帅府"。剔去小说家的夸张，你仍旧可以想象宝船的威仪。接近这样规模的大船竟有64艘，制造足足耗时14个月。这支当时世界最大的船队从江苏刘家港起航，十数天后到达福建长乐太平港候风。数月之后，一切停当，好风正劲，正式出海的日子到了。那一天，鼓乐大作，鞭炮齐鸣，每艘大船上，重达1500斤的铁锚由二三十人拖着绞着拉起来了，面积达1700平方米的大帆一蓬蓬升起来、张开来了，2.8万名将士全副戎装,牵着众多的战马,威武庄严地立于甲板上,徐徐离港。这一去头尾就是三年,七下西洋啊,前后历时二十余年,郑和、王景弘的足迹遍历亚非三十余国:占城、暹罗、爪哇、苏门答腊、三佛齐、满剌加、天竺、锡兰山、小葛兰、柯支、古里、加尔各答、忽鲁谟斯、榜葛剌、木骨都束、不剌哇、祖法儿、阿丹、天方……只要听一听这样的名字,你就依稀能揣度远征的艰难,而这么多遥远而生疏的国度,正是因了远征渐为国人所知,有些地名如爪哇进入了中国人的俗语:把烦恼抛到爪哇国去了,有些地名如三宝垄更与远征密切相关,得名正为纪念三宝太监下西洋。

在下西洋船队中,郑和无疑是统帅。王景弘呢?宫中,他与郑和同为大太监,出洋,他与郑和同为正使,有别于郑和主要负责政治外交,王景弘担负着招募水手、培训水师、管理船队、指挥航行等特殊任务。其时,福建航海居全国之最,作为福建人,他在熟悉航海业、了解海船性能、通晓出海航路、甄拔航海人才等方面得天独厚,久而久之便成航海权威。东南亚航海者中流传的王景弘传说近乎神话,清陈伦炯《南洋记》载:"七洲洋中有神鸟,状似海燕而小,喙尖而红,而绿,尾带一箭,长一尺许,名曰箭鸟;船到洋中,飞而来示,与人为准。相传王三宝下西洋,呼鸟插箭,命在洋中为记。"好家伙!连大洋中的海鸟也听凭王景弘差遣为人导航。《三宝太监西洋记通俗演义》有一章说到航海途中,前方突然出现白茫茫古怪的一片海水,旋成三五里的一大水涡,如天崩地裂一般轰响。郑和惊得忙问究竟,王景弘应声而答:"这是个海眼泄水之处,其名为'尾闾'。"这段述说据专家考证却是确有根据,此地在如今马尔代夫群岛海域,为巨大的印度洋流旋涡,极易覆舟。由此可见王景弘对航海确实精通。

有学者列举了王景弘有别于郑和的历史功绩,主要有五:一为开辟"海上丝绸之路"和"海上交通"的先锋。出使西洋,他是沿"海上丝绸之路"行船的领航人,对开辟"海上交通"事业起着举足轻重的作用。二为开拓中国造船先进技术的先驱。大规模出使西洋对船舶质量的高要求,促进了船舶制造的革新。福建造船业在明初达到巅峰,与王景弘为下西洋而做的大量准备工作是分不开的。三为培养中国航海人才的大师。船队下西洋需要大批的专门人才,而招募水师、培训水手过程中，主要是由王景弘督练。四为海外华侨发展的奠基人之一。中国船队下西洋前后历时近30年，与数十个国家和地区来往，大批人员随之而到海外，华侨数量激增。五为最早推进海峡两岸关系的使者。明宣德九年（1434年），王景弘独自出使苏门答腊，往返途中都在台湾停留，留下不少遗迹，比郑成功收复台湾时间还早227年。

印尼爪哇三宝垄的华侨，每年旧历六月三十日都要举行盛大的迎神庙会，据说这一天是三保大人初到爪哇的纪念日。抬着的神像一尊为郑和，一尊为王景弘，郑称三保，王称王三保。罗井充《南洋旅行记》说："三保公是南洋土人最崇敬的人，也是最敬重的神，所以神话传说甚多。"粗略一算就有暹罗的"三宝公庙""三宝塔寺"、满剌加的"三宝城""三宝井"，三宝垄的"三宝洞"等。王景弘与郑和已经成了东南亚华侨的保护神。而在文莱苏丹国，迄今仍有一条"王总兵路"纪念王景弘。

台湾地区有关王景弘的传说更多。王到台湾的时候，郑和已逝，他是独自奉使出访苏门答腊途经台湾的。清康熙《台湾府志》记载："宣德间，太监王三保舟下西洋，因风过此。"该书"外志·杂记·三保姜"云："凤山县地方有之，相传明太监王三保植姜岗山上，至今仍有产者，有意求之，终不可得。樵夫偶见，结草为记，次日寻之，获故道，有得者，可疗百病。"一姜可疗百病，只因是三保所植，更神的是"外志·古迹·药水"条："在凤山县淡水社，相传明太监王三保投药水中，令土番染病者于水中洗浴，即愈。"透过这些颇带神奇色彩的传说，你不难想见王景弘在台湾百姓中的影响。

活在东南亚各国和中国台湾地区百姓心目中的王景弘，此刻巍然立于香寮村口，其灵有知，他会感慨今人对他的忆念么？有一点他是不会知道的，就在烟波浩渺的南海，就在南沙群岛的众多岛屿间，就在北纬9度53分、东经114度20分的所在，有一个原称"辛科威岛"的枣核形的小岛，为了纪念他，1946年当时的国民政府收回被日本侵占的南沙群岛后，将这个岛命名为"景弘岛"，国人也由衷地怀念这位先贤。

（三）

一个山里的孩子，一个僻处蛮荒的少年，在那样封闭落后的年代，是怎样跨越重峦叠嶂，进入全国政治、经济、文化的中心，既而驰骋汪洋，巡游37国，播撒和平，建立起前无古人的勋业呢？无疑，如此勋业的建立，与王景弘的太监身份密切相关。作为明成祖朱棣的心腹，王景弘与郑和一样得到重用，终其一生先后共历4朝。《龙岩州志》载："王景弘，龙岩集贤里人，后分属宁洋。永乐间随太宗巡狩，有拥立皇储功，赐嗣子王祯世袭南京锦衣卫正千户。"据考，王景弘曾是朱棣身边的小太监，在朱棣争夺皇位的重要关头立下汗马功劳，朱棣去世后，在拥立新皇时他又立下大功，由此深得几代皇帝的宠信。因太监而得以亲近皇帝，因亲近而得以宠信，因宠信而得以施展才能，这是明代下西洋的一个引人注目的现象，郑和如此，王景弘同样如此。

可是，一个僻居山村的孩子，又是怎么成为太监的呢？曾是蛮荒之地的香寮，与京城相隔何止千山万水？如果不是特殊的变故，这个孩子的一生只会与砍柴、担水、割草、挑肥联系在一起，只会是困苦艰辛却是自由自在的一生。谁也无法考证是怎样的变故，把一个十岁上下的孩子变成了太监，但这个过程肯定是一个惨痛的悲剧。王景弘的出山，是一个承载着悲剧一步步走向正剧的过程。告别故乡香寮，他的心中该是怎样的百感交集：屈辱、仇恨、依恋、忧伤，或许还有对于未卜的前途那种莫名的恐惧和朦胧的向往。有一点是可以肯定的，他在心中一定与这个令他悲伤、屈辱而又深深依恋的故乡做了最后的诀别，终其一生，他再也没有回到故乡。

今人或许很难体会一个太监身份的尴尬。一方面，作为皇帝身边的宠臣，他们往往享有特殊的地位，握有特别的权力；另一方面，他们又是奴才，是人所不齿的"阉竖"，人们骨子里是瞧不起的。史册上难有他们的记载，家人或家乡人在领受到他们的好处时总是遮遮掩掩，讳莫如深。郑和称得上是"千古一人"，如此奇功在《明史》中只有薄薄的几页小传，与郑和同为正使的王景弘，连这样的小传也没有。家乡的县志虽有关于他的生平的片言只字，但却是作为"志异"，等同狐怪灾异列入志书的，王景弘有知，不知当做何感想！

其实，太监中固然有大奸大恶，却也不乏国之栋梁，郑和、王景弘正是太监中的佼佼者，而他们之所以立下奇功，很大程度上正是因了他们的太监身份而得到皇帝的信任。即以下西洋来说，王景弘若非太监，恐怕连出洋的资格都没有，又何谈正使领军？明宣宗朱瞻基曾有《赐太监王景弘诗》，历数其数十年间几番出洋的功绩，有"昔时将命尔最忠"的褒语。一个太监，得到皇帝如此赐诗褒奖，在当时真称得上是莫大的荣耀。

但荣耀又如何呢？《明史》上照样不提他的功绩，家乡人照样遮遮掩掩、讳莫如深，太监是耻，非荣，哪怕你做过再大的贡献，有过再大的荣耀。王景弘的身影就这样埋没了，直到历史的迷离尘烟拂去，从无数断编残简中，那个世界级的航海家王景弘的身影，才渐渐浮出水面。

说起来，王景弘又是有幸的。当他惨遭阉割走进太监行列的时候，当他追随朱棣征战的时候，甚至当他率队奔走西洋的时候，他也决然想不到，他会以一个伟大的航海家的身份名扬史册。永乐帝遣使下西洋，为的是扬威、寻宝、追捕建文帝，王景弘与郑和下西洋，为的是不负皇命，但千古奇勋就在七下西洋的艰辛壮举中建树了，历史歪打正着，让郑和与王景弘成就了航海大业。有心栽花花不发，无心插柳柳成荫，造化弄人啊！

但下西洋的局限也就在其成功的同时凸显。因为目的是服务皇上，要的是皇家体面，下西洋的船队规模宏大，耗费良多，精兵强将与金银财宝齐备，"云帆高张，昼夜星驰，涉彼狂澜，若履平地"，沿途数十国，不服者武力服之，臣服者则大加赏赐，七下西洋，不知耗费了多少金银财宝，以致国库为空。得到的呢？当然有数十国的朝贡，永乐二十年（1422年）六下西洋归来，随行各国朝贡使节竟达一千二百余人：忽鲁谟斯（今伊朗一带）进狮子、金钱豹、大西马，阿丹（今也门亚丁一带）进麒麟（长颈鹿）、长角马哈兽；木骨都束国（今非洲索马里一带）进狮子、花福禄（斑马）；卜喇哇（今非洲肯尼亚一带）进千里骆驼、驼鸡；古里（今印度卡里库特一带）进縻里羔兽……奇珍异兽罗列于廷，皇帝老儿眉开眼笑，而国库就在皇上的笑颜中渐渐空虚，招致朝野一片反对之声。宣德八年（1433年）七月，七下西洋回国的第三天，宣德皇帝就不得不颁布了"禁海令",一变宽海政策为禁海,轰轰烈烈的下西洋就此沉寂,中国,就此走向了闭关锁国,渐趋衰落。

反观西方,震惊世界的西方"地理大发现",要比东方的下西洋晚近百年,规模更是不可同日而语。哥伦布率领的葡萄牙、西班牙船队,不过三几艘帆船,数十名水手;即便是规模更大的1519年麦哲伦环球船队,也只有5艘船、280名水手,尚不及郑和、王景弘船队的零头。然而,正是寒酸的西方船队改变了历史,让西方从此走上开放、扩张,日趋强盛;而规模宏大的中国下西洋船队,终究劳而无功。差可告慰的,是下西洋形成的贸易圈,并未因禁海而终止,在下西洋船队确立的航线上,众多的民间商船顶着禁令甘冒生死远航,这一条海上丝绸之路,虽风高浪急,依旧通畅。

(五)

走出香寮村口,又到了王景弘的塑像前。香寮溪在不远处翻着细浪,千洄百折而不息地奔向海洋。我的目光追随着王景弘的目光,遥对远方——

远方,大洋的彼岸,王景弘曾经七度乃至八度往返的地方。600多年了,远方的忆念从未间断。有多少传说迄今仍活在大洋彼岸人们的嘴角,甚至他的归宿,也成了谜一样的神话。

在印尼三宝垄,有个三宝洞,传说是王景弘归真之地。而在文莱苏丹国,不仅有王总兵路,还有传说中的王景弘墓地,常有百姓在墓前祭奠。王景弘究竟是寿终祖国,还是客死南洋,迄今仍然是一个待解之谜。

作为"福建海丝第一人",王景弘让闽西在海丝之路的长旅中亮出了骄人的身姿。今天,当人类重新回过头来审视600多年前的下西洋壮举,不能不给以全新的评价,不能不承认中国的船队是人类走向全球化的先锋,其意义是开创性的。虽然,它无法像西方船队那样开疆拓土进而改变世界,却也避免了西方航海新发现引起的瓜分世界的血腥争斗以及由此而来的无休无止的痛苦。21世纪的今天,需要的或许正是下西洋那样的文明船队,需要满载的或许正是和平、友谊与礼尚往来。

人类毕竟不是野兽。波涛汹涌的海洋，不该是人类厮杀的疆场。

海天之上，遥遥的云端，你可曾感应到，穿透600多年迷离尘烟而来的，王景弘真挚的目光。

渡海先驱

风乍起,潮微凉。

伫立在汀江变身后的韩江出海口旁,看远方海天相接,一派苍茫。回望与我同来的江水,那遥遥的源头,涓涓滴滴、汩汩潺潺,万千溪水最终都汇入了沧海。

数百年间,那乘着溪船江船顺流而下的"过番"客,也如江水般涓滴相聚,势成滔滔,汇入海丝,汇入一波波"过番"的大潮。

海丝之路上的闽西人中,谁是第一批吃螃蟹的勇士?谁是第一波远涉海洋的先驱?

漫漶的史册上,只能寻到蛛丝马迹,零篇断简。口耳相传中,也只有依稀的记忆,扑朔迷离。

王景弘,明初"七下西洋"的领军人物、开辟海上丝绸之路的先锋、海外华侨发展的奠基人、最早推进海峡两岸关系的使者,无疑是闽西也是整个福建最骄人的渡海先驱。只是,他更多代表的是朝廷的意志,与万千升斗小民渡海谋生汇成的"过番"大潮,毕竟有质的不同。

刘国轩,汀州四都人氏,郑成功收复台湾的先锋大将,明清之交郑氏台湾政权的顶梁支柱,数十年征战在台湾海峡两岸,跟随他赴台的汀州将士,相当一部分留在台湾,成为第一波台湾垦殖的先驱。但他毕竟是个军人,回归大陆终老于天津任上，与星散台湾南北的他曾经的追随者，依然有质的区别。

那数百年"过番"与"赴台"的潮起潮落，那第一波的潮起，或许，只是几朵小小的浪花，虽如昙花一现，却引得一波波的后浪，逐浪而来。

暹罗"上贡"客

大明成化十三年（1477年），一个晴好的秋日。明廷负责番务的官员，接待了两位暹罗（今泰国）前来上贡方物的客人。二人皆番客装束，一位面目黝黑，言语唧啾，明显热带人种；另一位却是地道黄种人，精通汉话，举止得体，谈吐风雅，让明廷官员惊诧不已：这位名唤"美亚"，官至"岳坤"（学士）的暹罗人士，为何对中华文化如此熟稔、如此热爱呢？

渐趋和谐的交谈中，美亚的目光越来越深沉，好多年前的那一幕，仿佛又闪现在眼前——

好多年前，美亚，不，那时他的名字是地道的汉名：谢文彬，谦谦逊逊，文质彬彬。父亲给他取这个颇有文化内涵的名字时，寄托的是望子成龙的希冀，望他大展文才，耀祖光宗。他也读书，他也聪慧，但命运却给他开了个大大的玩笑，竟让他成了偷运私盐的"盐贩"。家乡汀州"环郡皆山"，人多地少，天灾频仍，旱则山田无收，涝则岭下皆泽国，每年米粮不敷半载，困苦之至。元朝至正十四年（1354年），大灾之年的汀州，居然出现"人相食"的悲惨景象。生计无望的汀州人，只有往外觅食，下广东，走江西，上浙江，中国南方不少省份，明初开始都有了汀州人劳作的身影。一年大灾，青年谢文彬被迫辍学，沿汀江南下潮汕，偷运私盐以维持家庭生计。盐业在清以前一直是朝廷专营，贩私盐利润高，风险却极大。一次他躲到了海上，正庆幸避开了稽查，却不料突如其来的风暴，刮得他的船离港口越来越远。在海上漂泊了几天几夜呢？当船舶终于靠上稳实的海岸时，全船的人都蒙了：他们居然被风吹到了异国，吹到了暹罗。

是多少年坚韧不拔的努力呢？谢文彬融入了暹罗的社会，成了"美亚"，凭借他的聪慧、机敏、胆略过人，以及他谦和的举止、文质彬彬的气质，他成功进入了暹罗的上层，官至"岳坤"，被暹罗王室器重，派往明廷上贡方物。没有想到多年阔别，他竟然是以异国使者的名义，重新亲近了故乡的土地。

谢文彬此后的去向，典籍没有记载。应该仍然是"美亚"，完成"上贡"任务后，再赴暹罗，继续当他的"岳坤"。不知道他那异国的子孙，是否明了祖先来自中国，来自汀州，是否有缘看一看先祖曾经生息的土地？

湖坑镇的暹罗驸马

马额宫是永定湖坑镇最重要的宫观，庙却不大。正殿主祀国产的"保生大帝"，右侧偏殿，供奉的却是一尊来自海外的神明。神无塑像，就一个牌位，全称"暹罗国汉民主本头公王之神位"。湖坑李氏族人，以及海外归来的游子，常常在此上香，分外虔敬。只是牌位既书"暹罗国"，为何又书"汉"？神为暹罗人耶，汉人耶？让人平添几分好奇。

湖坑人传说：神是湖坑李氏的一个祖先，小名叫"本头"。大约在明中叶去往暹罗做生意，还被暹罗王招作"驸马"。天长日久他想念家乡、思念亲人，就带着随从自暹罗返乡探亲。没想到途中遇上了大风暴，同行的17条船都被风暴击沉，只有他乘坐的那条船平安无恙。他死里逃生回到湖坑，感受到人生无常，从此致力为家乡人造福，做了很多好事。后人纪念他，把他称作"本头公王"。

传说是历史的折射，虽然湖坑李氏族谱查不到"本头"的名字，但李氏历史上移居南洋的人士不少，且大多数落户暹罗。仅仅第17世到22世6代人中，居暹罗的就有61位，如"本头"一般在暹罗发迹的应不乏人。而泛海风险之大，18艘船竟然只剩"本头"乘坐的那一艘，也让人惊叹"本头"的福气。如此有福之人，正是护佑李氏子孙的最佳神祇。这个家族中最早闯荡海外的李氏祖先，就这样成了神，被称作"本头公王"，而马额宫偏殿那个牌位，特别注明"暹罗国"字样，正是湖坑李氏数百年海外拓殖历史的见证。

槟榔屿的"大伯公"

"大伯公"不是一个人,有三位。姓张,姓丘,姓马,他们是开发槟榔屿的鼻祖。

金丰河自闽西永定流向粤东,在大埔茶阳汇入汀江,两县交界地带同一流域,历来交往密切。张理、丘兆进、马福春三人"金兰契合,亲逾骨肉",效仿汉刘关张三结义,立志同往海外闯荡世界。乾隆十年(1745年),三人泛海来到其时尚未开发、荒凉极致的槟榔屿(今马来西亚槟城),就在海珠屿登岸。老大张理居海珠屿,老二丘兆进、老三马福春分居海珠屿附近,披荆斩棘,让荒凉的岛屿开始有了人类文明的印迹。三人先是打鱼捕猎为生,后来,随着来槟榔屿参与开发的人越来越多,三人就操起了老本行。张理原是塾师,就在荒岛为移民子弟训蒙;丘兆进是铁匠,则为开发者打造农具等铁器;马福春本业烧炭,也在当地开了炭窑,为丘兆进的铁匠铺提供燃料。"每晚三人必聚首无间焉"。只是,壮志未酬,三人不仅没能发迹,连返乡的路费也没能筹足,数十年后,三人先后辞世,张理最先"在石岩坐化",丘马二弟含泪葬了大哥,"神祀张公"。之后,丘兆进殁,"马公葬丘公于张公之右侧,如双葬然"。多年以后,马福春殁,此时槟榔屿已是华人众多了,后人"复葬马公于张丘二公坟之下",三人的墓碑刻着:开山地主张公之墓,大埔清兆进丘公之墓,永定马福春府君之墓,嘉庆十四年春立。

从墓碑上的字样看,丘兆进属粤东大埔人,马福春属闽西永定人,张理则未注明籍贯,因而有永定、大埔两说。但他们三人都是生息在两县交界地带的金丰河畔,一同闯荡南洋,他们的最大贡献就是,最早开发了槟榔屿,"客人开埠",他们是今日槟城无可置疑的开埠祖师。

"海珠屿大伯公庙"面朝中国大陆,是在其墓葬的基础上扩充、建立起来的。大伯公成了海外客家人的在地神明,由此衍生了"大伯公信仰"。马来西亚的吉打州亚罗士打、霹雳州怡保、马六甲多地,都有海珠屿大伯公庙的分香。"大伯公绕境巡游",成为槟城华人最盛大的民俗庆典,延续百余年至今。民国十九年(1930年)出版的宋蕴璞《南洋英属海峡殖民地志略》,记其盛

马来西亚槟城大伯公庙(春水提供)

况:"大伯公每年正月元宵出游一次,历游市中。各处所至,商居、民居皆悬灯结彩以贺之,设供桌以祭之,演剧以悦之,燃放爆竹以迎送之。神舆前持香灯、旗帜无虞万数千人。一连游行三昼夜,灯彩祭席不绝于目,演剧声、爆竹声不绝于耳……"

吧城名茶商

多年以后,当邹铭盛登上吧城(今印度尼西亚雅加达)返航中国的客船,挥别送行的两个儿子,重新面对汹涌而来的海涛时,不由想起了当年劈波斩浪的情景,想起了让他从书商到茶商的戏剧般的转折。

人真是有一根看不见的线牵扯着的,命运这根线,猝不及防,怎么一下就把他扯到了万里外的南洋吧城呢?

乾隆十三年(1748年)的那一天,江西樟树镇繁华的商贸街上,邹铭盛正在埋头整理售书账目,忽听得不远处的茶庄爆出震耳的争吵声。这个大茶庄两个合伙老板打算分开经营,因为整不清多年积下的偌大账目,正在大吵特

清光绪十九年台湾淡水鄞山寺碑,记载汀州人赴台垦殖等事项(李国潮摄)

吵。已有13年书店经营经验的邹铭盛前来劝架,见此自告奋勇为其理账,算盘噼啪三下五除二,不到一个时辰便把多年账目算得一清二楚。看到这个书商如此精明能干,茶老板们眼都直了,好说歹说,要拉邹铭盛加盟茶庄。那个时候,茶业经营利润是远胜书业的,邹铭盛于是加入了一个老板的"武夷金春商号",很快就作为商号的全权代表,派驻吧城。吧城在清康乾时期,是南洋最重要的海上贸易中心,东方、西方的大量货物,在此转口贸易。吧城10年,邹铭盛以武夷茶销售为主业,兼及丝绸、瓷器销售,西方物品采购,成为早期华侨中著名的茶商。

邹铭盛回国后,迁居崇安(今武夷山市)星村,"总摄金春字号",购名岩,治产业,茶叶经营一度十分兴旺。

"文开淡北"胡焯猷

汀州人早期渡台垦殖,除了明清之交,跟随刘国轩赴台作战后羁留台湾的部分将士外,最有名的要数永定中川的胡焯猷了。雍正十一年(1733年),胡焯猷到台湾淡水垦殖,看到新庄一带荒滩遍布,发展农业大有可为。当年底便返乡,第二年动员来一批乡亲,"建村落,筑陂圳,尽力农功",此后又一次次回乡，聘请一批又一批的家乡青壮年，开垦荒滩为田。多年下来，胡家开垦的田地已达数千甲（一甲为 11.31 亩），每年可收租数万石，成为台湾农垦的先驱。富了之后，胡焯猷在新庄延师办学，为自家与乡亲的子弟训蒙，并致力慈善事业，清廷授予其"文开淡北"匾额，以彰其功。

区区数例，撷取的只是第一波"过番"潮的几朵浪花。浪潮初起，不见汹涌，转瞬即逝；但第二波、第三波，一波波的浪潮将接踵而来，后浪推前浪，那汹涌澎湃的大潮，就要到来。

"过番"潮涌

（一）

曾经，这块土地回荡温情的童谣：月光光，秀才郎，骑白马，过莲塘……英俊的秀才，帅气的白马，马蹄踏踏，莲叶田田，月光下一切是那样的朦胧而撩人。什么时候，那秀才白马莲塘的意象，换成了略带幽怨的吟唱：月公公，月娘娘；行远路，过南洋。南洋一枝花，冥冥过人家……

曾经，这方山水缭绕激扬的山歌：满山竹子叶青青，摘片叶子溜（逗）黄獐；满山黄獐溜得叫，样般（怎么）阿妹唔（不）开声？大胆的吟唱，含蓄的表白，竹叶青青，心旌荡漾；什么时候，那少男少女无邪的歌吟，变成了满含欲望的向往：客头都说台湾好，赚钱如水一般般；就拿衣衫出门去，心想赚钱万万千……

曾经……

大约从明中叶开始，"八山一水一分田"的闽西人口饱和，极为有限的耕地再也无法承载人口的重负。走出闽西，外出寻觅生计，成了汀江、九龙江源头子民迫在眉睫的需求。"安土重迁"本是汉民族的传统，但对闽西客家人、福佬人来说，填饱肚子是更为现实的选择："海舶未通，遍走各省；海舶已通，则多出外洋"，"远贩吴楚滇蜀，不乏寄旅；渡海入诸番，如游门庭……"

明清两代，多次禁海，也曾多次放开海禁。数百年间时放时禁，禁多放少。闽西人就在这禁与放的交替间出门觅食。从源头到出海口，闽西人一度度沿着汀江、九龙江，以及闽江的支流沙溪顺流而下。遇上禁海，或在闽粤沿海寻觅生计，或转赴江浙、湖广乃至云贵川，更有的冒风险偷渡赴台，甚至出洋。遇上海禁放开，赴台或过番便成了最佳的选择。多数青壮年男子只身行远，把整个家庭的重担压在妻子柔弱的肩膀上。赴台者初则"春时往耕，秋成回籍"，后则数年一归，乃至定居；过番者则普遍一去多年，甚至终老异国。春花秋月，夏雨冬霜，闽西大地上时常回荡着过番的谣曲，那声音悲苦而无奈，有着宿命般的凄凉："阿哥走撒（掉）妹痛肠，三餐茶饭唔（不）晓尝；紧（越）食热茶肚紧渴，紧想心肝夜紧长"；"阿哥走撒妹就愁，朝晨愁到落日头；杨梅蘸醋吞落肚，几多寒酸在心头……"

综观数百年间闽西人口向外流动的历史，大略有四次比较大的浪潮：第一次在明中叶至明末，主要流向是本省的沿海及相邻的江西、广东、浙江，小部分进入台湾，甚至下南洋诸岛；第二次在清康雍乾时期，足迹遍南方各省，尤以四川、台湾较为集中，部分进入南洋，侨居在今印度尼西亚、马来西亚、新加坡、泰国、缅甸、越南、菲律宾等国；第三次在清晚期鸦片战争之后，海禁大开，外迁南洋诸岛者众，尤以永定、龙岩两县居多，出现了马来西亚"锡矿大王"胡子春、"胡椒大王"胡泰兴、"百货巨子"吴德志等著名侨商；第四次在民国，第一次世界大战之后，东南亚一度繁荣，1920—1930年间，闽西赴东南亚人数激增，著名侨商、华侨企业家也不断涌现，诸如永定的胡重益、胡曰皆、胡日初经营锡业，连城的周仰云经营纸业，均为著名企业家，龙岩的翁锦使、张茂萱、傅志川被称为"岩侨三杰"等，尤其是出现了著名侨领、"万金油大王"胡文虎，在东南亚华侨中首屈一指。

过番潮涌，海丝之路上，有色彩缤纷的故事，也有血泪凝就的悲歌……

（二）

福州港、泉州港、厦门港、漳州港、潮州港、汕头港……闽粤沿海的这些港口，数百年间先后成为游子闯荡海外的起点。而对闽西游子而言，抵达这些港口的过程，比起那些沿海过番客，需要承受多得多的艰难与风险。

大体而言，沿汀江南下的汀属各县子民，早期多在潮州港，后期多在汕头港渡海；沿九龙江北溪东下的龙岩州属民，早期多在漳州月港，后期多在厦门港渡海；也有少部分是辗转沿闽西支流沙溪，先北后东，抵达福州长乐太平港渡海的。尤其是赴台的游子，福州、厦门两地的港口是最常见的选择。一首嘉庆年间的《台湾番薯哥歌》，描述了辗转赴台的轨迹："一别父母并兄弟，二别妻儿隔两邻，三别宗族并朋友……六日来到中都墟，半月来到席湖营，湖营过去金鸡岭，……换船搭渡到南台（太平港）。"另一首《十寻亲夫过台湾》，则描述妻子寻觅赴台丈夫的艰辛："六寻亲夫到连城，行到城里二三更；睡到五更做个梦，梦见情郎打单行。七寻亲夫到厦门，厦门接客乱纷纷；三更半夜落船上，几多辛苦为夫君……"连城、中都、席湖营、金鸡岭，这些闽西的地名，或为县城或为乡村或为著名山隘，一一在赴台游子的悲歌中出现，几许悲凉。

但悲凉不是渡海过番的主色调，离乡是被迫的无奈之举，却又是满怀憧憬的主动出击，是"心想赚钱万万千"的炽热欲望，是不管不顾义无反顾的决绝凛然，这样的主色调，几分坚毅，几分昂扬！这才会有，渡海过番的浪潮，一波方息，一波又起；这才会有子承父，弟承兄，侄承叔，一代又一代的接连远征。

这就要说到闽西人口向外流动中引人注目的"牵拾"现象了。牵，牵引；拾，捡拾；牵拾，意为引导、提携，是一代代先行者对后来人的指引与关照，也是后来人对前行者的追随与超越。

海禁未开之前，闽西人已在内地广泛流动，主要聚散地则是闽粤沿海，以及江西、广东、浙江等毗邻地区。先期出门的一旦选定一个适宜的落脚点，立定脚跟，很快就会招呼家乡亲友前来，共同从事某一种行当，于是，同一个村庄或是同一个宗族的人相继前来，由此形成的聚居点往往达到一定的规模。蓝靛是汀州八邑种植历史悠久的作物，明中叶有上杭人发现，在闽东种植蓝靛其利更高，便招呼乡人群聚此地种蓝靛，到明末，发现浙南种蓝靛利润更胜一筹，于是，大量的上杭人又迁往浙南种蓝靛，"汀之菁民刀耕火耨，艺蓝为生，遍至各邑，结寮而居"。渐渐由种植发展到销售，继而形成上杭蓝靛商群体，"获利难以枚数"，曾一度控制了全国的蓝靛业贸易。苎麻也是汀州广泛种植的经济作物，明清之交，长汀人进入赣西北，以及赣南的宁都等地种麻，也是呼亲唤友，人数众多，有资料称，以汀州流民为主的福建流民，自万历末年入赣西北"赁山种麻"，到崇祯年间已发展到数十万人，其中，闽西人少说也在十万以上。而明末连城张、杨、陈三姓人联合，沿汀江——韩江漂放杉木、竹排到潮州，在意溪一带经营，三姓族人相继随来定居，竟在意溪创建了一个"头塘村"。

海禁放开之后，这种"牵拾"现象在过番与赴台中显得特别突出、特别重要。绝大部分的后来者是依靠先行者的"牵拾"，才能顺利过番，顺利落脚，顺利开拓自己的生意的。而当这些后来者成为番地资深的侨民，有了经验与资本，便又热心地"牵拾"他们之后的过番人。正是这种基于"血缘""地缘"的牵拾，代代相继，才有了闽西波澜壮阔的过番与渡台之潮。

侨乡永定众多的族谱，可为这种家族间、同乡间"牵拾"的极好佐证——

下洋胡氏：自第17代至25代，9代人中，渡台定居者有209人；

下洋谢氏，自第15代至20代，6代人中，渡台定居有42户；

湖坑李氏，自第17代至22代，6代人中，迁台232人；往东南亚126人，其中61人在暹罗，37人在吧城；

高头江氏，自第18代至23代，6代人中，迁台246人；第25代至28代，4代人中，有200余人迁往东南亚及港澳，其中定居缅甸者100余人；

……

从这些迁徙记载中，可以看出，各姓氏早期人员渡海之后，代代相沿不绝。早期过番者，很少单独行远，多为兄弟同行、叔侄同行、父子同行，而以兄弟同行最为普遍；后期过番者，绝大部分得到先行者的"牵拾"：从先行者那儿获知就业的机会，接受他们提供的交通、食宿，以及就业的安排，由此而从容前往，也由此而能比较快地融入侨居地社会，创出自己的事业。

汀州四堡邹氏的族谱中也有这种代代渡海，相互牵拾的记载。清康熙中期到乾隆前期约80年间，是邹氏族人下南洋谋生的高峰期，族谱记载，自16代至19代，4代人中，定居或安葬于南洋诸岛的有63人。其中，第16代的邹启毓和17代邹师国是父子；17世邹信国和邹敬国、邹永国和邹邻国，18世邹宗发和邹宗兆、19世邹美玉和邹春玉、邹川清和邹风清、邹鸣保和邹鸣舞、邹启昌和邹启宗、邹匡声和邹巧林均为兄弟；17世邹充国和18世邹在渭为叔侄；19世的邹秉宏则是夫妇同往。由此可见，亲属关系尤其是兄弟关系是邹氏海外拓展的重要支撑。

海远道长，动辄数月方能至目的地，早期过番人"孑然一身"行远之例虽有，但极少，多为亲属尤其是青壮年兄弟同行，相互照应，后来者则目的地明确，径直投靠亲友以求"牵拾"。兄弟皆为单身，天长日久，在南洋娶妻生子的便不在少数。邹氏族谱就记载了族人在番邦娶妻生子的20多例：

17世邻国，生康熙三十四年，年20岁，汛六昆（今泰国洛坤）居官娶妻生子；

17世来国，生康熙三十三年，宋卡（今泰国）娶妻，生子在峤；

17世章国，生康熙十二年，卒吧国。配巴氏，生子二：子文、子贤，兄弟俱在吧国；

17世充国，生康熙三十七年，卒三宝垄。配张氏……又三宝垄娶妻，生子一：在宝；

17世东国，生康熙三十三年，配罗振清，又遏罗国娶妇，生子一：在遏，生康熙六十一年，十一岁回家，廿五岁又转暹罗；

17世芳国，生康熙三十八年，卒大泥（今泰国）。汛大泥，娶阮氏，生子一：在枢；

17世志国，生康熙廿二年，卒雍正十年，享年50，葬咬留吧。配卓淑金，又娶巴妇麻离氏。生子三：在履、在鼎，俱麻出；在晋，卓出。女一：碧兰，适马姓。在履，生吧国，8岁回；在鼎，生吧国，4岁回家……

仅仅第17代中，在番邦娶妻或娶继室的就有近10人，多数埋骨他乡，儿女也就在异国成长繁衍，也有个别回到中国，甚至把儿女也带回家乡。而有的儿女长期生长在南洋，回到家乡已不能适应，长大又独自重往南洋发展。

这一代代人前赴后继的过番往事，大多不可考了。典籍与族谱，记载都仅有只言片语，一些简略的线条，但透过这些简略的线条，我们依然能够想象，波峰浪谷间，那数百年来牵动万千家庭代代不息的远征。

（三）

过番道远，海丝路遥，冲风突浪，九死一生。多么需要神的护佑，纵一苇之所如，凌万顷之苍茫。

异国觅食，人地两疏，艰险万状，渺渺无援。又多么需要神的荫庇，交联鲲身鸟语，立足海岛绝夷。

茫茫海域，有多少青壮葬身浪谷？渺渺南洋，有多少男儿魂断异乡？

四堡邹氏族谱记十九世邹秉宏与妻张氏一同过番，"夫妇俱卒于乾隆五年庚申八月十八，葬吧国地方"。短短一则记载，揭开南洋史上最血腥的一幕：乾隆五年发生在荷属巴达维亚（吧国）的"红溪惨案"，数万名过番华人被荷兰殖民者屠戮，弃尸小溪，水为之红，因名"红溪"。惨案之后，"全城不见一个华人，所有的华人或被屠杀，或被烧死，或自缢，或溺毙"。邹氏在吧国的宗亲有5人死在这年八月，除了邹秉宏夫妇，还有邹川清、邹风清兄弟，均卒于八月十七日戌时，享年38岁和34岁；邹林佑，享年33岁。都是"红溪惨案"中的遇难者。横生灾难中，人，如何才能逆转命运的缰绳，转危为安？

海神妈祖，因此而进入闽西子民的信仰体系，在海外，妈祖是闽西侨民的首要奉祀神祇；在闽西，则有数以百计的天后宫，无数虔敬的香客，香烟缭绕春晨秋夕，祈盼护佑远行的游子，平安履险；护佑一个个家庭，足食丰衣。有联为证："满耳松涛，风护征航通四海；漫山竹影，雁传归讯值千金"（永定汤子阁天后宫楹联）。

妈祖本名林默，北宋时期莆田湄洲岛的一位奇女子，生而聪慧，屡显神通。据传升天之后，成为海上女神，常在海上大展神威，救护遭逢劫难的海船与海客，而被历朝历代帝王册封，成为全国性乃至世界华人圈中香火最盛的神明。妈祖曾被册封"天后"，闽西的妈祖庙多称"天后宫"，但闽西客家人却多

台湾淡水鄞山寺，汀州人带来定光佛信仰（李国潮摄）

呼妈祖为"妈祖婆太"。先是客家人中的林姓喊"姑婆、姑婆太"，因为妈祖姓林，本是同宗；后来与林姓有姻亲的其他姓氏也喊"姑婆、姑婆太"；再后来，几乎所有的闽西客家人都喊"妈祖婆太"了。闽西客家人传说：有难的时候，不能呼"天后娘娘"，要呼"妈祖婆太"，因为喊"天后"，她就要梳妆打扮才能降临，而呼"婆太"，亲人有难，当然是什么也不顾即刻现身喽。透过这看似令人莞尔的称谓，你可以感受到闽西人内心深处渴求平安富足的殷切。

与妈祖信仰同样流播海外的，还有闽西客家人的定光古佛信仰。在台湾有两座著名的定光寺庙，一为彰化的定光寺，一为淡水的鄞山寺。彰化定光寺联曰："古迹溯鄞江换骨脱身空色相乎圆光之外，佛恩施台岛灵签妙语示吉凶于前定之光"，很形象地阐明了定光信仰的由来与灵应。携带着家乡的神明，拓殖在吉凶难卜的海外，闽西游子的心中就多了一份踏实，多了一份勇气。

九龙江上游流域有这样的传说：龙岩的土地庙只有土地公，没有土地妈，因为龙岩的土地妈到南洋去了。据说有一年，土地公让土地妈外出施赈，在一座山顶，看见二位轿夫抬着一个阔佬上山，一步一喘。上得山顶，轿夫歇轿休息，凉风吹来，二人齐声道："真痛快！"阔佬从轿里爬出，却皱眉抱怨："闷死人了，好苦啊！"土地妈听得分明，便把钱一股脑全送给阔佬。土地公得知，气得狠狠一脚，土地妈被踢得飞到空中，飘飘荡荡，直飘到南洋才落下来，从此就在南洋供奉，护佑过番到海外的岩邑游子了。

这样的传说看似谐谑，其实重在"土地妈到南洋去了"，那是家乡的神祇，跟进护佑过番的游子。土地妈如此，定光佛如此，妈祖同样如此。而海外客家人创建的"大伯公"在地神明，更是海外游子的贴近护佑。这些神祇，寄托着过番游子多么深切的祈盼！

每每走进闽西侨乡，伫立在妈祖庙前、定光庙前，无尽的思绪就要牵连起数百年来那散不去的过番风云。眼前就要闪现出三五成群、十人八人一队，从穷乡僻壤的群山里，背起几件补丁的衣裳，带着一身祭拜神祇后的香火味，沿汀江、沿九龙江激扬而下，在闽粤一个个港口，踩着海水登船迎风而去。耳边鸣响着亲人的嘱托，浑身鼓荡起驰骋天涯的勇气，心头满满地装着对美好未来的期待。风平浪静时，遥想着家中的爹亲娘亲，风急云涌了，海上女神妈祖就似乎高高地在天上护佑。起起伏伏、颠颠簸簸，一程山一程水，一阵风雨一阵浪，前头总有彼岸。看看，海那边，灯火闪烁之处，或许就是要去的地方，因为天上圣母一直在指引着前方万家灯光的方向，但凡妈祖引导的地方，必是安身立命的光明之地。

那么，就让船靠岸吧……

山海互通

（一）

眼睛深邃、鼻梁坚挺的大胡子马可·波罗，在热那亚的狱中大侃东方中国见闻的时候，反复提到了福建，《马可·波罗游记》这部人类史上西方人感知东方的第一部著作，不吝用6个章节写了福州、泉州等海丝名城。关于闽西的汀州，很遗憾，山重水复，他没来，只提到了汀州的瓷器，说是那种蓝色瓷器物美价廉。所谓"蓝色瓷器"，应该是青花瓷吧。汀州产的青花瓷宋代就有了一点名气，1987年，在长汀南山镇的"碗片山"上，考古人员发掘了两座宋代"龙窑"遗址，出土了一批"碗片"——那些青花碎片，看上去竟是那么朴素别致，别有一番美感。马可·波罗是在哪里看到这些汀州瓷器的呢？应该是在泉州吧，看来汀州虽地处僻远，在元朝已经有物产进入海丝重要港口泉州的刺桐港，凌波出海了。

远比马可·波罗的发现更早，汀州的青花瓷至迟在南宋高宗建炎元年（1127年）即已通过汕头港出海。存世的一个青花上字大果盘，直径39厘米，圈足径16.5厘米，高7厘米，产地福建汀州，1127年广东汕头出口。这个果盘足以证明，闽西的物产早在宋代就已循着海丝之路漂洋过海，比起闽西子弟的"过番"，闽西的大批物产，才是"过番"当之无愧的先锋。

闽西发源的两条江：汀江、九龙江，以及汇入闽江支流沙溪的众多小溪，为闽西物产出山厘开了三条通道：两条水路，一条水陆参半。汀江水道通向的是广东的潮州港、汕头港；九龙江水道通向的是漳州月港、厦门港，水陆参半的通道则连接福州太平港、泉州刺桐港。大批的闽西物产就经由三条通道直下福厦漳泉潮汕这些沿海地区，同样数额巨大的海产，则溯源而上直抵闽西腹地。这就有了最早的山区与沿海的物产交流或曰"互通"。山区与沿海的这种"互通"进一步拓展，山货就沿海港去了外洋，海货则进入闽西汀州后再输入江西，成了地道的"山海互通"，海丝的一条大动脉就此成形。无疑，汀江航道，是这条大动脉的最惊艳、最强劲的搏动。

明代徽州商人黄汴，编过一本《天下水陆路程》，内有一条驿道自江西经汀州抵潮州，叙述甚详："……至汀州府，下水；九十里三洲驿；九十里蓝屋驿；七十里上杭县；四十里大孤市；七十里峰头。遇山，一十里石上，属潮州。六十里大埔县；四十里三河驿；百里产溪驿；七十里潮州府。"徽商足迹遍天下自明以来便赫赫有名，想这黄汴，对汀潮间的水路侃侃道来，如数自家庭院，当是不止一次闯过这条险滩重重的水道了。他可是带着徽州的物产，假道江西沿汀入潮呢？他的那些山货，是否也曾经由潮州或是汕头港，远赴南洋？

（二）

一声呼哨，山鸣谷应。

"坎坎伐檀兮，置之河之干兮，河水清且涟漪……"仿佛穿越了2000多年的岁月，《诗经》的吟唱在为这些闽西伐木人的号子应和。多么相似啊，板斧"坎坎"作响，大树轰然倒下，然后是劈枝斩叶，裁成一节节木头，半拖半推整到河边，"置之河之干兮"。一根又一根原木，就要远征。

原木是怎样漂洋过海的？当然是雇用海船，租赁兴化（今莆田、仙游）人驾驭的大海船："价至八十两"，"外载杉木，内装丝绵，驾海出洋……"比起出海，原木抵达港口的过程要艰难得多。一根根推下水，顺流出山，来到汀

汀江放排（李国潮提供）

江或是大的支流宽阔些的河岸，拦截，捞起，扎成一座座木排。木排下水，前后相扣，放排人手持长长的竹篙，伫立排头，长篙一点，一长串木排就如一列火车激扬而下。三百滩头，滩滩险要，木排搁浅了，或是打散了，就要下到水里，左捞右截，再在平缓些的地带，重新捆扎。经过了多少天的折腾呢，终于到了船的禁区——闽粤交界处的棉花滩。木排靠岸，打散，一根根编号，做上标记。又一根根送进激流，放排人在岸边或是崖上相随十里，到了粤地的石市，水缓了，再度捞起，按编号一一捆扎。继续顺流而下，此去270里，虽还有险滩，却多有惊无险了。

木材是闽西的大宗输出产品，不过多"发贩全国各地"，真正出洋的并不太多，部分远销中国的港台、菲律宾、日本等地。大宗货品通过海丝之路走向世界的，首推纸品。闽西县县产纸，早在南宋《临汀志》中，就有"汀境竹山，繁林翳荟，蔽日参天。制纸远贩，其利兼赢"的记载。连城县的丰头村，清乾嘉年间仅400多人口，却有36个纸槽，有18人到广东贩纸；大东溪村则是"户户堆纸料，处处有纸槽"，同治年间年产纸高达八千四百余担，人均十余担。闽西的纸品大多外销,多通过闽粤两省的几大港口,重点输出东南亚,尤其是连城的宣纸,是出口的名品。清末连城姑田的元甲村人撰写的《夜学宜习》,叙述连城宣纸的制作与运销过程,其运销渠道为——

> 担到竹贯,发下溪口;
> 送到汤头,发出朋口;
> 担到小陶,送到永安;
> 漳州广东,福州潮州。

短短32个字,简明扼要,纸品运销的三条通道全都点出:先是肩担,送到龙岩的竹贯、连城的汤头、永安的小陶;再以车载,发至水运起点龙岩的溪口、连城的朋口、永安县城;然后沿九龙江干流北溪、汀江支流连南河、闽江支流沙溪顺流而下,直抵漳州、潮州、福州。此后纸品大多漂洋过海,因为"纸售外洋获大利,售于江右仅值耳"(清康熙《连城县志·艺文志》)。

很难估算数百年间闽西纸品的出洋规模,可以确定的是,闽西纸品在东南亚极受欢迎,无论高、中、低端,在东南亚都有固定的消费群体,尤其是连城、长汀两地的优质纸品,销路极好。连城、长汀纸商设立的纸行,不仅广布潮州、汕头、佛山、漳州、福州等闽粤沿海地区,甚至还分布到了香港以及越南、泰国。广东等地的纸商,则坐镇连城的两大优质纸品产地姑田、莒溪,乾隆五十四年(1789年)起,姑田、莒溪便有广东行商设立的泰安、鸿安、义生、永昌等纸庄,两地纸品大量销往外洋,"致富者累相望",两地因而被誉为"金姑田""银莒溪"。鸦片战争之后"五口通商",闽西各县纸品均广销南洋,著名的有连城的高连纸、玉版纸、漂贡纸、京庄纸,长汀的玉扣纸等。1925年,汕头出版《六十年来之岭东记略》云:"闽属上杭、汀州、连城、永定之纸,每年运来汕头,向通商口岸及台、港、南洋暹罗、安南出口者,年产值三四百万两之巨"。而这,仅是通过汕头一港外销的规模,如算上闽粤其他港口,闽西纸品出洋的规模当更可观。

烟丝也是闽西外销的主要品种,以闽西永定、上杭为重点产区。烟草自

219

玉沙桥,四堡版书籍外销通道之一(马与摄)

明万历年间传入中国,本称"淡芭菰",俗名"烟"。清初汀州名士黎士宏《仁恕堂笔记》载:"烟之名,始于日本,传于漳州之石码",因种烟经济效益远高于种粮,很快就在闽西广为种植,到清初,汀州"八邑之膏腴田土,种烟者十居三四",黎士宏因而感叹:"今则无地不种,无人不食……江河日下,运会无穷,千载茫茫,真可浩然一想!"隔着三百多年的时光,你仍可想象黎老先生那痛心疾首的模样。烟对闽西粮食生产危害颇大,对闽西人的经济收益却又颇有助益。著名的永定条丝烟运销三条通道,一条陆路、一条水路、一条水陆参半,陆路经龙岩适中、漳州南靖入漳州、厦门、泉州,转销台湾乃至南洋;水路沿永定河、汀江、韩江入潮州、汕头,销各地并出海外;水陆参半之路则经长汀入江西,至九江转运长江沿线各大城市。三条通道两条与南洋相关。民国十五年之前,闽西条丝烟每年出口即达五六万箱,约值200余万银圆。若加上销于内地的烟丝,数额更为可观。民国年间上杭有家"德泰烟坊",老板自撰一副嵌字联:"德造条丝去上海,泰来烟笼入湖南",语句可笑,却是道出了条丝烟畅销的实情。

茶叶出口，清代的闽西亦占一席之地，主要产地为龙岩州属的龙岩（今新罗）、漳平。元代天历二年（1329年）茶叶在漳平始种，到了清代同治、光绪年间，茶山已遍及龙岩、漳平全境，民国《龙岩县志·实业志》云：茶分"明火、乌龙两种。明火销本县，乌龙则经潮州，行销于南洋群岛。"漳平的南洋乡出产水仙茶，属乌龙类，长期行销海内外，南洋水仙销南洋，成就一段佳话。

还有图书的出口。汀州四堡版图书远销南洋群岛华人圈中，后文有叙，不赘。

还有一些土特名产，诸如汀州八大干：连城地瓜干、长汀豆腐干、上杭萝卜干、武平猪胆干、宁化老鼠干等八种，以及龙岩盐酥花生、沉缸酒等，间或出口，名扬海外，亦不赘述。

（三）

七畲径顶像羊肠，石阶如梯级级上；
跌破脚趾忍不住，一声哎哟一声郎。

粤东石市与闽西峰市，隔着一道山，十里山道，数百年间摩肩接踵尽是挑担的男女，鼎盛时一日竟不下3000人，其中大多为女性。一拨拨的闽女少妇身着大襟衫，赤着脚板，肩着盐担或是米袋气喘吁吁地行走，头上凉帽帽带飘飘，看上去确是一道风景，只是这风景的底色是"织女作牵牛"的心酸，如同这支山歌所唱：羊肠般的山道，陡峭如梯的石阶，沉重的担子，柔弱的肩膀，一串串汗水顺着一张张脸颊，不歇地洒在石阶上，滴得石阶也湿润、打滑。扑通，摔倒了，忍不住哎哟呼喊，呼的却不是天，而是心上的郎。可是郎在哪儿呢？郎已搏风击浪过番去了，临近峰市的山村，"男的一条裤带去过番，女的一支络索去挑担"，是生活的常态，呼郎不应却呼郎，这山歌的余韵，常在汀江的航道上回荡，久久难息。

山与海的交换，山货与海货的互通，最初也是最大宗的是"大米"与

"海盐"。米自江西来，小船在汀州下水，闯滩历险，不消一旬可直抵峰市，卸米装盐，返航汀州；盐自潮州来，大船逆流而上，历时更久，抵达石市，卸盐装米，返航潮州。峰市石市之间，则靠两地织女的肩膀与大脚板，来回运米运盐，此之谓"盐上米下"，成为山海互通的经典用语。

当然，"盐"与"米"皆为泛指，"米"代表山货，"盐"代表海产，"盐上米下"，山货与海货的双向交流，成就了汀江、韩江航道上几个繁华市镇，在粤东，是三河坝、石市；在闽西，则成就了峰市至少400多年的繁华。

峰市初名"碇头"，亦即黄汴在《天下水陆路程》中称的"峰头"，碇碇水声轰响如雷，地名大约隐含此意。碇头之下即江流卷雪宛如棉絮的棉花滩，乃航运禁区。纵然汀江航运号称"纸船铁艄公"，再"铁"的艄公也难敌那巨礁林立而激流澎湃的河道，只能在此停船，卸货。这片弹丸之地就有了若干码头；有了一条条街道：最初的折滩街，此后的河头街、峰市街，每一条街都依山傍水而水汽蒙蒙，每一条街都商铺摩肩、人流接踵、满目繁华，让人不由自主联想到繁华的香港，于是就有了"小香港"的美誉。因为这些街市比较集中地坐落在双峰山下，峰下之集市、街市，简言之，便是"峰市"，"碇头"就如此华丽变身。

令人惊讶的是峰市竟有两座城，一个乡村建有两座城池，在南方各省怕是绝无仅有。一座"抚民馆城"，简称"抚馆城"，建于明嘉靖三十七年（1558年），城"周一百七十二丈，高一丈六尺，北门一，中建公馆，左右兵房各五，城内官房七所，民房六所"，当地人称之"武衙"。顾名思义是因应此地"闽粤要冲"的地位而设，一支劲旅驻此，谈笑间便可"扼闽粤之咽喉"。另一座"河头城"，建于明万历四年（1576年），峰市的繁华让此地升格为上杭县分县，于是大兴土木，"城周四百八十七丈，高一丈八尺，东西南门三，北为水门，中建府县公馆凡三，城内民房二十四所，茅店三十五间，城外兵房四十间"，对应"武衙"，这座城被称作"文衙"。"文衙"的占地是"武衙"的近三倍，一大一小两座古城，四百多年拱卫一个小小的峰市，拱卫那些商铺、客栈、行店、民居，以及活跃在街市上的数万常住与流动人口。峰市，作为汀江航道上最大的物资集散地，因水而兴的商贸重镇，数百年间延续了常人难以想象的繁华。

不妨走走民国年间的峰市街。那个时候，峰市的繁华快要落幕了，落幕前却还有一波高潮，一种夕阳返照的绚烂。那个时候，这里叫"峰市特种区"，这条不过千米的街道，竟分成上街、中街、下街、横街、鱼湖街、三角坪、九坎石、拐子石面上等若干小段，每一小段都店铺林立，人头攒动，买卖兴隆。抗战时期，沿海城市沦陷，潮汕一带的大商号与银行迁移峰市，更如打了一针鸡血，竟让峰市成了闽粤边重要的金融中心、经济中心。原本的320多家商号，诸如盐号德华承、丰兴、正昌、大源、广福、海兴、木纲三益纲、怀顺纲、连需纲，烟庄张茂元、广昌泰、天生德、德隆镜、恒心昌，纸行德星隆、黄义源、崇礼，布庄张德美，米豆行黄振兴等，鳞次栉比。新增的数十家商号、过驳行，新来的5家银行、6省会馆，以及蜂拥而来的沦陷区难民，小小峰市日日人潮涌动、人声喧响，与身旁的汀江潮涌、水声硡硡竟可一比。这段标志着峰市数百年繁华之最的时日，不久便到了尾声。

20世纪50年代，陆路交通的兴盛让汀江航运渐渐淡出，也让峰市渐渐走向平庸。人流散去，峰市人口已不到此前的1/10。半个世纪之后的世纪之交，随着大型水利工程棉花滩电站建成，包括峰市一带的广阔地域，都成了新诞生的龙湖的组成部分，曾经激浪翻白的汀江之水，已是波平如镜；曾经商铺林立的峰市街，连同河头城、抚馆城，深深潜入了数十米深的湖底，深深潜入了这一带子民的记忆。

这条南流的江，这条惊险万状却忙碌万端的航道，在数百年间对接海丝之路"盐上米下"的进程中，哺育了沿江子民，也为沿江城乡带来了不曾想象的繁荣。

"上河三千，下河八百"，说的是汀江、韩江船运之繁忙。以峰市、石市为节点，汀州府至峰市为上河，峰市至石市为禁区，石市以下为下河，上河船小，下河船大，上河船多，下河船少，正是一种平衡。且看上河的船舶，以谷笪为篷，有点浙地乌篷船的味道，却比乌篷船更大更长，人啊货啊都在篷下，遮风避雨。远远看去，如一只只鸭儿凫水，俗称"鸭嫲船"。两个艄公一前一后一篙一桨，威风凛凛，穿云而来。而一日里几千艘"鸭嫲船"上下穿梭，那是怎样夺人眼球的风景？汀州府、上杭县、峰市这些沿江城镇，一一在"鸭嫲船"的吞吐间膨胀、壮大，而沿江村落，那些船只拢岸过夜之所，则长成一个个小集镇，人来客往。每每入夜，沿江府、县、镇、村，灯火常常与月争辉，一派繁华！

只是，繁华已静，不闻回声，那数百年汀江航运的万千故事，已成绝响！

书乡四堡

（一）

　　这是一个狭长的盆地，如一枚不规则的长条形叶片，镶嵌在汀州府这棵枝丫的东北方。四面环山，东为鳌峰，西为西嶂，高峻陡峭；南为驴子岭，北为竹篙岭，相对低矮。书乡四堡就坐落在盆地南端，9个行政村，57平方千米地域，全称为"福建省连城县四堡镇"。清代"行销全国、名扬海外"的四堡雕版印刷奇迹，就是由这里的马屋、雾阁两大村落马氏、邹氏创造的。

　　中国的雕版印刷，作为世界印刷术的开端，从唐初发明，直到明清，始终处于世界的领先地位。曾经向东传入朝鲜、日本，向西传入伊朗、埃及，向南传入菲律宾、泰国、越南。而鼎盛于明清时期的四堡雕版印刷业，正是南传线上功不可没的重要据点。

　　1956年，大学者郑振铎先生在厦门大学的一次演讲中，谈起中国印刷术对世界的影响。这位中华人民共和国文化部副部长如数家珍，历数从唐至清享誉全国、传播海外的雕版印刷基地。清代，他列出了最著名的四大基地：北京、汉口、四堡、浒湾。四堡，名列第三。

　　似乎正可印证他的观点，我的手头，正有清光绪年间修的《马氏大宗族谱》《范阳邹氏族谱》。谱上，赫然列着一位位因销售书籍而卒于异国的人员名单：某某公，卒于暹罗（泰国）；某某公，卒于交趾（越南）；某某公，卒于咬留吧（印度尼西亚雅加达）……

这实在是一个奇迹。

南宋之前，这里还是一片洪荒的土地，到了明中叶之后，尤其是清代，竟是难以想象的繁华。好大喜功的乾隆皇帝登基的时节，四堡的雕版印刷业进入了全盛时期。乾隆皇帝大约是无缘阅读四堡印刷的书籍的，虽然四堡马屋的林兰堂藏版就标明"奉旨刊刻"，盘旋封面的二条龙张牙舞爪，好不威风！可以肯定的是，中国南部甚至远至越南、泰国，一定有难以计数的莘莘学子乃至男女老少，捧着四堡版书籍在咿咿呀呀、废寝忘食。

那真是一个全盛的四堡：沿鳌峰山脚，近10里的官道边，铺开若干村落，印坊栉比，书楼林立，在兹堂、万竹楼、五美轩、文香阁、素位山房……四十余家大书坊招贴高悬，中小书坊更是星罗棋布，从事印刷业的男女老少不下1200人，占当时总人口的60%强。没有一项职业能够这样几乎一家不漏地调动起如此众多的男女老幼。你是读书人么，可以握管挥毫、抄抄写写；你有技艺，可以捉刀执刃、雕雕刻刻；纵然是一字不识吧，还可以上山砍木头制作版心，可以出外担运印刷用纸；老人妇女，可以裁纸，可以装订；最不济的五六岁孩童，还可令其坐在小板凳上折叠纸页，真是家家无闲人，户户有书香。肩挑车驮，船装水运，沿四堡通往外埠的北线、西线、南线3条水陆通道，谁能说得清数百年间运出过多少书籍、奔走过多少书商呢？单是有案可查的四堡籍书商就有629人，经营于广东、湖南、湖北、四川、广西、江西、云南、山东等13省百余个县市，还有售书两广直抵交趾以及大风飘去暹罗的多项记载。各方到四堡订购书籍的书商同样络绎不绝，从康熙至乾隆年间，在马屋、雾阁两村之间的荒坝，曾经有过中国南部最古老的乡村书市：官地坝书市。整条大街全是书店，店里书橱满满登登，店前书摊宽宽展展，粘满线装书封面的招贴，在风中摇曳，墨香扑鼻。慕名来此的书商，大多来自江西、浙江、湖南、广东、广西，有些甚至来自遥远的贵州、云南，人头攒动，热闹非凡。

正月十五是元宵，也是每年书市首度开张的日子，官地坝盛装迎客。远

中田屋，四堡著名书坊（马与摄）

方的书商早几天就住进雾阁的驿站或是两村的客栈了，一个个赛着起早，抢个利是。比雄鸡还早的更有书坊老板们，一张张睡眠不足的脸全被喜气刷得毫无倦意。早期书市的利润是那么丰厚，"一担图书出去，一担银子归来"，这是传说，又不完全是传说。中田屋主马定邦，这个12岁就独力应酬数十雕刻匠人的传奇书坊主，这一天要是没有一千两银子进账，他是不回家吃早餐的。他魁梧的身形之后，总有好几个外地客的身影，有一次一位广东书商，甚至跟他进了茅厕，才达成在其当地包销的协议。南中国的印书业，一度几乎为四堡坊刻所垄断！一个远离京城的省份福建，一个远离省城的州府汀州，一个远离州府的山乡四堡，边缘中的边缘，谁能想象，竟然引来如此众多的书商，一再盘桓；谁能想象，清代中国南方最大的刻书中心，不在文化发达的都市，不在交通便捷的沿海，独独选中了四堡，选中这穷乡僻壤，选中这边缘中的边缘！

(二)

握着锄头的手拿起了刻刀，挑惯粪桶的肩挑起了书担，是怎样的机缘促成了如此大跨度的转型？什么时候，有了那第一缕书香？

马氏族谱有确切记载的第一个书坊主马维翰，邹氏上祠族谱有记载的最早书坊主邹葆初，邹氏下祠族谱有记载的最早书坊主邹抚南，都在清康熙初年建立书坊，前后差不了几年。看来马氏、邹氏书坊的肇始其实是伯仲之间，齐头并进。只是，两姓都要抢这个"第一"，一抢，就抢入传说的烟云中迷蒙难辨了。

传说中的书坊鼻祖远在马维翰、邹葆初们之前一二百年的明代中叶。马氏传说的鼻祖是马屋唯一的进士马驯，官居湖广巡抚、都察院右都御史，二品。66岁的一天清晨马驯用餐，忽然想起老母"所烹粥味甚美"，不觉停箸，怅然久之，于是致仕还乡，倡建宗祠，首修族谱，教化乡民，族谱的雕印便成为书坊的肇始。他钟爱的侄孙马杰，在修谱的基础上建立了"人和堂"书坊，时在明弘治后期（约1496—1505年）。邹氏传说的鼻祖是曾任杭州仓大使的邹学圣，明万历八年（1580年）辞官归里，其妻邵妙正留恋家乡杭州，更担心四堡山区会耽误子女教育，邹学圣因而倾囊购回杭州灯艺及全套雕版设备，换得妻儿成行，由此有了邹氏的第一个书坊。只是，"人和堂"也罢，邹学圣书坊也罢，都未曾留下哪怕是一本书、一块雕版、一只书箱、一个墨缸，仅凭这些明显带着浪漫气息的传说，如何能成信史？

我总觉得，四堡雕版的起源未必如传说中的那么悠久，却也绝不会迟至清康熙初年。族谱中确切记载的第一个书商、第一个书坊都不会是真正的第一。马维翰18岁便贩书江西、广东，如果不是族中前辈已有贩书之类的经历，年纪轻轻的他如何就能作此选择？邹葆初回乡创建书坊前已在广东兴宁建有书坊，如果没有先人在广东贩书打下的基础，一个后生凭什么挺进800里外的兴宁开坊售书？不，在他们之前，一定还有第一。这个第一，或许原本只是一种无奈，最早选择贩书印书的那个人，是无法预料贩书印书之成败得失的，成王败寇，成则金银满怀、败则倾家荡产，那算得上是第一个吃螃蟹的勇士。可

四堡古雕版(沈文生摄)

如果不是时势所迫,勇士再勇也不会无缘无故吃吃螃蟹玩玩。这吃螃蟹的第一人,很可能是个倾心举业屡试不第的书生,迫于生计不得已弃儒经商,而大众心目中"士、农、工、商"的传统排位,让他从"士"向"商"的转型那么痛苦而无奈。抬着秤杆锱铢必较,多伤读书人的颜面!于是印书售书就成了他最好的选择,仍是与书结缘,仍是有几分高雅气啊!也许,正是落榜的书生成了成功的书商,四堡才有了第一家书坊,一个个落榜学子群起仿效,四堡的坊刻业便有了最初的滥觞。

(三)

只是,这样一件大业开创之后,拓展可就不是那些书生能左右的了。宗族在这里显现了难以想象的凝聚力。一种以落榜书生为骨干、以家族中的经商能人为核心,动员起家族整体力量从事印书贩书的族商渐渐形成。正是族商的出现,掀开了四堡雕版印刷业的辉煌一页。

"中田屋"是马屋著名的大书坊。曾经在一个落雨的日子,跟着我的同学、中田屋为数不多的传人之一,穿过宅院残破的门楼,一一走过它的"九厅十八井",空旷而缺乏人气的古宅厅堂让人感觉凄冷的寒意。同学指点着祖上当年印刷的种种遗迹:一尺半长的木螺丝、五百斤重的石砚盆、三丈高的风火墙,以及雕版室、裁纸室、装订房、库房……伤感的声音响在雨打芭蕉的滴沥声中。当年,中田屋是怎样的繁忙兴旺景象啊!四代同堂的大家庭,家财共有,同学的高祖父统"七十余男丁妇口,上下严肃"。印坊一应事物,制胚、书写、雕刻、裁纸、调墨、印刷、折页、分册、装订、榨实、封脊、贴签、包装、搬运,数十道工序除个别雇请外基本由家人完成,件件井井有条。40多平方米的大厨房,两口特制的大铁锅,煮饭时两个媳妇要攀上锅台,共同放入硕大的饭甑,然后以簸箕一箕一箕地把米递入,饭熟,又一盆一盆地把米饭盛出。像中田屋这样"版材盈屋、雕版充栋"的大书坊,仅马屋村就有二十余座。家族的力量无疑是印刷业崛起的保证。

出门贩运书籍靠的也是家族的力量。邹氏族谱载邹元景:"弃举业而远服贾……公率弟侄辈十余人,经营外省,虽数千里之跋涉,数十年之风霜,不敢告劳;一钱尺布,不入私房……"马氏族谱载马谦:"兄弟三人,携资售书江西,囊渐盈……复构别墅贮书版,命儿孙远贾两粤……"

正是族商的形成,使雕版印刷业成为邹氏、马氏家族经济结构中的重要甚至主要的组成部分。书籍的印刷与销售,其成败直接影响每个族人的生活水准乃至命运,传统的耕读基础上,突出增加了工与商——带着书卷气的、高雅的书籍印制与传播,形成了耕、读、工、商各业并举,以工、商养读,以工、商反哺耕的家族式经济格局。家族的力量使雕版印刷业崛起,而崛起的雕版印刷业对经营人员与用工的需求,则让家族成员大多参与其中,其可观的利润,更提升了整个家族的生活水准。在家族内部,前辈书商提携后进,从来是族人责无旁贷的义务。没经验,先行者教给;没本钱,长辈资助或借贷;信息缺乏,族人及时以内部的"黑话"通报;而当碰上与外地书商竞争的紧要关头,全族的书商都会通力协作一致对外,直至占领某一地市场。在某种意义上,四堡的雕版印刷业,自始至终都是整个家族的共同事业。

有两项族规似乎很能说明宗族的威力:

一曰"岁一刷新"。每年春节，各个书坊都要把来年打算出版的所有图书品种印刷出版样，贴在各自书坊门墙之上。过年的时候相互串门，重要的内容就是相互观看各书坊的出书状况。遇上图书品种重复，便由族长或是族中长者出面调解，规定各自的刊印数量与销售范围，避免纠纷。

二曰"版头所有"。四堡人称雕版为版头，而版头是受家族保护的。一般不允许开刻已有的雕版。一个书坊已经刊刻的雕版，其他书坊便不能再刊刻，只能租用，而且，用租用的雕版印刷时，一切需照原样，不得改变版式、堂号，不得另立标记。违者由族长出面干预。雕版上往往刻有"藏版所有，翻刻必究"的字样。多了不起啊，现代的版权意识，在古老的四堡雕版印刷中，竟能找到原始的萌芽。

在四堡，无论是雾阁还是马屋村，雕版在族人的心目中是价值最高的。分关（分家的文书）上，排列第一位的财产往往是雕版，然后才是房屋、田产。曾经看过马屋在兹堂清道光十九年（1839年）的分关，工整端庄的毛笔字，一页页写满了107部雕版的名称，而房产与田产，只占了区区半页。当汗牛充栋的雕版分属几位后人，一座大书坊就划成了若干小书坊，具有了从商经验的后人，在相互的关照与提携中对外竞争，不久，若干个中型书坊乃至大书坊便崛起于鳌峰山下。族商，就是这样代代相传，在这闽西偏僻山间的小镇，播下了延续数百年的书香。

（四）

月华如水，映着官地坝的房舍、道路、田畴。曾经繁华的书市撑到清中叶便停市了，如今早无遗迹。咸丰、同治年间是四堡雕版印刷业的滑铁卢：先是鸦片战争，太平天国，战乱给四堡印刷业沉重的一击，运输图书之旅变得险象环生；社会稍稍安定之后，比雕版印刷先进的石印、铅印又相继崛起，接二连三的耳光甩得四堡书业晕头转向，元气大伤。落后的生产工具终究要被先进的取代，历史的局限使得四堡的族商没能跟上时代的步履。曾经昌盛数百年的四堡雕版印刷业，衰落了，最后的书坊，勉强支撑到民国末年，先后停业。

官地坝，成了四堡雕版印刷业数百年兴衰起落的见证。

走在官地坝的阡陌小道上，不禁感慨：四堡雕版印刷业，曾经在中国印刷史上留下了辉煌一页。那些名不见经传的儒雅书商，凭着一股志气两只脚，踏遍中国南部乃至东南亚，把一个僻处闽西山区的四堡，变成了海内外人心向往的文化基地。数百年的积淀，十几代人的努力，才培育出这一支雕版奇葩。可是，奇葩已谢，繁华不再，只存遗迹，让你捡拾。万幸的是还有那么多的遗迹遗物：诸如古书坊、古雕版、古籍、古桥、古亭、古道以及原始的书担、书箱、推车、印刷工具等，内地所有的雕版基地均难望其项背。以四堡古书坊冠名的国家重点文物保护单位，居然达到了50个点，在国内绝无仅有、硕果仅存。明末雕版初兴时建的"万竹楼"，清乾嘉年间鼎盛时期的中田屋、子仁屋、文汇楼，清末民初衰落期的林兰堂、文海楼，这些书坊涵盖了从滥觞到绝唱的两百多年时光。四堡古书坊，是一个时代弥足珍贵的孑遗，是琥珀，是银杏王，是大熊猫，也是中国雕版印刷南传之路的重要节点，是闽西投身海丝的又一佐证！

或许，有兴必有衰，四堡雕版印刷业的衰亡，乃是时代发展的必然。先进的终究要取代落后的，谁也没有办法阻挡前进的步履。可是，那些前辈书商们，既然能够在落榜后转型，让偏僻的四堡走进中国印刷史册，为什么不能在落伍后奋起，跟上时代的潮流再领风骚呢？

或许，最主要的原因还得从自身寻找。四堡的书商应该称之为族商，在他们的所有经营活动中，家族起了决定性的因素。是整个家族的力量，使雕版印刷业迅猛发展，但家族本身的局限，又极大地束缚了印刷业的进一步腾飞，由于书业始终从属于整个家族的经济，大量的利润被转作消费，无法有更多的资本积累，在新技术洪水猛兽般的冲击面前，他们在思想观念与经济条件上，都没有抗衡之力，因而应对失措，痛失再度转型的先机。四堡雕版印刷业，正是背负着族商的种种局限，在时代的大潮中沉浮，最终被抛出潮头、抛向边缘。

其实，不仅仅是四堡，闽西商品经济的发展始终不够发达，不少地方往往都有过一度的兴盛，然后就渐渐衰落，究其原因，主要也在于族商的因素。

宗族的力量促成了族商的产生，宗族的局限阻碍了族商的发展，而始终从属于整个家族经济的族商，不能不背负着宗族的重负，步履蹒跚。对于族商来说，成也宗族，败也宗族；而对于四堡的雕版印刷业、对于闽西商品经济的发展而言，那是成也族商，败也族商！

作家曾纪鑫这样评价四堡："她是辉煌的见证，是转型的祭奠，也是连接过去与未来的一块纪念碑。"这样一块纪念碑，树在了四堡每一个子民心上。

侨乡记忆

今日龙岩地域，有着传奇色彩的乡镇甚多，诸如永定的下洋、湖坑、岐岭、大溪、高头，新罗区的东肖等，都是赫赫有名的侨乡，尤以下洋、东肖最为著名。不无夸张地说，当今的天涯海角都有下洋人、东肖人。在那过海越洋的年代，下洋人、东肖人凭着那无穷的勇气和过人的胆识，在风高浪急中过海，在惊与险并存中越洋。只是故乡的那一缕缕云彩，似乎总是随影而行，既飘游在空中，更闪亮在心中，除惊排险的力量因此无穷。于是，勇于闯江越洋的乡亲，前行的脚步就停不下来，一步步地走向远方。如同千年前的祖先，从遥远的北方千山万水地来到南国，来到下洋、东肖一样。

下洋的神妙光环

或许因为地处流域面积700多平方千米的金丰溪下游，又位于古洋的下方，"下洋"这个地名也就叫了个天长地久。自古就有迁徙开拓精神的下洋人，早在明末清初就前赴后继地下南洋开埠拓荒。

下洋、下洋，下洋渡海远去他乡……

下洋人的祖先从北方逃难来到南国，离开平原见到山区，告别干旱拥抱溪流。石头缝里掘地，山坡坡上筑田，旱旱涝涝，天地无常。特别是开枝散叶后,子孙多了,亲眷众了,开垦的那"一亩三分地"上稀稀疏疏的谷米,总也让岁月无光。从北国到南方,在这南方又该去哪呢?只有无际的海洋,风闻海那边有太多的蛮荒之地,广无人烟。那就走吧,祖先能从北方到南方,子孙就能从南方到南洋。为谋一条生路,大海那边聚集了一帮又一帮的下洋乡亲。

从此,身在异国,根在下洋,朝夕相思,梦中泪涟。下洋1230米海拔的锅子崬山峰,无论怎样的踮起脚尖,看不到哇,下洋那纵纵横横的溪流,虽然流在家乡,却时时流在心里。流在心里,溢出眼眶,那就是对父母上辈的念想。于是,当年一帮一帮的来异国开创,功成业就后又一帮一帮地回到下洋,一祭祖宗、二孝爹娘、三拜家乡。旅外回梓,个个都是孝子孝孙,人人成了乡贤志士。再返回他乡创业,海那边思乡,山这头思贤,两地相思,天长地久,就连村名都改,下洋的"思贤村"就是一例。

思贤村乡亲大多姓吴,自吴氏始祖吴纲公500年前到此开基,此地开始人丁兴旺。岁复一岁,代传一代,到了吴胜昌这一代,也于咸丰六年,与一拨乡亲携妻带儿从下洋辗转广东汕头,远去了自己国家的台湾岛开发,他就是台湾国民党前主席吴伯雄的曾祖父。开基立业的年岁,吴家含辛茹苦、节衣缩食。时来运转,吴伯雄之父吴鸿麟奋发有成,不仅担任地方长官,且还成为台湾医学界的一面旗帜。特别是教子有方,膝下几个子女都学有所成,遵规重德,传为口碑。有一年,吴伯雄携妻回到祖籍地祭拜祖先,饱含深情,挥毫题写了匾额"思贤村"。一个"思"字牵动了祖籍地与海外乡贤们几多情丝。思乡,你在这头,我在那头。乡情,千万里牵起,高山不能阻隔,海浪也无力冲断,永恒在乡亲们心中。

下洋的中川村,或许就更有故事了,如今中川村只有近3000位村民,但在海外各国的中川人却以万计。中川本是一爿穷村僻壤,又田薄地瘦,食不能果腹,衣无法遮体。于是,中川人就穷则思变,走出去,用脚步丈量出生存之路,冒着重重风险走向海外。中川内外流传这么一句令人心酸的顺口溜:"男人扎条裤带去过番,女人带双络脚去挑担。"那年月的"过番",似乎成了男人谋生的首选。中川村人因贫而侨,由侨而拼。但凡舍力打拼的,也形成另外一种景象,那就是"由拼而富,由富而重孝、重亲、重教,由教而才,由才而

中川古村落（胡剑文摄）

兴"，成为中川村的一种文化特质形成的闪光轨迹。

远在明末清初，中川人的先祖胡海隆、胡映日等先贤，曾筚路蓝缕地深入山林采伐竹木，又顺溪流而下往潮州而"拎金"，同时广植烟叶而"提银"。小有财富后，便在周边乡村购置田产。叠高家财后，把购置田产的版图扩展到永定之外，甚至漳州、潮州所辖地域。年复一年，胡氏家族也就富甲一方。正因为胡氏先祖有着过人的经商头脑，家族后人中，牵引出一批又一批的以商为业的能人，特别是"过番"到东南亚一带的胡氏子孙。

耕读传家是汉民族乡村社会的传统，中川人却在耕读基础上，更加注重过番发展，"乡贤公、胡文虎、胡斐才、水客王"这中川的"四位精神偶像"，就典型地凸显了中川人的尊崇。

人称"乡贤公"的胡贞一，虽然只做过漳州府平和县学司训的小官，却被清康熙朝高官吴梁拜为义父。缘由是胡贞一在康熙十六年饥荒期间，倾其家中所有粮食一手开仓济民，另一手则大锅煮粥，拯救饿得奄奄一息的饥民。品行之高尚，口碑传于四面八方。而清代中川的秀才胡斐才，虽学识渊博，独有其才，却无意仕途，只是专心著述，到了痴迷的程度。传说有一年端午节，他正埋头于文案，家人把粽子和蜂蜜放于书桌一角。因胡斐才凝神构思，专心致志，竟然拿起粽子蘸着墨汁吃下而浑然不知。从此，"粽墨流馨"就成了脍炙人口的典故。

胡贞一和胡斐才是读书或为官之人，一代富商胡文虎则是名扬世界的"万金油大王"和"报业巨鳄"。他的事迹、业绩，色彩缤纷于大千世界，无须赘述。"水客王"胡前光则是以"百下南洋"的壮举，成为中川的传奇。胡前光之父沉溺鸦片而倾家荡产，胡前光14岁即挑担养家，17岁南渡槟城打铁，后又做了往返多地的水客，几乎终其一生往返南洋，至73岁高龄时，已有97次赴南洋奋斗的历史记录。家人规劝就此为止，见好就收，不要把那身老骨头丢在异国他乡。但胡前光没有终止下南洋的脚步，仍然以古稀之年"三进三出"，创造了下南洋一百次的纪录，成为名副其实的"水客王"。

乡贤公与胡斐才，揽中川之地灵，成诗书之人杰，其德才日月可鉴。胡文虎和胡前光则承袭了先祖胡海隆、胡映日等先贤敢于在商海里驰骋的遗传基因，各自在海外打拼而发家、从商而致富。如此四贤，成为中川人的精神偶像和精神旗帜，或许是个必然。他们一官宦、一富商、一教师、一佃农，因贫而侨，由侨而拼，由拼而富，由富而重孝、重亲、重教，带动整个中川的振兴。此外，过番的中川人物还有著名侨商或侨领胡曰皆、胡泰兴、胡子春、胡仙等。据权威机构统计，海外两万多人的中川侨胞，是当今中川人口的七倍。永定有9位亿万富翁，下洋占了7位，而中川又占其5位。

了不得的中川村，了不得的"中川现象"！

东肖的华侨大观园

东肖本土，73平方千米，4万多人口，海外华侨竟然超过10万人，且在逐年发展之中。海外华侨众多，归国华侨也多，因此，这个乡镇就不得不特别设立起归国华侨联合会。还是在东肖，巍巍然一幢龙岩华侨历史博物馆，1000多幅风景各异的图片、翔实的史料和数百件无价的文物和实物，既是老一辈的华侨们的"家珍"，又是新一代华侨的再创业教科书。

晚清以来，东肖乡民几乎是列队走向海外，如同田径场上的接力赛，他快你快那我就得更快，落后不得。生己养己的家乡虽好，但人多山多，栽谷种米，只能顺着山势开梯田，开到山顶再辟一块望天田。地薄总是田瘦，春播一粒谷，夏收几颗粮，穷人家无粮可存，也就大不必建粮仓。每遇灾年，游走于村村寨寨的尽是饥民，喜逢丰收了，也只不过多了三五斗，难敷漫长的春夏秋冬。生性勤苦但又果敢与命运做斗争的东肖人，铁定意志让逆来顺受，年年难过年年过的岁月不再。三十六计走为上，东肖人游走各地，或垦殖或手艺，当鸦片战争后海禁大开，东肖看到了海外谋生的机会，断然漂洋过海。

在东肖，开门总能见山，一座座山，无论山上山下，都能脚踏实地，稳实如铆。然而，一到海上，风风而过、浪浪起伏，躲过前浪难避后浪，只要一浪不饶，就得随着似有形却无影的海浪，抛身海底与鱼虾为伍。父亲跨不过那海葬身鱼腹，儿子长大再闯南洋，前仆后继，不折不挠，海浪相逢勇者胜，虽然九死一生，却终于到达了彼岸。

上岸了，无论脚下是哪一国的土地，见山登山植树，遇水渡水养鱼，有了泥土就下种，一天又一天，一年再一年，山中树木成林，水里鱼虾无数，土地上五谷丰登。立地生根、安身立命、发家致富，以其大半生的心血创业，和常人所不及的勤勉，垒起了财富的大厦。直到此时，才借难得的分秒闲暇，看一看镜中的自己，异国他乡数十年，已是满脸风霜。在阵阵无语的酸楚中，朝着东肖的方向伫望。东肖是家乡，家乡在胸膛，思家恋乡的心潮翻涌，回家吧，世人都说，树高千尺，落叶归根。看看那山还是不是儿时攀爬的那座山？瞅瞅那水，还是不是儿时嬉戏其中的那道溪水？

于是，一位华商再一位华商，三五成群地回到了家乡，擦一擦模糊的泪眼，看山看水看儿时的一切，在父老乡亲的寒暄中一展乡愁。一个个争相掏出用血汗凝成的财富，为父母家人立一华屋，为家乡父老起一大宅，既慰藉列祖列宗，也为后代子孙立个样板。于是，旅居印尼的张氏五兄弟的"五星楼"昂立了；与五星楼隔空相望，占地两亩多的印尼华侨雄起的"潮海楼"，虽然小有南洋元素，却重在青砖灰瓦，以凸显闽西风情；走出潮海楼，又见艺丰楼，33个房间窥见新加坡侨商的大手笔；艺丰楼的前方矗立着朱门黄墙灰瓦的振声楼；此楼规模已不可小觑，却又有占地3000多平方米的玉声楼，此"声"

东肖振声楼（白云提供）

更比那"声"大……在东肖这一片土地上，俨然成了华侨楼院的大观园。

东肖一个镇，由域外华侨建起的楼群，一片再一片，片片引人注目。一个大几十平方千米的镇子，华侨楼院多哇，就是一个村，也让人叹为观止。东肖镇有个溪连村，海外华侨多达万人之上，较有名气的若干座楼院大多集中在此村，且多为中西合璧的洋房，外表形态各异，内在寓意丰富。楼房无论大小，总有厚重的大门，各种色调的墙体、窗棂的雕花，无声展示各自侨居国的风情，都潜藏着无声胜有声的故事。那一长串故事的序幕，就是数十年前一步三回头但又渐行渐远地从山里走向海洋的背影。而高潮和尾声，穿起几十年的岁月，全砌进这一座座楼院里了，让后人细细地品味。由东肖组建的侨声艺术团，把说不完的华侨故事糅入了"采茶灯"、编进了民谣、织结成小品。一场又一场地演给东肖人看、演给新罗人看、演给闽西内外的乡亲看，也飞越大海，演给各所在国的侨胞看。乡音袅袅，飘荡出侨胞们心中无尽的乡愁。

东肖并不大，但走出国门的东肖人，却把自己家乡的版图无限放大了。东肖人每到一个国家，就在那个国家立起东肖人的一片天地，干外国人不愿干或不会干的活，吃东肖人习惯吃的饭，说东肖人改不了的乡音。以勤苦为本的东肖人鸡鸣而起打拼，卧薪尝胆立业。当创业之花绽放了，图强之树结果了，总把家乡念念于心的东肖人，就让创业之花香回家乡的田畴阡陌，创业之果送到儿时徜徉的村口。家乡的建设、长辈的赡养、子孙的造就……大气的东肖人把集结在异国土地上的一树果实，摇下一地，一一拾起，送回自己心中永远的东肖。

　　一部东肖的华侨史，就是东肖人与海洋的历史。东肖人的路，不仅仅是"两亩地一头牛"的农耕之路，更是浩瀚无边的海洋之路，一路通、路路通，过去的海洋通达，现在的"一带一路"则更加灵畅。今天东肖的华侨，更坚定地走在这条蔚蓝色的路上，昨日传奇的东肖，今天正续写着新的传奇……

虎豹传奇

新加坡西海岸。

巴斯班让路临海的小山坡上，一条道路穿过绿荫，指向一幢有些岁月的花园建筑。花园内尽是中国历史故事、神话故事雕塑，八仙过海、太公钓鱼、桃园结义、唐僧取经……一一活灵活现。雕塑环绕着的主体宅第遍身洁白，圆柱典雅庄重。门面正中镶嵌着一块硕大的匾额，上刻一虎一豹；门一旁蹲一尊虎塑，另一旁蹲一尊豹塑，这便是著名的新加坡虎豹别墅。这座建于1937年的别墅别称"万金油花园"，它的主人，是20世纪上半叶名震东南亚乃至欧美的华侨首富胡文虎、胡文豹兄弟。世事沧桑，1985年，这座别墅花园经胡氏兄弟后人同意，由新加坡政府接管，面积扩大到3.2公顷。如今，这里成了新加坡较有历史的一个著名景点。闽西游客来到新加坡，最想参观的就是虎豹别墅，因为胡氏兄弟本是闽西永定人氏，虎豹传奇在闽西，几乎称得上家喻户晓。而新加坡虎豹别墅，正昭示着虎豹兄弟曾经的辉煌。

（一）

缅甸仰光，永安堂中药行。

19世纪下半叶，过番大潮中，闽西一位年轻的中医胡子钦只身来到缅甸。

早在家乡永定中川，他就从过番乡亲中了解到缅甸缺医少药，行医应是很好的谋生手段。他有备而来，带来了家乡的中草药和验方，凭着他的机灵、厚道以及拿手的医术，不久就站稳了脚跟。针对东南亚一带天气炎热、日光炽烈，人们因燥热而疲乏、中暑的疾患常常发生的特点，胡子钦把家乡带出的清神解暑中成药"玉树神散"，应用于中暑患者，往往药到病除，广受青睐，逐渐积累了财富，开起了私营的永安堂中药行。

19世纪70年代后期，胡子钦与同在缅甸的潮州女李金碧成婚，婚后生下三个儿子。这时候的胡子钦事业家业双兴，踌躇满志，他给三个儿子命名龙、虎、豹，在儿子身上寄托了大振家声的希冀。可惜长子文龙早夭，胡子钦于是寄望于次子文虎、幼子文豹。1892年，文虎刚满10岁，为让其接受祖国传统文化教育特别是客家文化教育，胡子钦果断携子回到福建老家求学，而让幼子文豹在侨居国缅甸，接纳英国文化教育。以一中一西的不同文化，期待两子能不忘根本，展望世界。

4个春夏秋冬的苦读之后，胡文虎重返仰光，在父亲耳提面命下苦学中医，并协助父亲料理中药行。数年之后文豹长成，也一起参与药行经营。这个时段永安堂药有"玉树神散"，人才有胡子钦与二子虎豹兄弟，在仰光小有名气。但永安堂终究没能做大，胡子钦经营理念相对保守，生性又乐善好施，常常免费为病人诊治，施舍药材。1908年胡子钦病故，给兄弟俩留下一座岌岌可危的永安堂、一身债务、一句临终遗言："做人要有志气！"

世人都说：兄弟同心，其利断金，果然如此。传承父业的文虎、文豹兄弟，常常咀嚼回味父亲的遗言，立志要重振永安堂。于是，文豹留在仰光经营永安堂，胡文虎则出外考察，寻找振兴家业的新药特药。他先回到自己的祖国，南南北北地周游，遍访各地的名医及民间知名土医，躬身求教，继而到日本、泰国等地考察，寻医问药。胡文虎在考察中思考中草药的前景，渐渐胸有成竹：在药效迅捷的西药面前，如何争一隅生存之地，唯有一法：就是对中药进行系统改进。

一年之后，胡文虎回到仰光，与胡文豹实施中药改造计划。针对缅甸周边各国的气候及民间疾患的特点，重点研发治疗头痛、腹痛的新药特药。兄弟俩重金聘用名医、名药剂师,把永安堂招牌药"玉树神散",改良成既能外抹又能内服,且携带方便,价格便宜的"万金油"。同时,中西药结合制药,吸收中国传统膏丹丸散的优点,研制成八卦丹、头痛粉、止痛散、清快水等成药。由于这些药物特别是万金油,见效快,疗效好,价廉物美,人人适用,很快就声名鹊起,传扬八面。集天时、地利与人和,胡文虎匠心独运,高扬永安堂"虎标良药"的旗帜,让自己老少皆宜、贵胄与平民共赏的新药特药,畅销于整个西太平洋和印度洋的广袤地域。由于此药占据中国、印度、东南亚三大人口众多的市场,销售对象竟然达到全球人口的半数以上。

当然,如此大业绝非一蹴而就,仅在缅甸,虎豹兄弟就深耕了10年。第一次世界大战即将爆发前,胡文虎洞察先机,说服弟弟低价大量购进药材原料囤积,战争期间这些药材原料价格暴涨,而虎豹兄弟手中有粮心不慌,制药大业飞速进展,战后,虎豹兄弟雄心勃勃开始了向全球的进军。

一个美女,抱着一只老虎,脚下是似乎有些颤抖的地球:亚细亚、欧罗巴的字样依稀可见,两行大字"虎标永安堂""驰誉寰球"分列整张图片上、下两方,分外醒目。这幅广告正是胡氏兄弟进军全球的写照。

制药大业的成功,让文虎、文豹兄弟大展宏图,兄弟俩心连心,分工默契:通晓中文的胡文虎穿梭于各地拓展医药业务;而精通外文的胡文豹则坚守仰光的家业。兄弟俩紧握良机,着手扩充永安堂虎豹行,让虎豹行家大业大,威震缅甸。具有战略眼光的胡文虎,明白缅甸的发展空间有限,创业之路走不远,便果断让胞弟文豹掌门仰光家业,自己则大动作把永安堂总行一举迁往新加坡。

那是1923年。

永安堂总行搬迁新加坡后,不仅开设药店,更是从无到有兴建制药总厂,大量生产虎标良药,就近向东南亚各国推销。初始推销的艰辛难以想象,胡文虎带一同乡,自新加坡远至荷属东印度(今印度尼西亚)各埠,百里千里,风餐露宿,一路推销,时常头顶烈日绕行各城乡张贴广告。日里奔波,午餐就在道旁,取所携饭团蘸炒盐食之,掬溪水作汤而饮,夜则宿于简陋客店,一如苦行僧。同乡不堪忍受,胡文虎即遣其返回新加坡,而独自继续向前走。正是如此吃大苦、耐大劳，胡文虎打开了虎标中药的销路，相继在南洋各地设立了分行。

1927年，南京国民政府成立，眼光敏锐的胡文虎看到了发展的契机，果断把总行从新加坡迁往香港。以香港为中心，布局永安堂全球发展网络：一手内地，一手南洋。借助香港与汕头近在咫尺的地利，当年便在汕头设立了虎标药业内地第一个制药厂，这座别致的楼上叠楼的建筑是汕头开埠以来的第一高楼，俗称"胡文虎大楼"、"楼套楼"，已被列入汕头市文保单位。随后，"星星之火"，迅速"燎原"于厦门、福州、上海、天津，以及广西、云南、贵州和澳门、台湾等各地，永安堂分行花开祖国多地。在发展内地分行的同时，又增设了菲律宾、越南和印度尼西亚等东南亚各国重点城市的分行。从此，虎标万金油等药，成为祖国各地和东南亚各国民众的居家必备。胡氏兄弟也腾跃为东南亚华侨界中，独一无二的"药业大王"。

（二）

仅仅"药业大王"，不算传奇，奇的是胡文虎竟又从药业王国进入新闻王国，经多年发展，其报业亦在东南亚首屈一指，成为集药业与报业为一身的"双料大王"。

最初涉足报业，是为配合虎标良药的行销。1921年，胡文虎与朋友合资创办缅甸《仰光日报》，自此一发而不可收。继《仰光日报》《缅甸晨报》之后，又以"星"字冠头，接连在新加坡创办《星洲日报》《星中晚报》，在马来西亚槟榔屿创办《星槟日报》，在泰国创办《星暹日报》，在香港创办《星岛日报》、英文《虎报》，在广东汕头创办《星华日报》；在福建厦门出版《星光日报》，在福建福州创刊《星闽日报》，至1951年年底，30年间，胡文虎共创办19份报纸，成为东南亚华人办报之最。

胡文虎创办的报纸广受欢迎，草创之始，就以人们喜闻乐见为基本点。为把报纸办得精彩、办出特色，胡文虎不惜重金聘请各报的"掌门人"。诸如香港《星岛日报》创刊时，起用知名记者金仲华为总编辑。名人郁达夫、俞颂华等也都曾在香港、新加坡的星系报馆中担任过主编、编辑等职。著名画家叶浅予、摄影家郎静山等还担任过星系报业图画副刊特约记者。"适应时势，恰逢其时"的星系报业，新闻触角几乎无所不及，1929年的世界经济恐慌、中国的"九·一八"事变、"七七"抗战、第二次世界大战、日本偷袭珍珠港、太平洋战争爆发……但凡国际大事、要事都见诸报端。胡文虎的报纸，成了各阶层人士和平民百姓的必需。影响力之大、之广、之烈，其他报业难以望其项背。有一个事例很能看出胡文虎的气魄，为及时把报纸送到阅读者手中，他竟自购飞机载送报纸。这在当时的东方世界，属破天荒的创举，一时传为美谈。

虎标良药畅销天南地北，为胡文虎堆起了金山银山，也同时垫高了胡文虎办报的台阶。他实行开明办报，致力把星系报业办出声誉，声明"不以营利为目的，专以服务为前提，宣传抗日救国，树民众之信念"。其麾下的10多家报纸，对促进抗日救国大业，激励人们团结一致，维护华侨权益，推动桑梓建设，振奋民族精神等诸多方面起了重大作用。天道眷顾爱国之人，正因为星系报纸充满爱国之声、正义之声，人们争相购读，家喻户晓，胡文虎的星系报业大获成功，成为华侨界独一无二的报业王国，在华侨报业史上，以规模最大、数量最多，独占鳌头。胡文虎从东南亚华侨界独一无二的"药业大王"，到独一无二的"报业大王"，这是一个极具传奇色彩的飞跃。于胡氏而言，其半壁江山是虎标药业，另半壁江山是星系报业。药业的成功，为办报提供了雄厚的资金；而报业的兴旺，又为虎标系列良药的销售推波助澜。二者犹如猛虎添翼，相辅相成、互为促进，把胡氏兄弟推上了东南亚华侨首富的宝座。

（三）

打造了药业与报业的两大传奇，虎豹兄弟又开始打造更为世人激赏的第三大传奇：爱国慈善事业。文豹逝世之后，胡文虎独挑大梁，继续这项造福国家、造福百姓的壮举，矢志不渝。他有一句话流传至今："文虎经商海外，眷念乡邦，秉救国之心，为拯民之举，济群博施，惟日不足。"

1935年10月，上海，第六届全国运动会会场。

通往会场的大街上，一辆世界独一无二的汽车缓缓开来。车头是一只虎头，车灯是两只虎眼，喇叭声则是一声声高昂的虎啸。如此独特的轿车，立时粘住了沿途众多的眼球。围观的人群随着200多华侨青年组成的代表队，跟在美国福特公司专为胡文虎特制的这辆虎头轿车之后，拥向会场。

就在他的虎头轿车旁，胡文虎当众宣布：捐资350万银圆，用10年时间，在全国创办1000所小学，以发展教育，开启民智。如此大手笔，把胡文虎的宏大气魄展现得淋漓尽致。后由于日本大规模入侵，战事爆发，千所学校计划只落实了300余所，虽夙愿未完，但拳拳之心，可昭日月。

胡文虎的慈善，首重教育、卫生。教育方面，除上述千所小学计划外，他还捐助过包括上海大厦大学、厦门大学、中山大学、岭南大学、厦门双十中学、汕头女子中学等在内的70多所大中学校。卫生方面，先后捐建了南京中央医院、汕头医院、厦门医院、福州医院等12所医院，以及上海市卫生化验所等机构。对于国内外的弱势群体，胡文虎更是牵挂于心，矗立于内地及东南亚多地的养老院、孤儿院、残废院，以及为妇女着想的妇产院、情系特殊病人的麻风病院等，足见其慈心。

抗战中，胡文虎捐赠了数额巨大的钱款、难以计数的药品与粮食。1931年"九一八"事变发生后，胡文虎首捐2.5万银圆支援东北抗日义勇军。1932年"一·二八"淞沪抗战爆发，十九路军浴血奋战，胡文虎闻讯后，立即电汇1万元国币给中国红十字会，作为前线救伤费用；紧接着再次电汇1万元和诸多药品，直接给十九路军的蔡廷锴。1937年"七七"卢沟桥事变发生，胡文虎除捐出大量药品和物资外，还拿出不菲的一笔费用组织华侨救护队。尤为感人的是，在战事频仍之艰难时日，胡文虎身体力行，直接回国参加抢救伤兵之事。还令人及时将储存在香港永安堂一批价值8000多元的纱布，急运上海战场，以支援宋庆龄、何香凝组织的抗日救护队。此外，又先后捐赠给中国红十字会总会和福建省政府救护车多辆。胡文虎捐助抗战之例不胜枚举，抗战期间，他捐赠的款项和物资总数超过300万银圆，为东南亚华侨捐赠之最。从首富到首善，胡文虎打造的爱国慈善传奇彪炳史册。

胡文虎数十年如一日捐资行善、广赈布施，自身却克勤克俭、持躬严谨。

下洋镇虎豹别墅（胡赛标摄）

在亲友们的记忆中，他不下榻高级酒店，不到高档餐厅就餐，即便功成名就，成了沸扬于半个地球的大富豪，仍然每日早餐必备酸菜（汀州八大干之一的永定名菜）。或以此菜和上辣椒作汤，虽其价甚微，胡文虎却喜滋滋地说：嗜之日久，至死不厌。并借此举谆谆告诫家人和左右："由俭入奢易，由奢入俭难。吃得苦中苦，方为人上人。"

当今世上，立有三大虎豹别墅：一在新加坡，建于1937年；一在香港，建于1935年；一在其故乡永定下洋镇，建于1946年。一个风日晴和的日子，驱车经过下洋镇中川村路口，不远处一幢中西合璧建筑跃然眼前，土木结构，上下3层，半弧形砖墙衬托土墙高楼，新颖别致，凌空欲飞。这就是雄立于胡文虎故乡的虎豹别墅，被列为福建省文物保护单位。虎豹兄弟早已离开这个世界半个多世纪了，但伫立于国内外的三大虎豹别墅，仍以其独有的形、神，一一诉说虎豹兄弟——两位闽西乡贤的传奇，恒久动人的传奇！

会馆春秋

（一）

从天安门广场走出，沿着前门大栅栏长巷，行走不到一千米，便是明清时期北京著名的会馆区，闽西最早的会馆——汀州会馆北馆与南馆，分别坐落在长巷的二条与头条，隔巷相对。

是初秋的时候了，马路上有一些稀疏的落叶。沿巷的会馆多在修缮，青砖长墙环绕的木制大门或红或黄，并不起眼，汀州会馆外观看去也是如此，走进方知别有天地。北馆始建于明弘治年间（1488—1505年），五百多年的老建筑了，中、东、西三组院落，房舍五十余间，砖木结构，花格门窗，典型福建风格。在周边四合院等一色北方建筑的衬托下，别致却也有些孤寂。北馆是北京独一无二的福建风格民间建筑，1984年即被列入北京市文物保护单位，在京城的各地会馆中，恐怕算得翘楚了。南馆建于清乾隆年间，晚于北馆二百多年，当是会馆发展之后，北馆房舍不够用了，再行添置的。南北两馆可容数百人居住，凡汀州八县赴京同乡，或就学或就业，或商贾往来，皆可在此免费住宿。"仕宦商贾之在他乡者，易散而难聚，易疏而难亲，于是立会馆而联络之，所以笃乡谊也"。汀州在外会馆之设，始于明中叶，正与明中叶起闽西人大量闯荡各省，亟须相互照应，抱团发展紧密相关。

北京汀州会馆南馆（邹文清摄）

会馆是商品经济发展到一定程度的产物，在古代，水运、陆运是商品流通的主要渠道，在运输途中的重要节点，那些物资转运地、集散地，会馆特别发达。这些会馆，既是建筑群，是联络同乡或同行业的议事、办事、接待的场所，更是凝聚人心共谋发展的一种社会组织形式。在闽西人走向全国、走向海外的进程中，会馆起到了重要且独特的作用。

不妨略略梳理一下闽西在外会馆的发展历程：

明中叶有了第一个会馆：北京的汀州会馆。

明末清初，因应闽西人口的大量外出，会馆在内地迅速发展，到清中叶，南方各省几乎都有了汀州或龙岩会馆的踪迹。著名的有苏州汀州会馆，建于清康熙五十七年（1718年），由汀州纸商、烟商捐资创建；嘉兴靛青会馆，又名鄞江会馆，建于清雍正四年（1726年），由汀州靛青商人捐建；佛山莲峰会馆，建于清雍正十一年（1733年），由汀州的长汀、连城两县纸商捐资创建；潮州汀龙会馆，建于清乾隆二十八年（1763年），由汀州府、龙岩州商人捐建；上海建汀会馆，建于清道光二十九年（1849年），由建宁府、汀州府两地商人同建；温州汀州会馆，建于清晚期，由汀商捐建。

清雍乾时期，闽西人过番数量增长，闽西人的会馆开始在异国建立。马来西亚槟榔屿的广东暨汀州会馆建于清乾隆六十年（1795年），由旅马粤东、闽西华侨捐建，是闽西在海外的第一个会馆。鸦片战争后海禁大开，晚清闽西人大量过番，海外的汀州或龙岩会馆逐渐增多，到清末民初，东南亚诸国大多有了闽西人的会馆或闽西人为主的会馆。著名的有马来西亚令金鄞江公会，建于1908年，由上杭籍侨商创建；缅甸仰光永定会馆，建于1918年，由永定籍侨商创建；印度尼西亚苏门答腊（棉兰）龙岩同乡会，建于1918年，由龙岩籍侨商创建；马来西亚槟城龙岩会馆，建于20世纪20年代，由龙岩籍侨商创建；新加坡龙岩会馆，建于20世纪30年代，由龙岩籍侨商创建；泰国客家总会，1862年创建时称"集贤馆"，主要由粤东与闽西客家人捐建；美国纽约崇正会，1911年成立时称"人和房"，闽西客家人亦是会馆的重要成员；新加坡南洋客属总会，成立于1929年8月，由粤东、闽西客家人创建，多任会长由闽西籍华侨担任。此外，还有各地客家人联合共建的会馆，多以所在县份并称，如马来西亚吉打永大会馆，由永定与大埔两县华侨创建；新加坡丰永大会馆，由粤东丰顺、大埔和闽西永定华侨共建；缅甸永靖华侨互助会，由永定和南靖华侨共建。

抗日战争时期是海外会馆蓬勃发展的高潮时期。著名闽西籍侨领胡文虎，振臂一呼，倡议大规模发展客属社团，捐钱捐物支援国内抗战。至1941年年底，南洋共成立53个客家公会，这是海外会馆发展史上浓墨重彩的一笔⋯⋯

（二）

清乾隆二十八年（1763年），秋日，广东潮州。

穿过一条繁华的大街，是一条较小却市声萦回的街道，一座轩昂的建筑赫然眼前，飞檐翘脊，门楼，院落，正门，大厅，天井，厢房，大体是潮汕一带建筑的样式。此刻，门楼前张灯结彩，一派喜气。人声鼎沸中，主事者揭开门匾上蒙着的红绸，"汀龙会馆"匾额闪亮现身，顿时，神铳震响，鞭炮齐鸣，硝烟弥漫，欢声雷动。而不待硝烟消散，院落中的大戏台上，已经传出铿锵的锣声、钹声、鼓声，声声鼓点，声声激越，把里里外外的人群都敲得心潮激荡。这一番热闹的场面，据说，在潮州的各地会馆中，算得凤毛麟角。

潮州汀龙会馆在闽西会馆发展史上具有里程碑的意义。并非因为它是潮州最大的一座会馆，而在于它是首次由汀州府、龙岩州商人共同创建的会馆，标志着闽西客家人、福佬人的交流与融合，是第一个完整涵盖闽西全域的在外闽西人的社团。它的组织形式颇有特点，由行业性的商帮与地域性的商帮两类商人联合组成。最初由篓纸纲倡建，篓纸纲是汀州客家人纸业的联合组织，主要经营连史纸、毛边纸、玉扣纸、京庄纸等；共建的成员，行业性的有经营不同纸业的福纸纲、经营杂货的履泰纲、本立纲、经营木材的运河纲等，地域性的有龙岩纲、上杭纲、武平纲、永定纲、莲峰（连城）纲等。众纲之间实力悬殊，各按自身实力及捐资数量在会馆中获得相应的地位。会馆设立后，每年的开支根据预算按不同比例摊给各纲，这似乎有点现代股份制的初始意味。

汀龙会馆具有里程碑意义的第二大理由，是它正处在海上丝绸之路的关键节点上，潮州既是汀江—韩江水运的终端，也是通往南洋的起航港口。会馆同人经营的业务，相当部分是经潮州港搏风击浪运到东南亚的，有些还经东南亚转口进入西方。会馆的骨干力量篓纸纲、福纸纲经营的纸品，是外销东南亚最大宗的闽西山货，其他如永定烟丝、四堡版图书等的出洋，都是会馆成员各纲经营。在闽西会馆从国内发展到海外的进程中，潮州汀龙会馆，可以说是闽西走向海外的一个跳板、一种过渡、一座桥梁，在其创立 32 年后，闽西在海外的第一个会馆在马来西亚槟榔屿建立。

扯得远了，创立会馆的首倡者们是想不到这么多的。此刻，他们忙着招呼客人，越来越激越的鼓点也在声声催促，来吧，进来看戏吧。人们熙攘而有序地走进院落，醒目的福建元素、汀州元素立马抓住了众人的眼球：眼前是正厅，供奉着福建会馆必祀的海神妈祖，神像庄严典雅，香案前香烟缭绕，众人一一拈香，虔诚祭拜。之后，走到正厅对过规模不小的戏台下，相对宽敞的台前空地霎时挤满看戏的人，有的干脆站在两侧廊庑，廊庑之上有阁楼，不少特邀的贵客就在阁楼上观剧。尽管人多，戏台正对着妈祖神龛的那条通道是不允许站人的，至多可坐在矮凳上，因为演戏虽也让人观看，但最重要的目的是娱神，精彩的演技要献给妈祖观赏，怎么能够挡住妈祖娘娘的视线呢？

这就是汀州会馆的一大特色：奉祀海神妈祖，以祈旅途平安。各地会馆奉祀的神祇都有地方性，比如湖广会馆俗称禹王宫，其主祀神祇为大禹；广东会馆又称南华宫，主祀神祇为禅宗六祖慧能；江西会馆多供奉许真君；陕西、山西会馆供奉关公。而妈祖是汀州会馆供奉的最主要神祇，没有之一，这在福建各州府会馆中都是相当突出的。福建沿海州府会馆多奉祀妈祖，因为妈祖本是福建沿海人氏，又是海上护航的女神，而闽西汀州府、龙岩州远离海岸，为何奉祀之热情不减沿海？原来闽西地处汀江、九龙江两江上游，两江入海，一路险滩跌宕，惊心不减渡海，闽西人就把妈祖请入沿江两岸奉祀，请妈祖保驾护航。闽西汀江、九龙江北溪一带天后宫随处可见，其密度甚至超过沿海。闽西子弟闯荡外地，妈祖的保护更不可少，商贾们便从汀江、九龙江沿岸天后宫分香，让妈祖成为各地汀州会馆的主祀神祇。此后，过番客又把妈祖信仰带到了海外。慈悲的护航女神，也几乎无例外地，高踞在海外闽西人会馆的神龛上，悲悯众生。

（三）

清乾隆六十年（1795年），马来西亚，槟榔屿。

正是清明春祭的日子，一拨闽粤客家华侨聚集在大伯公庙，向大伯公张理、丘兆进、马福春三人神位虔诚祭拜。然后，走出简陋的庙门，伫望海天，海那边，是中国大陆的方向，是他们的原乡。时光如流啊，不知不觉，都来到异国几十年了，如果从乾隆十年来此的大伯公三人算起，客侨来到马来亚，足足50年了。

忽然觉得有许多话要相互倾吐，有许多事情要相互商量，同是异国漂流客，在不可知的命运面前，一个人是多么渺小，像是一棵小树，可是如果一棵棵树连成一片，那就成了一片森林，抗击风雨就有了底气。既然命运把粤东与汀州的这些客家人抛到了大洋彼岸，同在一地，还需分什么粤东、闽西？何不抱起团来，共同在槟榔屿闯出一条生路？一个长者先提起话头，即刻激起众人的热情，你一言我一语，一个后来延续200多年还将继续薪火传承的海外会馆，当天就聊出了一个雏形。秋后，槟榔屿广东暨汀州会馆创立，成为马来西亚历史最悠久的地缘性组织，也是汀州乡亲在海外参与创建的第一座会馆。

会馆的主要功能，大体可概括为：联络感情，互助合作，共谋福利。而联络感情的重要方式，就是举办会馆成员共同参与的活动，最主要的是两项：一是祭祀妈祖以及家乡神祇；二是举办节令活动。其中，祭神娱神在每个会馆都属于最重要的活动，会馆主要凭此凝聚人心。而对海外会馆来说，祭祀更增加了一项：祭祀海外过世先人。槟榔屿广东暨汀州会馆，就是因祭祀三位大伯公而酝酿成立的。会馆的重要馆务之一，就是管理公冢，其在槟榔屿隶属的公冢多达5个，是拥有最多公冢地段的地缘性会馆。令金鄞江公会，则在令金老义山建有鄞江同侨义总坟，每年都在重阳节前后举行秋祭活动，延续多年。每每逢到祭祀时节，这些海外游子共同缅怀各姓渡海先人，心就自然而然贴得更紧，相互间的感情也更为密切起来。

与内地会馆比较，海外会馆一个突出的特点是对祖国的回馈。海外华侨身在异国，更深切地体会到祖国母亲的可贵。抗战时期，闽西华侨倾尽全力支援祖国，一个会馆就是一个抗战的宣传阵地、人才与物资的输送基地。诚如爱国侨领胡文虎所言："爱国是华侨天职。"海外多数会馆高扬抗战救国大旗，一手开展抗战宣传，一手组织捐款捐物，支援抗战。海外会馆核心人物创办或主编的报纸，组织的文艺宣传团体，在南洋各界反响巨大。如胡文虎麾下以《星州日报》为引领的星系八大报，曾道修创办的印度尼西亚《新闻报》、卢心远所主编的新加坡《南洋商报》、陈兰生主编的缅甸《仰光日报》、黄薇主编的菲律宾《华侨导报》等南洋各大报，篇篇檄文如匕首投枪，直指侵略者。龙岩籍华侨则组织"岩青口琴队""岩光剧团""岩声中乐队"等文艺团体，于所在侨居国巡回演出或演讲，宣传抗战。

精神旗帜高高飘扬之下，闽西华侨们更是在物质上倾其在异国拼搏获得的所有。无论华侨巨贾抑或升斗小民，共赴国难，不惜代价，慷慨捐资献物，以壮国力，痛击外侵之敌。"万金油大王"胡文虎，"九一八"事变发生后，即以新加坡华侨"筹赈"名义首捐2.5万光洋，抗战中胡文虎捐资捐物为华侨之最。马来西亚华侨曾昭周兄弟，为抗战救国捐出巨款，民国福建省政府特制金匾"千金报国"以授。印度尼西亚龙岩籍侨领王源兴、漳平籍侨领陈性初,都慷慨捐输并筹集大量经费、物资,回馈祖国,陈性初在68岁高龄时还坚持回国慰劳抗战将士,因积劳成疾而病逝于昆明。最令人动容的,是侨居马来西亚的永定华侨戴汉杰,自身家境贫困,在祖国惨遭欺凌的日子里,支援抗战,竟然卖子救国,将卖出一儿所得的300银圆不留分文,全部捐出。如此令人仰苍天而坠泪的义举,撼动人心,国民政府特为戴汉杰敬授一枚勋章,那枚勋章太小太小,戴汉杰视国家荣辱至上的情怀太大太大,矗立于同胞们心中的口碑,很重很重。

海外会馆众多闽西华侨,以国家民族利益为重,为支援祖国抗战而慷慨捐输的事例,如同星空繁星,不胜枚举……

(四)

物资与人才的来往是双向的,山货输出,海货输入,闽西人与外界的交流日趋繁密,在外会馆因而不断发展,同样,外地商人来闽西贸易,也在闽西设立会馆,且因应经济往来日趋增多。数百年间,汀州府、龙岩州有过多少外地的会馆,具体的数目已无法考证了。有资料表明,20世纪50年代初期长汀县房管局管理的公房中,有包括江西、广东、湖南等省以及福建省内的15座会馆建筑,其中,江西省及所属州府会馆5座,广东省及所属州府会馆3座,湖南1座,省内6座。而这仅是会馆衰落之后汀州府一地的建筑遗存,数百年间外地在闽西的会馆当远远超过此数。

绵长海丝之路,海涛起落,潮涨潮退,因应商品经济大潮兴起的会馆,除了少数海外会馆外,相当部分在20世纪中期结束了它们的使命,陆续退出历史舞台。但会馆并未远去,作为建筑,它们留下了历史的遗存;作为组织形式,它们在新旧世纪之交华丽转身,因应闽西行政区划改变,龙岩成为闽西政治经济中心,两大民系融合的实际,港澳台以及海外闽西人集聚的地区,多数建立了跨越两大民系方言习俗,以闽西全域为单位的同乡社团,在新的历史条件下互助合作、回馈家乡,这,该是本章之后的内容了。

The
Biography
of
Longyan

龙岩传

从边缘到中心——中央苏区框架下两大民系的交融

第五章

历史选择了龙岩地域，在这里成就了中央苏区的半壁江山——闽西革命根据地，成就了中国共产党集体智慧的结晶——毛泽东思想的雏形。这里是中华人民共和国的摇篮，是红旗不倒的红军故乡，是将帅脱颖而出的福地……从边缘到中心，千百年来，这是龙岩最为辉煌的时段，在中央苏区的框架下，两大民系携手并肩，血乳交融，一往无前。

风云际会，星光璀璨，龙岩，幸运地拥有了向共和国红色源头寻觅精神力量的永恒活力！

风展红旗

千百年来，闽西僻处一隅，无论是汀州府还是龙岩州，扮演的总是边缘的角色。进入民国，尤其是20世纪30年代，这样的状况得到了根本的改变，在千百年未有之大变局中，闽西成为中央苏区的重要组成部分，成为中华人民共和国的摇篮。闽西的两大民系，也在中央苏区框架下密切互动，首次实现了大规模的融合，龙岩地域以闽西革命根据地的名义，自新罗古县以来重新连成了一个整体。虽然闽西成为中心的历史只有中央苏区的那些年，但两大民系的交流整合再未间断，龙岩地域成为一个整体的格局延续至今。

（一）

1929年是闽西历史上值得大书特书的一年。

同年3月，中国工农红军第四军自赣南挺进闽西，拉开了创建闽西革命根据地的序幕。

红四军首战长岭寨，消灭国民党郭凤鸣旅，击毙旅长郭凤鸣，3月14日占领汀州城。3月20日，毛泽东在辛耕别墅主持红四军前委扩大会议，首次绘制了创建中央苏区的蓝图。5月中旬，红四军在长汀濯田渡过汀江，向龙岩进发。在近一个月的时间中，三次攻克龙岩城，最后全歼国民党陈国辉旅，稳定占领了龙岩、永定。9月，红四军攻克了400年来无人攻破、素有"铁上杭"之称的上杭县城，全歼守敌国民党卢新铭旅所部一千余人。不到半年时间，红四军消灭了盘踞闽西的三大军阀，闽西红色区域连成一片。闽西地域的客家人和福佬人，大规模集结在红色的旗帜下，并肩携手，"收拾金瓯一片，分田分地真忙"。目睹闽西工农革命的喜人景象，伟人毛泽东激情满怀，慷慨赋词："红旗跃过汀江，直下龙岩上杭。"在伟人的眼中，这一片苦难深重的土地，这一片金瓯，已是红旗飞卷，所向披靡。

当年12月末，在漫天飞扬的雪花中，彪炳史册的"古田会议"召开。会后，红四军分二路向闽西北部挺进，继续扩展红色区域。1930年3月，闽西苏维埃政府成立，标志闽西苏区正式形成。1931年4月，闽西苏区划入中央苏区，其范围包括今龙岩地域全境，以及今属三明市的宁化、清流、明溪，属漳州市的平和、诏安，属广东梅州市的大埔等共十余县，疆域、人口都占整个中央苏区的一半。闽西成为中央苏区的两大组成部分之一，占据了中央苏区的半壁江山。

山下山下，风展红旗如画。中央苏区的那些年，现今的龙岩地域摆脱了有史以来的边缘状态，成为中央苏区的中心部分，这片土地上千百年来形成的一州一府，都在中央苏区中扮演了重要角色。汀州，成为中央苏区的经济中心，为中华苏维埃共和国提供源源不断的经济来源；龙岩，则成为中共闽西特委、闽西苏维埃政府驻地，在中央苏区的框架下，闽西地域真正连成了一片，闽西的两大民系开始了史无前例的合作与交融。

长汀辛耕别墅院内，一株百年宝珠茶花，红彤彤地闪亮。花传喜气，红四军军长朱德与夫人康克清就是在花下喜结良缘。1929年3月中旬，红四军进入长汀，司令部、政治部均设在辛耕别墅。那个夜晚，朱德与康克清简易的婚礼在此举行，毛泽东、贺子珍、江华、谭震林等领导以及警卫队员都来参加。没有大鱼大肉，只有几个罐头分享。贺客们要新娘开罐头，闹得第一次见过罐头的康克清手忙脚乱。罐头开了，一位警卫抢着说，"我去煮罐头"，又惹出一阵笑声。洋洋喜气中，大伙你一筷子，我一汤匙，嘻嘻哈哈地分食起来。多年以后，在延安接受美国记者史沫特莱的采访时，朱德感慨地说："长汀，

辛耕别墅（莳绸摄）　　　　　福音医院（莳绸摄）

果然是中国革命的转折点。"正是长汀的大捷，开启了闽西革命根据地的创建，才有了中央苏区的诞生。只是，当他这样说的时候，他想到的肯定不止这些，肯定还有，长汀辛耕别墅那个充盈喜气的夜晚。

（二）

红四军进入闽西，是龙岩地域走向整合的关键，而红四军之所以进入闽西，却是与闽西的自然与社会条件密切相关，换句话说，龙岩地域为红四军入闽创造了良好条件。

"龙岩八骏"是龙岩各界对邓子恢、章独奇、陈明、曹菊如等八位青年进步人士的称誉，他们在20世纪20年代初，即率先在龙岩白土桐冈书院组织龙岩第一个进步社团"奇山书社"，并创办《岩声》月刊，传播马克思主义，八骏中好几位不久后都成为闽西中共组织的骨干。1926年夏，闽西第一个党组织——中共永定支部在永定湖雷的"万源楼"成立。不到两年，至1928年春，闽西各县全部建立了中共的支部或县委。1928年夏，邓子恢、张鼎丞等闽西共产党员先后领导了龙岩后田、平和长乐、上杭蛟洋、永定等震撼八闽的闽西农民四大武装暴动，且在永定金砂建立了闽西第一个苏维埃政权——溪南区苏维埃政府，闽西土地革命已是浪潮汹涌，如火如荼。红四军入闽之前，闽西已经具备了良好的党和群众基础，具有了多次武装起义的经验。加上闽西地处偏远，崇山峻岭，统治力量相对薄弱，有利于红军的发展。毛泽东、朱德率军进入闽西，正是看中了闽西这些有利条件。

长岭寨战斗之前的2个月，即1929年1月14日，为粉碎湘、赣、粤国民党部队3万余人的"会剿"，毛泽东、朱德率红四军主力3000余人离开井冈山根据地，开辟新区。红四军一路迂回，沿赣南地域几乎盘绕了一个大圈，始终未能甩脱穷追的强敌，部队减员，极为困难。2月10日，红四军决战瑞金大柏地，平均只有4发子弹的将士们子弹打光后，便与敌肉搏，毛泽东亲率警卫排增援，经过异常凶险的战斗，红军取得了近一个月的首次胜利，歼敌八百余，缴获大量枪支弹药，重新赢得了主动权。此后，红四军北上宁都、广昌，再折而南下石城、瑞金，然后出其不意东进闽西，打响了扬眉吐气的长岭寨一仗。

3月12日，红四军进入长汀四都，13日，在渔溪击溃了福建省防军第二混成旅郭凤鸣的一个团，向汀州进发。14日，那个大腹便便的军阀郭凤鸣，乘着四人抬的轿子，率领全旅精锐在距汀城15千米的长岭寨阻击红军，结果一败涂地，郭凤鸣左腿受伤，之后慌不择路，在其外甥与副官的搀扶下，竟然逃到了牛斗头村的一个厕所里躲藏，结果被打扫战场的红军查获，当场击毙。长岭寨战斗是红四军下井冈以来最大的一次胜利，歼敌2000多人，缴获枪支2000多支，还有三门大炮。红军随即占领汀州——这个闽赣边界最大的城市之一。至此，红军开辟新区的态势已经明朗，打造闽赣边界革命根据地也即中央苏区的蓝图，在汀州形成雏形。

90年后的今天，长岭寨战斗纪念碑巍然矗立，"果然是中国革命的转折点"几个大字，在络绎不绝的海内外游人眼中，熠熠闪光。

（三）

"一川远汇三溪水，千嶂深围四面城"，这是一千年前的汀州太守陈轩，吟咏北宋汀州的诗句，千年之后景况依然。汀江干流在长汀附近接纳两条支流，然后静静穿越城区。江两岸，山峦起伏，卧龙山、乌石山、罗汉岭、朝斗岩；古城墙、古城门以及高矗山巅的云骧古阁，一一倒影江心；古街古道之间，明珠般点缀着文庙、天后宫、汀州试院、辛耕别墅、福音医院……城中有山，山中有城，城中有水，水中有山，民国年间的长汀，与湖南凤凰一起，被著名国际友人路易·艾黎赞誉为"中国最美的两个小城"。

汀江码头在民国年间还是热闹非凡，"上三千，下八百"，三千指的便是长汀到回龙这一河段的船只往来，当然都是小小木船，载重不多，但架不住众多小船穿梭来往，汀江江面一派繁忙。赣南、闽西的山货经汀江运往潮州，广东的海产自潮州运入汀州，再分出部分运往赣南，汀州自明清以来便是闽西、赣南的物资集散地，十几条古街商贸相当繁荣。汀州工商业的发达，在闽赣边界城市中首屈一指。这对初生的中央苏区而言，无疑是十分有利的经济条件。因而，中央苏区形成之后，汀州便顺理成章地成为中华苏维埃共和国的经济中心，被誉为"红色小上海"。周恩来曾经称赞道："汀州的繁盛，简直为全国苏区之冠。"

缀着红星的八角帽、崭新的军上衣、军裤、绑腿，一色灰蓝，一队红四军将士神采奕奕地走出驻地，立即吸引了满街男女的目光。正是在经济中心汀州，红四军第一次统一了服装，也是在人民军队史上首次实现统一着装。这样的第一，在闽西有过多少？怕是一时数不过来。比如，第一个股份制银行——闽西工农银行，第一所红军医院——汀州福音医院，第一家出版发行机构——闽西列宁书局，第一个劳动互助组织——才溪乡劳动合作社，第一个公营商业企业——粮食调剂局，第一个红色信用合作社——裕安堂，以及第一个县级红色政权——长汀县革命委员会，第一次苏区运动会——闽西苏区首次运动会，第一所夜校——新泉工农妇女夜校等，都是中央苏区史上的第一次。尤其中央苏区的金融事业，是在闽西发祥的，一批红色金融的开拓者如张鼎丞、邓子恢、阮山、陈海贤、曹菊如、黄亚光等，都是在闽西成长起来的共和国金融先驱。新中国成立之后担任中国人民银行行长的曹菊如回忆说："闽西工农银行是国家银行技术上和制度上的准备。"红色金融在闽西发祥而不断壮大，也从一个侧面佐证了汀州在中央苏区的经济中心地位。

让人惊叹的是，那个年代汀州的繁盛，是建立在经济封锁的极端困难条件下的。食盐、药品、煤油、布匹……相当多的民生物资都属于禁运范围,无法运入苏区。幸好有了汀江航运,尽管艰险异常,却是打破经济封锁的主要通道。众多急需的物资通过汀江航道,千里辗转,从广东一程程进入闽西。为了保证航运的畅通,当时的苏维埃政府还在汀州城关、濯田水口等地设立了修船厂。

汀江航道上,商船往来,依旧是明清以来"盐上米下"的基本格局,粮食、土纸、竹木、烟叶等土特产顺流而下直抵潮汕,食盐、布匹、煤油、棉花等逆流而上进入苏区,特殊的是,药品是经济封锁最严格的物资,也是汀江航运的重中之重。远在上海的中共中央与闽赣边境的中央苏区,利用汀江航道,开辟了一条秘密交通线。这条红色交通线由上海经香港转汕头,再走汀江航道进入闽西,除了输送干部进入苏区工作外,还有一项主要任务便是运输苏区极为紧缺的药品。曾任中华人民共和国卫生部副部长的傅连暲中将,中央苏区时期是汀州福音医院院长,他的学生曹国煌,就是承担药品采购、运输的一位特殊商人。往往昼伏夜行,在极端艰险中运送药品。他乔装成商人,经红色交通线辗转抵达上海,购置了一大批亟须药品后,分装成20箱,雇请十余个挑夫,一路逢山挑担,遇水行船,艰辛备尝,接连两次把大批药品送到汀州。像这样艰难的物资运输,那个年代屡见不鲜。

作为中央苏区的经济中心,汀州不仅商贸发达,手工业也发展迅猛。据历史资料显示,1933年冬,长汀城区共有367家私营商铺,另有造船、农具铁器、铸锅、雨伞、油纸、皮枕、织袜、染布、烟丝等50多个生产合作社,成员达五千余人。与私营、合作经营对应,一批公营工业也在汀州创办,赫赫有名的就有红军被服厂、中华织布厂、闽西列宁书局印刷厂、四都兵工厂、濯田炼铁厂等,这些企业,同样占据了中央苏区企业的半壁江山。

长汀县博物馆设在古老的汀州试院,清代《四库全书》总撰纪晓岚吟咏过的两棵唐代古柏翠色参天,古柏之下是两排展室,其中一排重点展出闽西苏区的历史,自1929年年初红四军入闽,到1934年10月红军长征,不过五六年间,汀州这个"红色小上海",作为中央苏区的经济中心,其地位举足轻重。尤其是商贸,尤其是金融,难能可贵的是,闽西苏区的金融坚持到了最后的一刻，展室中展出了一张银行记账表，日期为1934年11月10日，此时，红军长征已有一个多月，浩劫后的闽西正是百孔千疮。想象在某个乡村秘密的交通站里，闽西工农银行的工作人员仍在一笔笔地记下最后的账目，在战火硝烟中"银行在，账在"，怎不令人肃然起敬！

（四）

从边缘进入中心，尽管时间是那么短暂的几年，对于闽西，对于龙岩地域，其变化却堪称天地翻覆。从来没有过这么多的青史留名的人物，齐聚此地；从来没有发现过本土，居然有如此众多的人杰，一一登上历史舞台。用星光璀璨似乎不足以形容闽西此刻的光彩：这是人民共和国的摇篮，这是红旗不倒的红军故乡、将帅脱颖而出的福地，这是以毛泽东为代表的一代中国共产党人集体智慧的结晶——毛泽东思想初步形成的热土，这是……

翻开史册，一大批中央苏区时期来到闽西的风云人物，此后相继担任中国共产党、中华人民共和国领导人的，略略一数，就有毛泽东、周恩来、刘少奇、朱德、邓小平、胡耀邦、陈毅、张闻天、董必武、叶剑英、陈云、杨尚昆、谭震林……不下五十余位，中国共产党早期领导人瞿秋白、党的一大代表何叔衡，还把宝贵的生命献给了这片热土。

新中国成立后授勋的十大元帅，有朱德、彭德怀、林彪、陈毅、贺龙、罗荣桓、聂荣臻、叶剑英等9位元帅在闽西工作、战斗过；十位大将，有粟裕、黄克诚、陈赓、谭政、萧劲光、张云逸、罗瑞卿、许光达8位；57位上将，有33位；177位中将，有113位，都曾经战斗在闽西。还有众多的少将，以及业已牺牲未及授勋的高级将领更是难以计数。这些人中俊杰，在龙岩地域留下了众多可歌可泣的故事与传说，周恩来在长汀、上杭两次领唱《国际歌》的故事，朱德牵马驮着负伤战士进城被当成马夫的故事，刘少奇号召节约粮食自身三餐改两餐的故事，瞿秋白在囚室中从容书写《多余的话》的故事，陈赓大将大腿负伤刀削腐肉不哼一声的故事，太多太多的故事与传说，代代传颂，至今依然脍炙人口。

而本土人杰，不分客家人还是福佬人，都聚集在红色的旗帜下，为着共同的理想携手并肩。那个年代闽西总人口不足100万，却有10万闽西儿女参加红军，在发展壮大红四军的同时，先后创建了红九军（后改称红十二军）、红二十军、红二十一军、新十二军、红十九军等5个军；中央红军长征有8万多人，闽西子弟接近三万，抵达陕北只剩2000多，二万五千里长征路上，平均每走一里路就牺牲一位闽西子弟，这是何等的壮烈！血与火的洗礼，造就了闽西一代英豪，战火中走出的闽西儿女，有邓子恢、张鼎丞、陈丕显、杨成武4位成为党和国家领导人，有杨成武、刘亚楼2位上将，刘忠、张南生等7位中将，王集成等62位少将，还有81位省（部、军）级领导干部，将星璀璨，这是闽西有史以来最为辉煌而壮烈的一幕！

那么多的闽西英杰，先在龙岩地域，然后在全国各地，谱写过多么动人的篇章，留下过多么动人的记忆。仅仅那71位开国将军，每一位的事迹，都可以写出厚厚一本书，本文短小的篇幅实在难写其万一。多年前，曾代表家乡连城县文物部门，接收张南生中将亲属捐赠的《张南生日记》，那是将军在战斗间隙中争分夺秒的记录，每一页，都仿佛漫卷着当年的战火硝烟，挺立着闽西子弟浴血奋战的身影，每一页，都充盈着一腔正气，那是龙岩地域、龙岩城市最可宝贵的精神的遗存！

风展红旗，猎猎飞扬！

古田丰碑

（一）

　　古田会议会址的前方，是一片郁郁葱葱的稻田。清晨，站在阡陌纵横的田埂上，看一轮朝阳自遥远的彩眉岭后喷薄而出。先是镀亮了岭脊一线的绿树，接着越过山岭与会址间的大片田畴，刷亮了会址后山的丛林，一时，整个会址都沐浴在朝阳中了。会址后矗立的标语柱上，"古田会议永放光芒"8个大字，在阳光的映衬下浮雕一般凸显，让人心头暖融融的，仿佛那朝阳不是从岭后升起，而是就在会址冉冉东升。

　　这样的感觉不止一次。好几回夜宿古田宾馆，清晨总爱来到会址之前，就在田间小道信步，呼吸稻叶上的露珠清香，静待彩眉岭上朝阳喷薄。每每这时，凝望彩眉岭那重叠起伏的山峦，我就会想，这些绵延而来、绵延而去的山峦，来不见起始，去不见尽头，究竟连接着哪儿，又通向哪儿呢？彩眉岭上那曾令世界瞩目的日出，在中国现代史上，有着怎样独特的地位？而这样一次日出，对于脚下这方龙岩地域，对于这方土地由边缘进入中心，又有着怎样不同寻常的意义呢？

(二)

时光倒转，90年前，二十世纪二十与三十年代之交。

90年前那个冬日的古田，天地间朔风凛冽、雪花飞扬。一群大写的人踏雪而来，在清寒的曙色中，聚集在曙光小学——那座矗立于此已逾200年的廖氏宗祠。宽敞的大厅，简陋的课桌椅，燃着炭火的三合土地板，天井里不住飘落的雪花，100多位红四军中的党员代表，凝神，毛泽东洪钟一般的声音，回响。这样的画面穿越历史，带着90年前的大雪，纷纷扬扬，在无数后来人的心中，溅起怎样的激奋与神往？

廖氏祠堂坐北朝南，背依风水林，前临百顷平畴，视野十分开阔，大门外围墙圈起数百平方米的院落，一色鹅卵石铺地，门楼却是朝向西南。大门与门楼格局不一，源于闽西客家人讲究的风水。你看那门楼，正对着波光粼粼曲曲弯弯的古田溪，水源就是财源，滚滚而来，源源不断，好风水啊！历史选定了这座祠堂，彪炳史册的古田会议就在这里召开，这是偶然，还是必然？

从祠堂厢房进入中堂，上下两个大厅夹一道天井，切出一块方形的天。上厅曾是曙光小学的课堂，讲台与课桌椅陈设一如当年，1929年12月28日，毛泽东、朱德、陈毅以及一大批红四军将士，就在这里探讨红军的未来，党指挥枪的原则在这里确立，崭新的人民军队从这里走来。90载岁月如烟而去，讲台上方的马克思、列宁石印肖像，大厅木柱上的红军标语，三合土地板上与会者烤火的痕迹，却让你感觉一切就发生在昨天。寒风和着天光从天井上方注入，你可以清晰地想见，90年前的雪花怎样掠过屋顶的瓦楞，扑打着红军将士单薄的衣衫。时光在这里驻足，长铭青史的那一刻已是永远地定格，令你感慨，令你临风怀想。

其实，选在古田召开会议还真是一次偶然。此前，转战闽西南北的红四军已聚集在距此三十余千米的新泉整训半月，离开红四军领导岗位半年之久的毛泽东已被请回军中，士兵调查会、农民调查会、万人大会开得如火如荼，红军"三大纪律八项注意"早期的一条"洗澡避女人"也因应新泉乡俗，在新泉的温泉畔确立。召开红四军第九次代表大会，纠正各种错误思想，凝心聚力开

古田会址（沈文生摄）

创人民军队的未来，时机已成熟。就在新泉望云草室，就着那盏泥瓷灯的微光，毛泽东奋笔疾书，起草红四军九大会议决议案，夜夜直到三更。是紧急的军情让新泉与圣地失之交臂，红四军转移古田召开代表大会，是无所不在的偶然成就了这座祠堂。多么幸运的祠堂！从这里走出的军队打下了红色江山，在这里确立的准则已成为建党建军的纲领，这里的一砖一瓦，一桌一椅，90年间在无数朝圣者的心中，激起过多么神圣而深沉的情感！伟人的呼吸、伟人的脚印、伟人的故事，都演化成神话般的传奇，挂在古田人的嘴边，让人悠然神往。

其实，偶然中却又蕴含着必然。那个年代，是中国现代化百年探索的关键时期，伴随着国共两党的角力与博弈，一条崭新的社会改造道路，正在决定中国历史发展的走向。这条道路，自嘉兴南湖开辟新天地的红船起始，到鸣响第一枪的八一英雄城南昌，到峰峦耸峙的八百里井冈，到闽西长汀辛耕别墅，到连城新泉望云草室，再到上杭古田这座祠堂。彩眉岭山峦起伏，从遥远的天边绵延而来，遥遥相接新泉、长汀、井冈、南昌……正是在古田，正是在彩眉岭，这些山峦有了一次辉煌的崛起，伴随着《古田会议决议》的通过，伴随着

古田全景（沈文生摄）

"党指挥枪"军魂的确立，雪住了，天晴了，银装素裹的彩眉岭阳光朗照，闽西，成了中国革命的历史转折点，古田，从偶然走进了必然，古田会议因之而彪炳史册，成为建党建军的里程碑！

数日之后，带着古田会议激发的豪情，红四军将士又踏上了征程。在距会址不过一千米的赖坊村称作"协成店"的一座民居里，毛泽东奋笔疾书，写下了著名的《星星之火，可以燎原》。凝望彩眉岭上一轮喷薄的朝日，凝望绵延的山峦间疾行的红四军将士，毛泽东激情奔涌，他把中国革命比作"立于高山之巅远看东方已见光芒四射喷薄欲出的一轮朝日"，这一轮朝日，这一轮令世界瞩目的朝日，不正是在彩眉岭、在古田冉冉升起？

（三）

古田会议纪念馆与会址遥遥相对，门前的广场十分开阔。络绎不绝的人流自广场源源进入纪念馆，徜徉在十大展厅间，领略中国现代化百年探索的艰辛历程。而古田会议，作为百年历程间的关键节点，无疑是浓墨重彩的篇章。《古田会议决议》全文大字照排，悬挂在一整面宽敞的墙上，这里常常聚集最

多的人群,阅读,沉思,字里行间,仿佛依然飘浮着那个年代的风华与硝烟。

《古田会议决议》在新泉望云草室起草,最终完善是在古田,在松荫堂二楼那不过十来平方米的小房间里。一床、一桌、一椅,一个破铁锅安置在桌旁,铁锅里是一堆炭灰。修订决议案的日子里,天寒地冻,这口锅燃着木炭,陪伴毛泽东夜以继日。当决议案终于修订完毕,毛泽东在寒夜里舒展身姿,披着的棉大衣啪嗒掉入炭火锅中,赶忙抓起,大衣已烧出一个大洞。听着讲解员动情的讲述,你忽然觉得,那铁锅里似乎还燃着炭火,那温暖而几近炽热的火光,亮亮地仿佛还在眼前。

《古田会议决议》八大部分,核心是第一部分"关于纠正党内的错误思想"。它部分被单独印成小册子,90年间不知重印了多少次,有着数不清的版本。它是中共党史上极为重要的文献,在总结建党建军以来经验教训的基础上,把马列主义的基本原理与中国革命的具体实践相结合,成功解答了中国革命的核心问题:如何建设一个无产阶级的党,如何建设一支人民军队。在党的建设史上,古田会议从思想政治建设和组织建设入手,第一次探索出着重从思想上建党、加强党的先进性建设的成功之路;而在军队建设史上,则首次确立了"党指挥枪"的原则,确立了人民军队之魂。古田会议,在中国共产党建设史上，在人民军队建设史上，矗立了一座永远的丰碑。

在古田，海内外的来客常常熙熙攘攘，这个中共与人民军队建设史上的圣地，已经成为国内外人士心向往之的5A级景区。在这里有很多游人，其中多数是朝圣者，包括龙岩地域两大民系的无数后人，也包括我。我曾数十次来到古田，一回回徜徉在会址，在纪念馆，在松荫堂，在赖坊协成店，在毛泽东曾经留下足迹的地方。我在思索，古田这座丰碑，于全国乃至世界，无疑具有深远的历史意义乃至现实意义，但对龙岩地域这片热土来说，它还有着更为独特的意义：不仅因为古田，完美提升了龙岩这个城市的知名度；不仅因为古田，成功整合了龙岩地域两大民系的交流与融合；多少闽西后人，无论是客家人还是福佬人，提起古田总不自觉地挺胸昂首，古田，是交融在血脉里的一种自豪，一种激奋，是历史留给龙岩的最辉煌的记忆，是这个城市有史以来最为坚实的精神根基！

（四）

曙色中，伫立在古田会址前，我在眺望彩眉岭。天气晴好的日子，彩眉岭日出常会令人想起90年前那个雪后初晴的早晨，想起那一轮穿云破雾的日出。

眼前这些起伏的山峦，在彩眉岭上崛起一座高峰之后，继续向遥远的天边绵延而去，遥遥相连的，我知道那是赤水河畔遵义的红楼，那是延安的宝塔山，那是俯瞰北平的西柏坡，那是亿众仰望的天安门城楼。中国革命进程中有过一个个圣地，每一个圣地，都是那绵延群山中崛起的一座高峰；每一座高峰，都有过拨云见日那绚烂的日出。正是这群山绵延中一座座高峰耸峙，架构了中国现代史那何其波澜壮阔的画卷！

当然，同为高峰，每一个圣地又都有其独特的意义，都是中国革命整座链条不可或缺的一环。每一座高峰都有日出，但这日出依然有其独具的风采。彩眉岭上的朝阳，中华人民共和国摇篮时期那一轮初日啊，从思想上建党的最初实践，人民军队的胜利开端，这样一座建党、建军里程碑式的高峰，这样一次彪炳千秋的日出，不正是古田会议独特的定位，不正是彩眉岭日出独具的风采？

龙岩，幸运地拥有了古田，拥有了向共和国红色源头寻觅精神力量的永恒活力！

彩眉岭上，朝阳越升越高了，暖融融的，映照着古田，永远的古田。

寥廓江天

（一）

人生易老天难老，
岁岁重阳，
今又重阳，
战地黄花分外香。

一年一度秋风劲，
不似春光，
胜似春光，
寥廓江天万里霜……

1929年重阳，上杭城区临江楼。

楼下便是汀江码头。一棵百年老榕树枝繁叶茂，榕树下，一张石桌，几条石凳，石桌上有人刻了一个硕大棋盘。传说，那一天毛泽东与朱德就在榕树下对弈。一局弈罢，毛泽东微笑起身，舒展身姿，凝望江天。江面宽阔，江风拂面，汀江两岸金菊盛开，黄得灿烂，毛泽东触景生情，写下了这首《采桑

蛟洋文昌阁（李国潮摄）

子·重阳》。

我曾多次造访过临江楼，也曾于秋日在榕树下的石桌旁凝望江天。90载岁月漫漫，龙岩地域早已换了人间。但眼前的汀江似乎景色依然，江天寥廓，黄菊烂漫，曾经伫立榕树下的那个伟人，我仿佛还能看到他伫望万里江天的背影。

石桌还在，石凳还在，石桌上的棋局似乎也还在。这里真有过那场棋局吗？或许，那个棋局只是一种象征，那个时候，天地之间正铺展开一场硕大无朋的棋局，毛泽东正与朱德一起，在与遥远的对手博弈，这是20世纪上半叶国共两党两条道路的博弈，这是关乎中国命运的博弈。这局棋延续了二十余年，直到1949年中华人民共和国成立，棋局方进入尾声。中央苏区那些年的闽西，正处棋局开端不久，以毛泽东为代表的第一代中国共产党人，审时度势，运筹帷幄，在劣势中走出了步步妙棋，一程程引导棋局发展的方向，而在逐步掌控棋局大势的进程中，毛泽东思想的一系列组成部分开始形成。因而，党史学界有比较一致的认同：闽西是毛泽东思想的初步形成地。

1929年，是毛泽东波澜壮阔人生中的重要年份。1月下井冈，3月入闽西，长岭寨一仗打出了红四军的昂扬士气，汀州辛耕别墅，他在这里首次绘制了创建闽赣边界革命根据地也即中央苏区的蓝图。随即回师赣南。5月二入闽西，红旗跃过汀江，在邻近龙岩城的小池赞生店等地，布局了三次占领龙岩城以歼灭军阀有生力量的神来之笔，也是毛泽东用兵如神的最初展示。也是在这一时段，红四军党内对于军队建设的看法出现了分歧，6月22日在龙岩举行的红四军第七次代表大会上，毛泽东提出的正确意见未被大多数代表接受。会后，他离开红四军前委书记岗位，到地方养病，同时指导闽西特委工作。7月下旬，在上杭蛟洋文昌阁，他亲自指导了中共闽西第一次代表大会，为闽西党组织制定了一条正确的路线。8月，疟疾发作，他到永定金丰大山，住在牛牯扑青山下的竹寮里。几天后忽遇国民党保安团"围剿"，危急之际，农民陈添裕背起身材高大的毛泽东，沿着崎岖山道狂奔十里，终于脱险。1953年国庆前夕，毛泽东专电邀请陈添裕赴京参加国庆观礼，感慨而言："我忘不了牛牯扑的人民"，当然，这是后话。

不久，红四军打下上杭城，毛泽东被接到临江楼，这就有了对弈的传说，有了那一首内涵丰蕴的《采桑子·重阳》。此后，他到其时闽西特委所在的上杭苏家坡，继续养病与指导工作。苏家坡村一侧山峦有个岩洞，毛泽东常常在洞里读书、思考，如今这里被称作"主席洞"，是红色之旅著名的景点。多年前我曾数度探访过，岩洞在树丛掩映之间，长宽高各仅数丈，从地面到洞顶全都凹凸不平，洞中一块大岩石，他就坐在石头上读与思。平淡无奇的岩洞，因为有了一位伟人的思索而大放异彩，这个岩洞与毛泽东在闽西的众多故居一起，成为历史留给龙岩的最为丰厚的记忆。

11月，陈毅亲自前来苏家坡，请毛泽东重返红四军领导岗位。此后便是新泉整训，便是古田会议。半年前毛泽东的那些正确意见，在古田会议中得到了一致的支持。1929年尾声中的漫天大雪仿佛是一场洗礼，红四军面貌焕然一新，士气昂扬走进20世纪30年代。

（二）

汀江支流连南河绕着新泉镇流淌，贴近村落中段，浅水中涌出一股温泉，

新泉望云草室（廖亮璋摄）

腾腾热气氤氲河畔，一条道路由温泉通往村落，约行百米，便是著名的望云草室，青砖黛瓦，前后天井，一厅四室，是一座清雅的书院建筑。1929年6月、12月，毛泽东曾两度住在这里。12月那次是红四军新泉整训，为古田会议做准备，毛泽东在这里起草了《古田会议决议》。6月这次则是二打龙岩之后、三打龙岩之前的短暂居停。6月14日，毛泽东在这里写下了给林彪的长信，对红四军中党内存在的一些问题做了详尽的分析。这些意见，在6月下旬的红四军七大上未曾得到采纳，直到12月红四军九大即古田会议上，才得到全面的支持。可以说，古田会议成为建党建军的里程碑，与毛泽东两度在新泉所做的充分准备，密切相关。

龙岩地域，如望云草室这样的旧居有多少？创建中央苏区的那些年，毛泽东一共六次进入闽西。1929年3月一入闽西，在汀州二十余天后转战赣南；5月二入闽西，足迹遍及长汀、连城、龙岩、永定、上杭、宁化、清流地域，直至1930年1月初离开上杭古田；1930年6月率红军主力三入闽西，解放武平县城，在上杭南阳主持了红四军前委与闽西特委的联席会议，月底在长汀南寨广场组织红军整编,红四军、红三军、红十二军共一万余人组成红一军团,开赴江西;1932年3月至4月,以中华苏维埃共和国临时中央政府主席身份,率领东路军四入闽西,经长汀、龙岩东征漳州,取得漳州战役重大胜利;同年10月离开红一方面军总政委岗位,五入闽西,在长汀休养4个月;1933年11月,六入闽西,深入中央苏区的模范乡才溪调查研究,写下了著名的《才溪乡调查》。毛泽东六入闽西,在龙岩地域住过的地方难以计数,历经沧桑保存下来的旧居,长汀有辛耕别墅、福音医院后的毛泽东休养所,连城有新泉望云草室,上杭有临江楼、蛟洋文昌阁、古田松荫堂、协成店、苏家坡树槐堂、才溪乡调查旧址,龙岩有小池赞生店、城区新邱厝,永定有城区赖氏家祠、牛牯扑饶丰书房等,这些旧居,共同见证了一位伟人艰难岁月中脚踏实地的实践,见证了毛泽东思想最初形成时期艰辛的探索。《古田会议决议》在新泉望云草室起草、古田松荫堂修订完善;《星星之火,可以燎原》在古田协成店写成;《才溪乡调查》在才溪搜集素材并起草;《关心群众生活,注意工作方法》全文,还有《反对本本主义》的部分核心文字,都在长汀完成。这些熠熠闪光的文字

才溪乡调查旧址(廖亮璋摄)

之外，在闽西期间，毛泽东诗情激荡，先后写下了三首词：《采桑子·重阳》之后，是《如梦令·元旦》；之前，是《清平乐·蒋桂战争》：

风云突变，
军阀重开战。
洒向人间都是怨，
一枕黄粱再现。

红旗跃过汀江，
直下龙岩上杭。
收拾金瓯一片，
分田分地真忙。

蒋桂战争爆发于1929年3月27日，结束于6月下旬，这是蒋家嫡系与桂系军阀间的内战。战争给人民带来了灾难与深重的痛苦，客观上却也给红四军打破围剿提供了机遇。趁着军阀混战无暇他顾，红四军突入闽西，跃过汀江，占领了闽西绝大部分地域，轰轰烈烈开展土地革命，建立了闽西革命根据地。这段风云激荡的历史，在毛泽东笔下得到了淋漓尽致的体现。闽西工农奋起分田分地，收拾闽西地域这片"金瓯"的意象，尤其是"红旗跃过汀江，直下龙岩上杭"这一名句，遐迩传诵，令闽西后裔读之便无比自豪。

这是毛泽东在闽西写的第一首词，时间大约在1929年的夏末秋初。写作的地点未曾标注，是在新泉望云草室写作长信的间隙？是在小池赞生店筹划三打龙岩城的闲暇？是在蛟洋文昌阁指导中共闽西第一次代表大会期间？从诗作内容和写作时间看，似乎都有可能。但更大的可能是在马背上，是在戎马倥偬的行军途中。在一处处居住地，毛泽东往往都在谋划红四军的整体部署，都在思索前进的方向与方式，诗情或许常常让位于理性而天才的思考，难有勃发的时段。或许，正是在行军途中瞩目江山，感念时世，灵感突来，才有了那么精彩的意象进入词句，白日在马背上吟出，夜晚于某处住地那盏油灯微光中写

277

下。只是，那处住地已不可考了。那是一处怎样的住地，书院？祠堂？民居？竹寮？90年前那盏煤油灯的微光，映照出那个高大的身影，该是怎样的英姿焕发、诗情荡漾？

（三）

> 宁化、清流、归化，
> 路隘、林深、苔滑。
> 今日向何方？
> 直指武夷山下。
> 山下，山下，
> 风展红旗如画。

词作题为《如梦令·元旦》，是在征战闽西北部的旅途中吟成。古田会议后红四军士气高涨，会后第三天，也即1930年元旦，就在会址右侧大坪中，举行了盛大的军民联欢晚会，龙灯、船灯、武术、快板轮番上演。一番热闹过后，元月三日，朱德率主力一、三、四纵队挺进连城、宁化，再转战赣南，毛泽东率二纵队留古田短暂牵制敌人后，于1月7日穿越龙岩、连城交界处的崇山峻岭，天寒地冻中行走在崎岖山道上，直向宁化、清流一线挺进，经十余日跋涉后抵达宁化安远，然后攀登20里陡坡，跨越武夷山中段闽赣交界的著名隘口——车轿岭隘，进入赣南。站在两省交界的高山之巅，回望走过的雄关险道，眼前是一幅何等壮观的行军图：冰天雪地之中，一杆红旗开道，千余名红军将士精神抖擞，一个接一个，在蜿蜒曲折的山道上奋力攀登，宛如一支飞跃腾挪的长龙，长得不见首尾，只有队伍间十数杆红旗，在朔风中猎猎飞扬。红军将士如此昂扬的精气神，让毛泽东心潮澎湃，这首气吞山河的不朽名作，一气呵成。

词作铿锵，掷地有声，充满着必胜的信念与激扬的诗情，也是古田出发前夕，毛泽东《星星之火，可以燎原》那篇名文的艺术再现。或许，1月5日，当毛泽东在古田协成店奋笔疾书的时候，他已经预见到了这幅冰天雪地中急速行军、风卷红旗过大关的壮观图景。以至于在文章的结尾，按捺不住满腔豪情，用气势磅礴的排比形容那光辉前景："它是站在海岸遥望海中已经看得见桅杆尖头了的一只航船，它是立于高山之巅远看东方已见光芒四射喷薄欲出的一轮朝日，它是躁动于母腹中的快要成熟了的一个婴儿。"

当然，与词作的诗情画意不同，《星星之火，可以燎原》是对中国革命道路的精辟分析，这篇名文批评了党内普遍存在的城市中心思想，阐明建立巩固的农村根据地之重要性与深远意义，解决了"以农村为中心"这个核心问题，标志着毛泽东"农村包围城市"这一革命道路理论的形成。如同古田会议形成的建党建军理论是毛泽东思想的一块重要奠基石，以《井冈山的斗争》起始，到《星星之火，可以燎原》确立的中国革命独创性道路的开辟与理论建树，为毛泽东思想的形成，奠定了又一块重要基石。

1957年夏日的一天，上杭茶地乡一处民居里，发现了一本20世纪30年代的小册子《调查工作》，由中共闽西特委刻印出版。书页已经发黄，油印的字迹稍许模糊。经确认，正是毛泽东初写于长汀，补充完善于江西寻乌的重要著作《反对本本主义》，这篇遗失已久的重要文章，从认识论的高度总结中国革命的经验教训，提出"没有调查，没有发言权"、"中国革命斗争的胜利要靠中国同志了解中国情况"、共产党人应反对保守的"本本主义"的重要观点。这篇重要著作，与毛泽东在闽西开展一系列社会调查，掌握大量第一手资料后写出的《关心群众生活，注意工作方法》《才溪乡调查》等光辉著作一起，鲜明表达了实事求是、群众路线、独立自主的根本观点，表明了毛泽东实事求是思想路线已在闽西初步形成，标志着毛泽东思想的活的灵魂已略具雏形。这些著作，同样是毛泽东思想的重要基石。

历史选择了闽西，选择了龙岩地域这方热土，壮年毛泽东在这块红土地上唤起工农近百万，大展身手，进而在中央苏区革命实践的基础上，总结提升，初步形成中国化的马克思主义，初步形成毛泽东思想。二十世纪二三十年代之交，闽西与第一代中国共产党人的风云际会，成就了中央苏区的半壁江山——闽西革命根据地，成就了中国共产党集体智慧的结晶——毛泽东思想的雏形。这是龙岩地域之幸,这也是以毛泽东为代表的第一代中国共产党人之幸!

从那个时期开始,龙岩地域摆脱了千百年来延续的边缘角色,昂首走向中心,走向令世界瞩目的舞台。在中央苏区的框架下,龙岩地域的两大民系,两大民系的近百万工农,携手并肩,为一个共同的目标团结奋斗。两大民系,客家人与福佬人,同为中原南下的移民后裔,同处在这片热土而依托不同水系生存繁衍,却因一府一州的分治,长期鲜少交流往来。这样的状况从此不再,龙岩地域以闽西革命根据地的名义,真正成为一个整体。数年之后,当主力红军长征北上,中央苏区成为历史,这片热土上的两大民系,其交流整合再未间断,三年游击战争、抗日战争、解放战争,直到中华人民共和国成立,两大民系近百万工农携手擎起的红旗从未倒下,"二十年红旗不倒",是那个年代闽西的光荣,是两大民系交融整合携手共进的光荣!龙岩地域作为一个整体,这样的格局延续至今,这一份光荣,延续至今。中央苏区时期留下的精神遗产,成为这片土地、这个城市高扬的旗帜!

汀江南流,江天寥廓,伫立在临江楼前旧码头那棵大榕树下,不禁神思悠远。遥远的岁月深处,仿佛重新响起了那震撼人心的歌吟:

　　一年一度秋风劲,
　　不似春光,
　　胜似春光……

The
Biography
of
Longyan

龙岩传

山与海的交响——当代龙岩咏叹调

第六章

带着海丝之路的闽西记忆,新世纪的龙岩,在"一带一路"倡议引领下,找到了更创辉煌的契机,昂扬奏起:山与海的交响。

这是全方位的奋进:紫金矿业一马当先,龙工、龙净、新龙马群龙飞腾;曾经闭塞的万山覆叠之地,铁(路)公(路)(飞)机畅行八方;曾经享誉海外的闽西山货,写下了"八大干、八大鲜、八大珍"簇新的诗行;大美的自然环境、日新月异的山城,在海内外游子的魂牵梦萦中,闽西祖地敞开怀抱,面向未来。

龙腾大地,龙翔五洲,21世纪的新丝路上,龙岩,重续荣光!

山城如画

（一）

闽西多山，七个县市区城区都属山城。20世纪90年代初期，闽西七县城区面积除中心城市新罗区外，漳平、上杭、长汀差不多大。连城、永定、武平都较小。现如今，天变地变，各县市区都在变，变了城乡，换了人间。不妨绕它几座城吧，浮光掠影中，分不出哪座城大或哪座城靓？难分伯仲。正如在《春天的故事》一歌中唱的：神话般地崛起座座城，奇迹般地聚起座座金山……

展开新罗区主城区的一幅挂图，图中原先的解放路、和平路、龙川路等几条人们口中的"马路"今何在？数十年前的主城区道路，只要稍稍宽一些的大多兼备国道、省道的功能，抑或是国道、省道兼备市政道路的功能。所幸那时的车也少，来来去去的车辆，一二三四数得出。偶尔一辆桑塔纳2000从眼皮底下过去了，对此较有身价的轿车，那一定是要再转回头多看几眼的。载货的大车却是不少，呼隆着来又呼隆着去，很吓人。一个日落西山的傍晚，伫于路边正在眼观六路，不料一辆满车厢的垃圾车呼啦啦驶过。或许是发动机的马力大，车轮滚过，脚下的路"咚咚"地抖了几抖，顷刻间飞扬的尘土与妖雾一般的黑烟纠缠在一起，眼前就迷茫茫了。向前走没多远，似乎已经是农村了，

龙岩中心城区全景（沈文生摄）

因为田畴阡陌、树木岸柳就在不远的前头。稍远一点的农舍也在视线之中，一小片一小片的清晰可见。似乎无穷尽的农家小村庄，坐落于田园边或建在稍高一点的土丘之上，凸显的乡村景致尽收眼底。在城中一些有色彩的地方，向上看是登高山，往下走便是中山公园。最知名的景区就是龙崆洞了，尽管远一些，那也必须去看看。印象中，往景区的道路不那么顺畅，60多千米的路程，在路上颠簸了将近一天，计划观赏景区的时间大多耗在了路上。

后来，陆陆续续多次往返龙岩主城区，深刻的记忆是这座城市如同一个魔方，转一转、变一变，千转了也就万变。城市变化的速度之快，仿佛画家手上的画笔，往颜料盒子蘸了蘸，在绘画板上几笔是一栋楼，再几笔是一片楼。在片片楼的后面涂抹上另一种颜色，看上去，楼楼相连之间之外，俨然一只新区立于希望的大地上。新楼耸着新楼、新区连着新区，那就是一座新城了。而今的龙岩主城区建设，就如同画家画笔下的绘画板一般，落笔就变样。倘若今天再去走一走城区最繁华的地段龙川中路，因为那里坦荡着一条很有名气的中山街路，变化如同变幻。路不同、楼不同，景观也就大变。这个街心广场曾经有一组极富动感的采茶灯雕塑，这组雕塑以19世纪中期源自苏坂乡美山村流行的采茶灯舞而立。因为城市建设而搬迁至莲花山，代之而起的是街心环形天桥，桥上桥下，各筑其道，无论是行人还是车流，都畅行其间。不远处的溪南桥，大改大建后，撤了桥墩，桥上方一弯弧形，似把天边的彩虹移至此桥之上。

变化最大的应当就是龙岩的西陂片区了，回首20年前的西陂，那时，没有龙岩大道这条城市动脉，没有龙腾路两旁的高楼大厦，没有火车站这个交通

枢纽,更没有大型购物商场。老一辈的大伯大叔都会这样说,西陂中学(现龙岩八中)门前是块下凹的菜地和鱼塘,每每在秋日,总有起获芋头、地瓜的城郊农民。后来,城建人以"龙岩速度"挥师龙腾路一期、人民路二期、龙岩大道二期,民园路二期,登高西路、莲西路、北二环路、双洋路、龙腾南路以及西湖园二期、西山小区二期、市人民广场……全方位城市建设的号角如同战场上的军号声,声声嘹亮。

几十年犹如一日,龙岩作为7个县市区的"首府"之城,始终把主城区建设当成一个战役,以"龙头"之势,威武在各县市区之前。龙岩大道数千米坦荡向前,大道两旁高楼新宇美轮美奂,几座高架桥高高架起;北环路莲南路与曹溪路交叉口的相连相接,有如手手相握,共向未来;工业西路与人民路交叉口,"三桥一路",仿佛一首大路歌的音符组合,从此,四方通达、八面畅行;龙腾北路五期腾腾跃飞,紫金山体育公园兼视觉美感与体育功能于一身;"一环一轴四纵五横"骨干路网的结构如图似画,西外环、东环路等条条大道通天而起;国道、省道实现外甩;道路的柏油化,倘要回顾尘土飞扬的旧场景,得翻开历史书查看……中心城市交通实现了"上天入地"。

省城福州有于山、屏山、乌山这"三山"立于城中,而龙岩市主城区亦有登高山、莲花山、天马山,如此"三山"耸立于城,让此城身价不凡。登高山公园和莲花山公园,被龙岩市民称为龙岩"双肺"。一条长1191米的空中栈道,让这"双肺"如同双蒂花开,壮美于城。雄峙于闹市的登高山,风景园林景致似一巨大的盆景,总有朝阳晚霞为此山增色添彩。而莲花山绿荫匝地,四季芳菲,杉、松、柏、栎、樟、桫椤近百种植物,点缀着"玉带环腰"的莲花

龙岩大道高架桥（龙岩住建局提供）

山岭，何其之美！获得全国人居环境范例奖的莲花山栈道，起于莲花山山腰、全长3782米，采用独创的环山闭合等高式架空设计和栈桥结构形式建设，使用最少的土地获得了最大的利用空间。而今的城建人眼光照向长远，在园区建设中未雨绸缪地为动物迁徙预留了空间。在保护原有山地生态群落的基础上，又为市民打造了一条高品质的山地公园休闲健身绿道。如此用心良苦的工程，"奖"得理所当然。莲花山东侧的天马山，从莲花山连接于此的环山栈道与登高山遥遥对接。栈道两边亭台楼阁、林木葱茏，如诗如画。另外，西锦山、仙宫山、蜈蚣山也都打造成梦幻般的公园，山山扮靓、园园出彩。

走下山，又赏龙津河畔的湿地公园石锣鼓湖，在石锣鼓传说的文化背景下，湖中筑岛，溪旁植草，既是市民休闲的新选择，又是科普教育的新基地。倘要在此湿地公园追忆过去，有诗意浓郁、寓意深深的"石锣鼓公园赋"，内云："夹岸多生杂草，堵塞河道；四周淤积浊水，弥漫腥膻。"这种情境已成为历史，而今日："楼阁错落，亭榭连绵。有十里荷塘，长虹卧波；三秋桂子，曲径通玄。兰宫桂苑，遍染书香之气；柳岸蓼汀，常润杏雨之烟……乃尘寰之福地,实闹市之桃源。"写得何等之精妙!美丽的山城新罗区,城建人把绿水青山高高举起,让"金山银山"处处耀眼。

不断南北延伸的城市绿色走廊,越延越绿、越伸越远。而经济技术开发区则成为引领南部新城的龙头,已经舞动起来的龙头,威力势不可当,不知哪日,又将舞出一片新天地。同时,人均公园绿地面积的不断放大,城市绿化率的持续增长,让城区百姓的幸福指数节节攀升。饮用水综合合格率又高达99%以上,市民锅里水甜、杯中水清,岁月由此美好。龙岩主城区因为是市委市政府所在地,旧城区以改造,新城区以建设,旧的旧貌新颜,新的从无到有、从小到大。如此全方位的改天换地,只有在这富起来后欲强起来的新时代中,才能创造得出来、才有可能变梦想为现实,让蓝图不再停留在画纸上。

(二)

一个龙岩大市,又何止一座中心城区?在近两万平方千米广袤的闽西大地上,七大城区的巨大变化,最是显眼的就是呼啦啦拱出地面的大厦高楼,仿佛一场春雨后,一夜之间,山中竹林下的春笋,一冒就是一大片一大片。震撼了天空大地,震撼了黎民百姓,当惊世界殊!

汀州作为福建省七闽地、八闽府之一,客家人聚居的第一座府治城市,叠加上著名的唐宋古城、闽粤边陲要冲,名气就大了。又作为中国革命圣地之一,国家历史文化名城之称,也就当之无愧。这么一座古城名城,再度崛起和亮化美化,都在今朝。

始建于唐大历四年的3000米古城墙,将朝天门、五通门、惠吉门、宝珠门连接在一起,是长汀古城一道奇特的风景线。古城墙中仿佛每一块墙砖都是一本典故之书。老城深处,一条传统手工百业的店头街,之所以古称为"店头",意为上乘上好之店。一个年代又一个年代传承下来的店头街,或规模宏大,或小巧别致的古建筑,大多翘角飞檐、雕梁画栋,精美别致。如此古墙如此古街,城市建设无论怎样的翻天覆地,这都是动不得的。那么,这就给汀州城建人一份不好作答的考卷。当年特别知名的建筑历史学家梁思成,为保护北

龙津湖公园（龙岩住建局提供）

京的文物和古城墙而奔走呼号，可见，不可再生的古建筑，得视为珍宝。汀州人在保护古墙古街方面，显然可称为楷模。步入我儿时住过的老城区水东街，此街原是一个"孤岛"，其四面为汀江和金沙河所围绕。后来，架起了水东桥等多座桥梁。这条数百年历史的古街，而今长汀城建人以大手笔绘新图，以重现当年"红色小上海"的红色之貌。借此让长汀人牢记当初的初心，不忘今天的使命，以开拓更加璀璨的未来。

要看汀州之变，首推"一江两岸"，只需听听这四个字，就觉诗情画意盎然。看汀江江面，宛如一条闪烁发光的银带，缭绕南行，在阵阵微风的吹拂下，一层层波纹荡漾着，粼粼的波光不断闪烁着远去。"一江两岸"原本是有景观的，古建筑众多，夜景醉人，古之大景。但绵长的岁月，让不少景致不再，于是，修复抑或是重建，就是当今城建人的大任。基于汀州既是名城又是古城，一江两岸的修复工程就列入省级重点项目盘子。令旗一下击鼓响锣，始于太平桥，终于汀州大桥，全长3000米，单是核心景区就占地500亩，投放巨额资金，耗时五载，古建筑修旧如旧，新屋古韵，凸显超越。灯光夜景迷醉世人、喷泉流水，喷出光影、流出诗画。妈祖广场、登科牌楼、太平双廊桥、龙潭公园、沿江吊脚楼、亲水栈道……哪个没有一长串一长串的故事？聚集在长廊里的汀州人，在古色古香、杨柳依依、鲜花盛开的景致中，惬意地品味"十万人家溪两岸，绿杨烟锁济川桥"的古典意境。古的"复古"，新的崛起，古城"古"出千百年之光，新城新出一片新天地，古汀州展开了最新最美的画图。

"万山复叠"的连城，僻处闽西一隅，20世纪中期，东西南北四大方向，才窄窄的两条街。但连城的优势在于国家风景名胜区冠豸山近在咫尺，打造国际山水旅游度假城市，连城得天独厚。这些年连城的城建彰显特色，多条道路在号角声中开通，也在锣鼓点中成就。而今纵横南北，连城不再是山里的连城，从条条大道上可以走向世界。最是观赏冠豸山景区几个千米的"观景路"，从景区牌楼入口后直线而上，沿途尽是风景。绿化带上红花绿叶，每间隔一小段就立有体现连城民俗风情、形态各异的雕塑群，地面上则每隔10米用大理石镶嵌一个连城方言词汇、音符，读之妙趣横生。绿化带下步行道、自行车道犹似涂上色彩的地毯。路之外，由一个个微型或是袖珍小公园，组合成多彩的景观带。而景观带的对面，就是以冠豸山为主的连绵十里之大景区。在观景路另一边就是城区，拆去的是大片大片的破旧，立起的是与冠豸山景区相映成图的文化公园、博物馆、演出剧场，以及推窗即见冠豸山主峰、毗邻九龙湖的冠豸玺院居民小区等成片成片的新建筑物。

走出观景路古典中透射出华美之光的牌楼，便可望见步行可至的冠豸山机场。20世纪50年代建的是军用机场，当年只是山丘相接，田地毗连，树木林立。后来，为织结起连城天上地上的大交通网，机场被改造为军民两用机场。机场那一片乡村迅速繁荣的前后左右都矗立起商场、店铺抑或是多彩的民居。尤其是机场正对面，美轮美奂的"恒大悦澜湾"新区明亮崛起，俨然一座新城。尽管头顶上起飞和降落的飞机声，日日不绝于耳，但连城百姓与机场的情缘已经很深了，飞机起落的声音对连城人来说，或许就是另一种音乐。诸如机场那样的新区，已在连城的八方四面出现，连城之美，美在今朝，"价值连城"。

漳平市既是闽南、闽西和闽西北的接合部，又是连接沿海城市、拓展腹地的要道。如此漳平，城市建设水准的独到，自然天成。我曾经写过漳平的路，只不过那是公路、铁路、高速路，感叹地以"路在脚下"为题，而城区的路，又让我跷起了大拇指。7条新拓新建的城区大道、一座跨江大桥，更兼623.52公顷的城区绿地面积，让漳平城区处处苍翠。绿化美化是当今城市价值提升的一大亮点和看点，每每入夜，万余盏街路照明灯，让整座菁城溢彩流光。

实力上杭、活力上杭、魅力上杭、和谐上杭，这"四个上杭"让城建人快马加鞭。打通城市中轴线后，建成区面积迅速扩展延伸，二环、三环、紫金路、琴岗路和上杭大道等36条城区道路，如同艳阳下森林中的道道光影，从空中直落而下。南门大桥、张滩大桥，桥桥飞架；瓦子街广场、东门服务广场，场场宽广；杭川公园、紫金公园、南北江滨公园，园园秀丽；沿汀江两岸数十千米慢行绿道，5000米紫藤花，尺尺丈丈艳美如诗。城区如万花筒一般，无论转到哪个方向都琳琅满目、色彩各异。

永定城区被誉为"凤城"，物华天宝。赏今日永定城区，永定河"一河两岸"沿河栈道、绿地景观、滨江步道、休憩观景台……诸多景致，令人赏心悦目。改造提升后的凤山公园，集翠绿与艳美于一园，最是环山栈道，让多少游园人脚下生风。城区九一路、南门街、寨下、龙凤花园等处设立的"土楼书吧"，让"书香土楼、厚德永定"溢然其间。崭新的城市形象、无穷的城市魅力，节节拔高了永定百姓的幸福指数。

有着闽西"金三角"之称的武平，是知名于全国的生态旅游县，城市建设朝着闽粤赣边宜居、宜业、宜旅的生态文明城市的大道，滚滚向前。特别出彩的武平文博园，集两岸客家艺术博物馆、中央苏区博物馆、武平历史博物馆、刘亚楼纪念馆、刘亚楼将军广场、知青馆、名人馆等为一体的全县综合性、标志性文化设施的仿古博物馆群建筑。让各馆具有自身特色，又有机融为一体。真是"小城故事多，充满喜和乐……看似一幅画，听像一首歌"。

今日龙岩中心城市和各县市区，城市建设还在不断扩延，面对没有"休止符"的闽西城建，闽西之美还看明天。

"龙"腾大地

离开家乡多年,印象总是停留在起伏青山、飘香稻田的那张旧照片图景上。虽然也隐约知道家乡已经"天翻地覆"地巨变,却真的不怎么晓得闽西的机械产业还是一条龙,腾飞之龙。工程机械、运输机械、环保机械三大产业集群发展格局的形成,让闽西的山不再高、水不再远。在滚滚的车轮下,光影绰绰,让斑驳的流年多姿多彩。带着一种为家乡骄傲的昂奋心情,走在龙岩城中,在车水马龙的街市上,也从流光曳影的条条大道上,映现出一幅壮美的机械产业宏图。于是明白闽西机械产业的"化龙"之路,已经从沟壑纵横的闽西群山丛中开拓出来了,龙岩腾龙,实至名归。

今日龙岩,整车企业、专用车生产企业,配件企业在百家之上,产品涵盖乘用车、载货汽车、客车、环卫专用车、应急电源车等130多种,着实让我震撼。特别是"新龙马",成为福建省品类最全的整车制造企业之一;福龙马环卫车辆、侨龙吸水车、海德馨应急电源车等产品的技术水平在行业还处于领先地位。年年岁岁,都有数万辆各类汽车开出龙岩,开往天南海北、环球处处。"中国专用车名城"的龙岩,历经多年的"锻造"后,闪闪发光于华夏大地。而与汽车产业手牵手的有色金属产业,产值已达千亿,"有色金属之城"称誉也昂然而立。"奋力前行、跑赢大势,再创新业绩、实现新发展!"即便喊口号,也喊得如此朴实,这就是龙岩。

（一）

踯躅在机械产业上红旗飘飘的龙岩城，今非昔比的感慨，让我信步于穿龙岩城而过的龙津河畔，在树荫下的步道上俯瞰潺潺东流的一江清水。遥想历史上的闽西，一隅山区、穷乡僻壤，从原始的刀耕火种到后来的锄头畚箕。直至二十世纪五六十年代，或许大部分人都不知机械为何物？龙津河远去的流水，流出了过往的几多关于机械和车的记忆……

记得儿时的老家连城，深藏在闽西的一个角落里，静静的，几乎听不到汽车喇叭声。偶尔拂来的风，也都是小小县城周边群山中吹来的山风。窄街小道上，倘若有一辆汽车驶过，哪怕是带拖斗的小货车，或许也会惊动半座城。早年上讲台为孩子们说文解字的父亲，是有志向的，这个志向就是造车。但那时候连一块像样点的铁皮都难以得手，造车谈何容易？小县小城虽无钢铁，却有的是高山低岭，竹木无穷尽。于是，父亲就走进山林，小半天，一捆柴火一般、小茶杯大小的木材入了家门，几多个日夜后，一辆通身木制的自行车诞生了，一时轰动了整座县城。近则街坊邻居，远则城郊乡下，三五成群前来观赏。车虽是木制，却结实，摔不坏，我和两个哥哥，都是靠着这木制车学会骑自行车的。创造的成功，让父亲放大了造车的蓝图，不久又用木棍棍造出了一辆三轮车。让母亲坐在车斗里，从连城骑行到邻县长汀去看望我的外公外婆，于是，轰动效应就从连城延伸到长汀。

进入20世纪70年代，我插队的村里有了一辆拖拉机，这是唯一的机械，诱惑着村里所有的人。当上拖拉机手的，是村支书的侄儿，或许是坐上驾驶室就感觉高人一等了，高傲得像个王子。拖拉机三五天进一趟县城，想搭顺风车，就得给村支书的侄儿说上一箩筐好话，尽管那拖拉机一路数十里的颠簸，让人魂神飘散，但乘的毕竟也是"车"，感觉上总比步行高贵些。

（二）

曾一代又一代把铁钉叫作洋钉、视铁锄为家产的闽西人，几乎是腾云般地跃起，穷则思变，龙岩姓"龙"，冲破阻隔的重重关山，在机械产业的一张白纸上，写最新的字、绘最美的画，要从无到有地填补机械产业的空白。第一笔挥毫在机械创业蓝图上的，就是造汽车。闽西山高路远，外面的汽车不容易开进来，那就自己造。有志者事竟成，这颠扑不破的真理，必将永恒。

20世纪70年代之始，龙岩造出了第一台低速载货汽车，虽然只是载货车，但那自己造出来的车，情感上很不一样。当四个轮子在地上沙啦啦滚动的时候，龙岩人长长地呼出了一口气，就此立志要从这四个轮子起步，造车、造各种各样的车，从龙岩大地驰向远方。20多年虽然弹指一挥间，但龙岩人励精图治，终于在20世纪90年代初期，龙岩龙马牌农用载货车产销量，竟然连续三年位居全国第一位，产销量持续性越过3万辆大关。在龙马汽车以及龙岩风动厂、特钢厂、水泵厂等一批老工业企业基础上，龙岩市逐步培育扶持起一批优秀专用车及零部件企业。为造大车、优质车、用途广泛的车，为打造成一个宝塔型的造车业夯实了基座。

2008那年，借北京奥运会之东风，机械产业一跃成为龙岩市首个百亿产业，形成工程机械、环保机械和汽车三大机械制造产业集群。以龙净环保、龙马环卫为龙头的环保装备、环卫装备制造产业一马当先，尤其"龙净环保"，不仅是中国环保产业的领军企业、和大气环保行业首家上市公司，且还跻身于世界强手之列。成为国际上少数几家能同时提供烟气除尘、脱硫、脱硝、物料输送等环保产品，以及集研发设计、制造、总包、运营于一体的大型环保企业之一。其产品技术全面达到国际先进水平，部分产品还达到国际领先水平，产品远销全球40余个国家，在那数十个国家中，"福建龙岩"四个字成为用户们的口碑，也成为闽西人为之骄傲的由头。

龙岩龙工，龙龙飞翔于高天阔地，初始舞动龙头的是上杭乡贤李新炎。1993年，他几乎赤手空拳地创办起龙岩工程机械厂，因为起步维艰，恨不能把一角硬币掰成两半用。有一回，面对好一口烟的企业同行，情急中，错把劣烟当好烟，掏出来了，一看不对，慌忙说，这烟没劲，我抽我抽。说着赶紧掏出上好的烟敬客人。时间长了，人们都知道他口袋里兜着的两包烟，好烟用来敬客，劣质烟自己琢磨问题时嘬两口。然而，历经十几年的风雨兼程，砥砺奋

龙工产品一览（龙工公司提供）

进，龙工已如龙腾起，快速发展成为集工贸、生产、销售于一体的大型工程机械生产企业。2005年，龙工在中国工程机械行业中率先在香港上市，跻身于机械强手之林。短短4年后的2009年，龙工综合实力已跃居全球工程机械行业第24位，营业利润率增幅全球第四，销售额增幅全球第五，平均资产回报率全球第六。如此业绩，不能不让人感叹：了不得的龙工！了不得的闽西人。

龙腾虎跃的"龙工"，外面的世界缺什么就制造什么，内燃叉车、蓄电池叉车、港机设备、仓储物流设备四大系列近两百多个品种，昂然问世。龙工牌装载机、挖掘机、叉车和压路机产品均居国内品牌前列，一些产品进入国际品牌。龙工品牌产品不但威武在华夏大地，还借此展望地球村，远销中南美洲、东南亚、中东、俄罗斯等60多个国家和地区，出口额连续多年美元过亿。为了产品的长盛不衰，龙工人重在技改研发，先后从德国、日本引进了十余位相关领域的外籍专家，在新材料、新工艺、智能控制、绿色节能等方面不断更新换代。取信在天下、跃居于群雄，这就是龙工人的大志向。今日龙工正在打造精品的征程上金戈铁马，龙腾万里，去追逐七彩缤纷的龙工梦！

新龙马不仅"龙"在其中，且又"新"字当头，精气神聚集，从旧的车辙中拓开一条新路。当首款微客新车下线那天起始，就标志着闽西结束了不能生产乘用车的历史，也标志着闽西的汽车梦想将变为现实。在新龙马微车成功下线之际，新龙马30万台发动机项目同日正式动工。为龙岩打造海西重要汽车制造基地、培育千亿级机械产业集群注入强大动力，一改福建汽车发动机长期依靠国内外配套的被动局面，填补了福建汽车工业发动机制造的空白。

龙马环卫专用车的掌门人，不断以创造和发展眼光前行，起步不久就设立起博士后科研工作站。先后引进清华、北大、厦大及英国伯明翰大学的博士、硕士等各类高端人才数十名。同时鼓励员工主动请缨走向高层台阶，通过考核后入选后备人才库，为企业战略发展输送新鲜血液。历经多年卧薪尝胆的努力，企业的科研工作站成为海西产业人才高地。研制出的新龙马纯电动环卫作业车，因为产品性能居全国前列，被广为运用，服务的高地是京城的天安门、长安街、奥运村等重要区域。龙马环卫整体规模和技术实力，雄居全国环卫车领域第二位，迅速成为国内首家专注于环卫领域的上市公司。

新龙马豪华客车的问世，在资源整合中博采众长，瞄准世界级高端技术、研发出最具有"核心竞争优势"的产品。世上客车千百种，而新龙马的豪华客车一上路就跑在了前头，在驶入全国各地的同时批量出口。比如阿联酋，首个订单就是200辆，且把发车仪式放在龙岩市举行。或许是发车仪式上的锣鼓声，飞出了云天外，沙特、秘鲁、埃及、北苏丹、马达加斯加、多米尼加等十几个国家闻声而至，先后大批量订购。新龙马的豪华客车，豪华在这个多彩的世界，奔驰在金光闪烁的"一带一路"。不断攀登科技新高峰的新龙马，已经成为福建省生产资质最齐全的整车厂。福建牌多用途乘用车、运动型乘用车、轻中重型载货汽车、大中轻型客车、挂车、环卫车、自卸车、纯电动多用途乘用车、纯电动大中型客车、厢式运输车、邮政车、稽查车、医疗车、囚车……新龙马的"化龙"之路，从腾龙之地延伸于千里万里。

同样是机械产业上"化龙"的"侨龙"，同样以科技制胜，80多项国家专利技术牢牢握在手中。旗下的"龙吸水"系列排水防涝车，填补起国内大流量排水车的空白，拥有七成市场占有率。随着我国城镇化建设脚步的加快，城市化规模日益庞大，受温室效应和厄尔尼诺现象等自然环境影响，旱涝频率逐年上升，城市内涝已成为城市管理者的心病，市民的切肤之痛。侨龙急民众所急、想国家所想，早于2008年就开始研发"龙吸水"供排水车。两年后投放市场，成为抗洪排涝的神兵利器，在救援湖北各地特大暴雨及武汉石化渍水；

侨龙"龙吸水"抢险车（侨龙公司提供）

安徽池州万子圩决口、八闽抗击"尼泊特""莫兰蒂"台风等重大抢险中大展神威。京城人难以忘却，数年前，北京遭遇特大暴雨，房山区还涝成重灾区，接到首都城市排水集团的紧急征调令，侨龙10台"龙吸水"排水车，日夜兼程前往灾区救灾。飞龙岂是池中物？吸水吸出精气神，10台排水车，犹似10条龙，一张"口"，就吸干了东西南北，快速高效地排除了险情。再显神威是在浙江宁波，当余姚遭受强台风"菲特"袭击后，强降雨有如排山倒海，城区70%以上地区受淹。6台"龙吸水"大流量抢险排水车，一路飞奔，驰援灾区抗洪抢险。车到犹似天降龙，条条街区不再洪水泛滥。"龙吸水"垂直供排水抢险车，和"龙吸水"远程控制子母式大流量排水抢险车，正因为其威力非凡，已被正式列入中国武警交通部队应急救援装备，还引人注目地加入"G20杭州峰会"保障队伍。不仅受到全国28个省市青睐，遍及武警、水利、市政、石化、电力等行业领域，而且还远销泰国、巴基斯坦等。

与新龙马、侨龙等机械企业肩并肩、齐步走的"海德馨""畅丰"……同是国内领先的应急汽车方案专业服务商。海德馨的抢险救援照明车，在同类产品中位居全国第一，产品市场占有率居高不下。所生产的移动发电车的"0切换"技术居全国第一，在汶川地震、湖南冰灾等重大灾害，北京奥运、国庆60周年阅兵等重大活动的保供电中发挥了重大作用。畅丰专汽研制的客车型移动储能充电车，则填补了国内高档发电车产品的空白。畅丰车桥是目前国内第一家在香港上市的车桥企业，在国内重、中型卡车维修市场上业绩领先，福建、河南、四川都有其生产基地，产品远销东南亚、非洲、欧美等国家，拥有广阔的国内外市场。

时至今日，闽西的机械制造人，没有一天停下前行的脚步，他们知道全国现有供水、排水、燃气、供热这四类市政基础设施地下管线长度已超过172万千米，目前还以每年10万千米的速度递增。而地下管道、线路复杂，期待龙岩的机械行业研发出能在市政基础设施方面应急的机器设备，为城市的健康运行建功立业。推进垃圾分类及资源化处理的号角声，已响彻全国，同样期待更科学先进的机械设备助力这项事业。于是，他们未雨绸缪，加快有关机械设备的研发研制，以供国家之需。

（三）

闽西机械行业之龙的腾云驾雾，让主管部门紧紧跟上步伐，为机械行业的持续发展之炉，添薪加油。在一厚本闽西机械的画册上，有这么光华的一页：闽西机械行业在龙岩市体育公园举办机械产业博览会，主办方是国家工信部、国台办、福建省政府；由福建省经贸委、省外经厅、省台办、龙岩市政府承办，规格够高。参展方是谁呢？看看他们的牌子：中国一汽、北汽集团、中国重汽、广汽集团、奇瑞汽车、中国二汽等八大汽车集团悉数参展不说，还来了国内知名的徐工，柳工，湖南中联重科，上海通用重工，山东山工，山推，中国重汽，陕汽和福建省知名的厦工。国外诸多知名机械企业，其中有名列"全球工程机械50强"前三位的美国卡特彼勒、日本小松、瑞典沃尔沃等世界巨头。和日本日立建机、德国凯驰等14家国际知名机械企业，还有来自中国台湾的台湾裕隆汽车、台湾中华汽车、台湾三阳等60家企业。博览会上，国内外企业的新技术产品纷纷亮相，为龙岩机械工业发展注入新的项目、资本、技术、理念。就从此次博览会的规模规格看，足以看出闽西机械在国内国际举足轻重的分量，这就是闽西机械数十年奋斗拼搏、长足进取，所获得的瞩目于世界之成果。

中亚五国联合记者团到龙马访问，当记者们看到一个偏远的闽西山区，能发展出如此先进的机械制造业惊讶不已，为龙马未来发展表达了深深祝福。联合记者团鼓呼闽西机械走出闽西，走进中亚、走进世界的机械舞台，在交流合作中一展风采。

昨天，闽西机械走的是"化龙"之路，今天，已经"成龙"的闽西机械，腾飞到天涯海角，腾飞到环球五洲。

紫金神话

（一）

曾经迷恋神话传奇，无数遍品读过《西游记》，闻知闽西红土地上的紫金矿业，创造了不是神话的神话故事，久欲探访。今岁初冬，终得一机会登上紫金山顶。

那天，满天的冬日暖阳，温和照耀上杭近三千平方千米的红土地，城里城外，好一幅"江山如此多娇"的挂图。从上杭县城东南方向"客家缘"建筑群的开元酒店驱车，在鳞次栉比、大厦高楼夹峙下的上杭大道上，铺金溜银一般地光影闪烁。透过挡风玻璃放眼前方，只见山岭那边黄澄澄的一个圆圆大山凹，酷似黔南大窝凼喀斯特洼坑中的"天眼"。这座自古称为"紫金山"的宝地，因为挖掘了天赐的金与铜，原来的山岭削平后，再往地层深处一圆圈一圆圈地探索，而今形成了一个巨大锅状般的地坑，成了上杭的一方"天眼"。据说在这个天眼中蹦出许许多多神话一般的故事，有如《西游记》开篇东胜神洲傲来国花果山中蹦出石猴后，演绎出数十集的神话故事。知情者如是说，倘若把当年紫金的创业与发展，也编纂成电视连续剧，或许不会少于百集。紫金的望天之"眼"询问天空，紫金山昨天的黄金之路已经步步走过，明天的黄金之路，路在何方？高天如此回答：黄金路纵横在天南地北、在紫金人的脚下。

欲探究紫金人而今纵横遍布于世界的黄金之路，不能不回望昨日的紫金之路，看看此条金光闪烁的黄金路，是如何从上杭县的紫金山延伸到天涯海角……

早在大宋之前，上杭人就知悉紫金山是了不得的一座山，产铜，也藏金，于是早早把紫金山直接叫作"金山"。历史上，管辖上杭的汀州府曾立有"府志"，"紫金山，宋康定年间盛产金，因名"。藏金含铜的紫金山，风传八面，终于有北宋时期的矿冶家、七品官员郭福安，受朝廷敕命携带家眷，率领百名采金人，从远道聚集上杭钟寮场采集紫金山的金铜矿。那时候，或许紫金山金矿石露出地面，历经长年累月风吹雨打，岩石被风化而崩裂，金便脱离矿脉伴随泥沙顺水而下，沉淀于溪流中。于是古代淘金人大多在溪水中筛选出金粒，精心加工后，作为贡金呈于朝廷。然而在大宋之后，紫金山下的淘金人销声匿迹，不知所踪。紫金山任其斗转星移、光阴荏苒，就此沉寂了千年。

直至中华人民共和国成立，大翻身后的大建设，让紫金山进入了地矿部门的视线。时至20世纪80年代，从学府地质专业毕业后走回闽西家乡的陈景河，与紫金山结缘了。这位有着特别智慧的地质达人，少时从书本上知晓南京有个紫金山天文台，那是探索宇宙奥秘的地方，曾经让他神往。而今又知悉上杭一隅有座藏金纳宝的紫金山，更是让他萌动了七彩的憧憬。幸运的是，不久他就以一个地质人的身份，执着地在深藏宝物的上杭山岭上踏遍青山，足迹如同图章印遍紫金山岭。面对的虽然是坚硬的岩石，但总觉得冷峻的石块里会有灿灿的黄金，希望是前行路上最大的动力，采集标本、检测分析，成了一种工作上的常态。一天又一天，东方欲晓，紫金山上借来晨光寻宝；一夜再一夜，暮帘垂挂，800米海拔的古庙里与泥菩萨做伴。进入20世纪90年代，千方百计要脱去贫困帽子的上杭县，不仅从省里要回了紫金山，还要来了地质人才陈景河。

从此，一支寻觅金铜的紫金人，执着于那起伏的山岭。几多回筚路蓝缕的实地勘探，多少个朝夕风餐露宿地八方考察，日复一日，挎上山的是地质背包，背下山的都是冷峻石头。紫金人明白，地质勘探成功率只有1%，忙活几十年，可能一无所获，一旦成功，就将拥有金山银山。在勘探行业中流传这么一个"三米坚持"的故事：有一支勘探队钻孔钻进到697.5米，仍然没有一点像样的矿体，当人人都沉不住气之时，一位总工程师坚持下达指令继续向下打。再往下钻探仅仅2.5米，钻孔提取的矿芯居然是一截截亮光闪闪的金属棒，此后连续80多米，都是富含铜、铅、锌、金、银、硫的矿层。紫金人就是一支耐得住寂寞、耐得住枯燥品性的特别队伍。

"踏遍青山人未老，风景这边独好。"在独好的风景中，紫金人千百次地叩地问天，紫金山上呼呼吹过的山风，似乎在告诉紫金人：此山藏金千万粒，只等传奇开采人。在那焚膏继晷的非凡时日中，逝去的是岁月，收获的是紫金山盛藏金铜的答案。终于，紫金人把原先一个个弯弯的问号拉直，成了无数个的感叹号！感叹出一座上是金矿、下为铜矿，上金下铜的紫金山，紫金人笑称这是"一个铜娃娃戴了顶金帽子"。

紫金山，紫金山，千声万声呼唤你，大地宝藏就在这里！

在让戴金帽子的铜娃娃现身之时刻，投资少、运作简单的"堆浸技术"试验成功，创造了每吨矿石处理成本最低，远比传统的"全泥氰化提金法"下降多倍，黄金含量最高可达5个"9"。在持续推进的多期技改中，创造了亚洲规模最大的千吨炸药揭顶大爆破，震天撼地的这一声，如同一场大戏开场前的威风锣鼓，鸣响在杭川大地。掀开一厚层山之衣装后，窥金见铜之喜，喜在杭川大地。开辟了多个10万吨级以上的选矿堆浸场，变硐采为露采。

紫金之金土，虽然含金品位低，但只要有金，紫金人以特别的科学技术，即便在吨土中只能找出一粒金，也要让金子回到世间发光。虽然薄收，却也铢积寸累、集腋成裘。时至2018年，在紫金山收获的黄金高达212.61吨、产铜40.61万吨，实现利润210.52亿元。紫金人指土为金、点石为铜，处处都是丰收的金山铜山。仅仅以300万元起家的紫金矿业，一跃成为明星矿业。"紫金神话"在全国矿业行业中口口相传、美誉远播。

蝶变后的紫金矿业，先后在香港H股和上海A股整体上市，从中衍生出来的传奇性故事，既铺天盖地又沸沸扬扬于天下。神话之说，津津乐道于城乡街巷，说了个朝朝暮暮、天长地久。

一桶桶金、一筐筐铜，从紫金山腹地拎起来、抬上来，紫金矿业金灿灿

紫金国家矿山公园（紫金矿业提供）

一片，功成名就。后来在紫金山岭立起的国家矿山公园广场上，以及姹紫嫣红的紫金山植物园中，"资源篇""环境篇"和《紫金魂》浮雕，刻其上为景，化成字是书，无声胜有声地向世人忆昔抚今，让"绿水青山就是金山银山"的旗帜，在紫金山上高扬。紫金人把紫金山建设成为绿色模范矿山和工业生态旅游矿区，再造永远挖掘不尽的"金山"。

闽西红土地上的客家人，远古的祖先敢于千万里从北到南拓土开疆，今日的紫金人，作为客家人的子孙，更应当立业更立志。既然能在荒废了千年的紫金山上创出伟业，也必定能在紫金山的山外山上寻金觅宝，让站起来的紫金矿业强起来。企业"走出去"战略，是国家对外开放的重大举措，紫金人以独有的远见卓识未雨绸缪，在紫金山中的"金帽子"摘去前夕，把锐利的目光投向世界的四面八方。

（二）

走出去，先内后外，竖旗扎寨、步步为营。

早在2003年，紫金人就借着初夏的阳光直指西南，在位于贵州省贞丰县的水银洞金矿山丛间，一展风姿。深藏于群山之中的卡林型金矿，好像是鸡蛋里的蛋黄，外面有一层厚厚的蛋清包住。剥离之难，迫使紫金人自主研制出"加温常压化学预氧化处理"湿法提金工艺，成功解决了难选冶金矿开发这一国际难题，填补了我国含砷含炭微细粒原生矿开采技术上的空白，获得国家技术专利及中国黄金协会科技一等奖。以此独有的技术，开采出水银洞金矿区原来不能利用的约50吨金资源，新增经济价值百亿元。

被称为"生命禁区"的青藏高原，既缺氧、缺水，还高寒，而威斯特铜业德尔尼铜矿又处于青藏高原腹地。在4400米海拔的矿山上，紫金人以矿泉水和大饼果腹，在无路的碎石堆上，肩扛着原土一袋一袋地传送至山顶。矿山本无路，紫金人走得多了，便也成了路。只要山中藏金匿铜，紫金人就是用手挖，也得把国家的财富挖出来。得金获铜后，迅即砸下两千万绿化，用心良苦地绿化周边环境。甚至把选矿厂、矿工生活区域、采场区域，装扮成绿树红花的百花园，绿化面积高达95%。

吉林珲春原有的金铜矿业已是资不抵债、千疮百孔的企业，既然是兄弟省市的国有企业，紫金人就要尽其力救活它。打自"珲春紫金"的金字牌匾出现在那片矿山上后，这爿铜矿业复活了，作为参与国企改制的成功范例，写进了吉林省国企改制十大成功案例，是东北老工业基地振兴的典范。新疆阿勒泰地区哈巴河县的那片铜矿山，只见山和石、风与尘，方圆十几里地，连一个小水窝都找不着。无水就难以淘金掘铜，紫金人就开辟"天河"，从重重叠叠的远山外一锤一锉地引水开矿。硬是在那鸟不拉屎的地方，开采出黄灿灿的铜，带动当地八方四面的乡亲致富。黑龙江多宝山低品位的斑岩型铜矿，资源储量大，但其"骨头"铁硬，但紫金人的硬骨头硬过钢铁。尽管那地方动辄冰冻三尺，寒风如刀，紫金人仍然挺直腰板，让"多宝山"名副其实。

……

时至2019年，紫金的旗帜，已插上华夏大地18个省区的高高矿山，无论在哪一个省区都功以才成、业由才广。都能让海浪一般的苍山，化作一串串跌宕起伏的音符，谱奏起雄壮的紫金之歌。

国家的金山宝矿在祖国，古人和现代的紫金人开采不了的，可留给子孙后代。特别有宽广视野的紫金人，从家乡上杭的百里看到了大江南北的千里，又由长城内外的千里远望到全球的千千万万里。最是共建"一带一路"的倡议，犹似一道金光，照亮了紫金人快步奔走的淘金之路。

（三）

"走出去"战略是企业发展壮大后国际扩张的必然选择，因此，紫金人走出去的脚步一步步遥远。

初识非洲，大多的国人应该是在央视的《动物世界》上，万只角马奔腾，排山倒海似的冲向前方，犹如古战场上千军万马冲锋陷阵；抑或是三毛的《撒哈拉故事》，那浸溢着浪漫又浓情的异域风光。然而，在广袤的非洲大地上，有不少的角落，却遍布着没有屋顶的茅草屋。白天照着炎热的太阳，夜晚数着满天的星星，外在的"风景"，折射出几多辛酸。最是没完没了的战火燃烧着岁月，无休无止的饥饿让游走的人群步履蹒跚，骨瘦如柴。

去看看紫金人果敢涉足的刚果（金）。埃博拉、黄热病、疟疾等传染病的肆虐，剧毒的黑曼巴蛇的频繁出没，各自长达半年时间的雨季、旱季，和猝不及防的雷电……恶劣的自然环境下，又有明里暗处兵匪盗贼的侵扰、暴乱阴霾的笼罩。即便是如此这般的刚果（金），却让紫金人选为创业之地。既为自己创业也为刚果（金）创业，因为这才是构筑"人类命运共同体"的"一带一路"精神。2014年，始之进军非洲的紫金集团，派出一路兵马出师刚果（金）投资设厂找矿，在淘金的过程中，助力这个国家的经济建设和民生事业。

卡莫阿铜矿和穆索诺伊铜矿，都是刚果（金）的高品位铜矿，这两大铜矿都是紫金人的进军之地。跨越大半个地球踏上刚果（金）土地的紫金人，从一块砖、一片瓦起步建设矿区。但即便是一块砖，也要从赞比亚驱车400千米运到矿区；在南非采购的物资，通常要耗费1个月陆运至刚果（金），如遇台风季节等影响，耗时将更长。但紫金人由南非购买的树脂，在8天内穿越3000千米，抵达项目现场，创造了到场速度之最。此外，没有任何规律的外部电网停电，更是拖曳着紫金人前行的脚步。即便举步维艰，也要步步登高前行，仅用9个月时间，穆索诺伊铜矿二期铜钴回收项目投料试产，首创中资企

刚果（金）卡莫阿铜矿（紫金矿业提供）

业在刚果（金）矿山建设纪录，跑出了紫金矿业国际化建设新速度。当这个国家社会危机层出不穷、乱云飞渡之时，忠诚度高的刚果方员工携手矿区周边社区的村长、酋长等组建起200多人的护矿队。他们把中国人当成自己真正的兄弟和家人，保护好中国人的利益就是保护自家的利益。

时至2018年，紫金人已探明卡莫阿铜矿铜金属资源量高达4249万吨，平均品位约2.56%，其中700多万吨铜金属品位大于7%，是非洲第一大、全球第四大高品位铜矿。而在穆索诺伊，紫金人产出铜5.32万吨，实现营业收入18.27亿元，利润总额7.07亿元。目前，穆索诺伊铜矿已迈入年产10万吨级大型铜矿行列。紫金人在非洲大陆书写了新的传奇。

在国外，紫金人的绿色环保主张与国内一视同仁，比方在刚果（金），所打造的是这个国家百年矿业史上首个绿色矿山。因为穆索诺伊矿山，地处刚果（金）卢阿拉巴省科卢韦齐市近郊的西南侧，距居民区直线距离不到百米，紫金人就按照中国生态文明标准建设穆索诺伊绿色矿山，开创刚果（金）百年矿业史之先河。紫金人要把矿区建设成当地市民的城市后花园和社区活动中心。超过5万平方米的绿化面积，让矿区内外树木林立、草地翠绿、花果飘香。

在寻金掘铜、保护环境的同时，紫金人还想刚果（金）所想、急刚果

（金）所急，为这个国家生产水泥和石灰，以突破刚果（金）当地方圆1000千米没有水泥生产的瓶颈，帮助这个国家夯实建筑业之基，立起经济之鼎，彰显出紫金人独有的胸怀。

遥远的刚果（金），在懦夫的眼中，不敢远望，因为望而生畏，但在紫金人面前，却是饱含希望的一方土地。

巴布亚新几内亚是南太平洋西部的岛国，大洋洲第二大国，在世界不发达国家之列。支撑起这个国家经济的是农业和矿业这两大支柱，无论缺了哪一根柱子，国将不国。在世界地图上指点江山的紫金矿业，运筹帷幄中，决意投资波格拉金矿。

波格拉金矿位于安嘎省平均海拔2500米，最高山体海拔3500米的波格拉河谷。环绕的群山中，几乎都被茂密的热带雨林覆盖。紫金人在这个河谷中，每天工作12小时，白天黑夜两班倒。开矿艰辛自不必说，尤其是当地地形复杂，山道的崎岖，远胜我国古时的蜀道，行路难，难于上青天。而身在其中的紫金人，硬是从无路之地走出路，从乱石堆中敲出金来。远超22吨的黄金，由中国的紫金人从波格拉金矿中，一粒粒地找了出来。

走进异国他乡大山深处的紫金人，数年苦渡于异域且常常是几百千米荒无人烟的矿山，深陷一个封闭的群山之怀里，没有创业精神和"国际主义"精神，是很难坚守的。三年五载了，倘若想回一趟国内，陆路、海路，得经过曲里拐弯、迷魂阵一般险要公路的考验；下了车再上船，又得多少个日夜迷茫在浩瀚的大海。若是选择飞行，转机四到五程，从此方候机室再到彼方候机室，几个小时又几个小时，磨炼着紫金人非凡的耐心。在"巴新"这样一个遥远的国度，紫金人忍受着沁入心肺的孤独。一天又一天，与天穹、山峦、苍茫大地和矿山诚挚交流；月再一月，和无语的高原、山川、矿石为伴。然而，无限风光在险峰，登高远眺，"一带一路"上，是令人击掌的奇异奇观，尽收眼底的是寻常人无法想象的大美前景。

俄罗斯是近邻，紫金集团在这个国家立基兴业，组建起"龙兴公司"。然而，龙兴的昂立之地正处于西伯利亚图瓦共和国的腹地，那里有长达7个月的异常寒冷的冬季，最低气温可骤降至零下46℃，通常30厘米的积雪厚度已让

澳大利亚帕丁顿金矿（紫金矿业提供）

紫金人习以为常。身处矿区，仿佛游走在冰的世界里，在滴水成冰、呵气化霜的日子里，紫金人欣赏着别样的异域风光。无奈的是钻机、空压机时常被冻住，平均每3小时就要用喷灯将冰烤化后再继续穿孔，钻机冲击器也会因地下水涌出而冻结，在打钻过程中冲击气锤无法润滑，机手们也需用明火烤并清理后才能作业。常常是在夜间，发动机油路抵御不了严寒，维修人员和钻机手就采用烤枪加温，为发动机油路解冻，与苦寒气候斗智斗勇。就在这么一个恶劣的气候之下，紫金集团在俄罗斯的"龙兴公司"，从2015年投产以来，已产出锌34.3万吨、铜与铅各1.3万吨。

　　紫金矿业不仅面向全球迈出步伐，而且还伸出双手、敞开胸怀拥抱各有关矿业：紫金矿业收购全球著名矿业公司艾芬豪10%权益，并取得艾芬豪旗下刚果（金）卡莫阿铜矿49.5%股权；紫金矿业与全球最大的黄金公司巴理克黄金签约，取得巴理克旗下巴布亚新几内亚波格拉金矿50%权益；紫金矿业与塞尔维亚共和国在北京签订协议，将投资3.5亿美元，以获得塞尔维亚铜矿开采及冶炼企业RTB Bor 63%的股份；塔吉克斯坦国总统拉赫蒙访问紫金矿业总部时在题词中指出：紫金矿业是一座连接塔吉克斯坦和中国的金桥；吉尔吉斯共和国总理穆哈梅特卡雷·阿布尔加济耶夫，盛赞紫金矿业在该国所创下的业绩……一步步走出遥远、走向全球的紫金人，把世界广袤的大地看成是一张硕大无朋的稿纸，用无形的如椽之笔续写着紫金传奇。

……

创新发展之路，此路延伸千万里；国际化之路，让紫金人年年岁岁踏上新征程；项目大型化，宽广了紫金人的胸襟；资产证券化，朋友遍天下的紫金矿业将持续发展为永恒。一个高技术效益型特大国际矿业集团，以优质矿物原料为中国和世界经济发展助以全力。

把资源当作核心资产，秉承"艰苦创业，开拓创新"的精神，以紫金山为基地发展壮大，充满豪情地走向全国；又依托国内矿山的基础和实力走向全球，探索未知的世界，足迹遍布非洲的荒原、巴新的丛林、中亚的山壑和澳大利亚的沙漠。紫金的矿工是拓荒者、守望者、财富创造者。紫金的矿工筑梦于紫金，紫金集团又筑梦于祖国，梦梦相叠，色彩斑斓。

持续艰苦创业、开拓创新的精神，且在变中求新、变中求进、变中突破。最是共建"一带一路"的倡议，犹似一道金光，照亮了紫金人快步奔走的淘金之路。昂然挺进 2019 年《福布斯》"全球 2000 强"，傲然戴上全球有色金属企业第 10 位、全球黄金企业第 1 位的桂冠。在 21 世纪的今天，地球人似乎都在说：有太阳的地方就有中国人！志存高远的紫金人，以人无我有的大气势，傲立于天下矿山：笑看明天，但凡有金子的地方，或许就有紫金人！

紫金人与各有关国家淘金人共享机遇、共谋发展的大道越走越宽广，因为"一带一路"上的太阳最亮、友谊的含金量最高。太阳之光、金子之光，光光相映，光照于天涯海角、地球之村。紫金矿业就在太阳之光和金子之光的照耀下，从红土地出发，走遍天下。以前行的一串串坚实脚印，编纂出现代版的紫金神话。

畅行万里

坐在风驰电掣的动车里,沿途青山含黛、满目葱茏,闽西城市之首的龙岩城已遥遥在望。从福建省会城市福州奔赴龙岩,途经有"文献名邦"之誉的莆田,海上丝绸之路起点的泉州,鹭岛厦门,花果之乡漳州,抵达享有"二十年红旗不倒"赞誉的龙岩时,不足3个钟点。我欣欣然下车,一阵清爽的风迎面而来……

(一)

当今,如此梦幻般快捷的交通,不能不让我想起当年。千百年来,闽西地域在人们心目中,大山横亘,山遥水远,长期被称为福建的"西伯利亚",如同史志所载"覆叠万山之中,舟车四塞之地"。通往外地只有几条崎岖陆路与汀江、九龙江北溪两条奇险的水道。直到民国末年才有了一条公路,里程不足50千米。

二十世纪七八十年代,闽西各县虽已通了公路,但交通仍然是"这里的山路十八弯,这里的水路九连环""等班车",成了那个年代出行人的一种特别期待与无奈。一天只一班的"班车",一旦误了,那失望浓得能近乎绝望。记得一位乡亲要去邻县看望住院的叔父,凌晨起个大早,徒步50多里山道赶往县城，紧赶慢赶到达县城车站，却因误了一分多钟，班车刚刚开出车站大门。这位乡亲在极度的失望中，居然号啕大哭。那哭声震响在车站内外，数十年过去了，总也忘不了那不同寻常的、无望的悲情哭声。

层峦叠嶂的闽西，在相当长的历史时期里，交通极为落后，"依山者多崩，傍溪者多缺，鸟道蚕丛几不容趾，溪涧之桥，多属独木"是其真实写照。而"上山入云巅，下岭到溪涧，对村喊得应，相通走半天"这支古老的民谣，更是形象地唱出了当年闽西山村的闭塞与艰难。时至20世纪70年代中期，闽西的千山万岭之间，依然是百曲千弯的沙土公路，靠设置在段段路途中的"道班"养护。一位小学同学的父亲，因为当上了一段路上道班的班长，晨起在鸡鸣时，暮归于星空下，日日与扫帚和铁锹为伍。一把超长柄的扫帚，在沙土路面上不停地扫呀扫，把聚成一堆的沙子或无沙之地扫匀。日复一日地重复着同一种动作，年复一年地顶着酷暑严寒。后来，我进入省城的一所学府，每个学期都得经历从乘坐班车，再转乘绿皮火车的长途旅行之苦。七弯八绕，去一趟省城，远比当今去一趟京城还费劲。迄今虽然40多年过去了，但那种交通处处受阻、时时遇塞的痛点回望，真可以写成一部闽西交通不通的长篇檄文。

（二）

多少年来横亘在这里的重重关山，如同一把把囚龙锁，使闽西这条巨龙迟迟无法腾飞。为了让龙岩之"龙"飞出群山深处，龙岩交通人早在20世纪90年代初，就在闽西大地上铺下一张天大地大的交通图，大气势地提出了发展"大交通"的战略构想；于是，1992年开始实施的先行工程，是对境内319国道、205国道进行改造重修，当时行署、县、乡、村各级有钱出钱，没钱出工，掀起了道路交通建设的一个大高潮。坂寮岭隧道开通，第一次将龙岩与沿海紧密联系在一起。1999年漳龙高速公路开建，龙岩交通人还没来得及擦干"先行工程"飞溅的汗水，又在欢庆胜利的锣鼓声中炸响了高速公路建设的隆隆炮声，在全省山区市中勇拔头筹。2000年，漳龙高速公路龙岩段顺利建成，率先实现山区市高速路零的突破！在工程特别艰巨，施工难度、筹资难度大的情况下，漳龙高速公路龙岩段取得了工程科技含量全省最高、节省概算投资全省最多的成效，也成了闽西有史以来最大的交通工程。要致富先修路，这是改革开放期间，闽西大地推进交通路网建设，既通畅顺口又昂扬响亮的口号。2003年龙长高速公路开建，2009年双永高速公路开建，掀起了龙岩高速公路建设高潮，2012年在全省山区市中率先实现县县通高速。2014年，龙岩市开始实施厦蓉高速漳龙改扩建工程，于2019年春节前全线通车，龙岩蛟洋至漳州和溪的高速路由四车道扩为八车道，真正成为龙岩连接沿海的大通道。过去只是电视上听说、报纸中看到的高速公路，真正坦荡在闽西的土地上。

1998年以前，龙岩市境内仅有56千米支线铁路可通客车，也就是20世纪60年代初建成的漳龙铁路。那时龙岩去福州要10多个小时，出省需要到南平的来舟中转。20世纪90年代末，闽西铁路建设天时地利，先后建成梅坎、赣龙、龙厦、赣龙复线四条铁路，初步形成了闽粤赣边区域性铁路交通枢纽地位，也成为闽西境内的出省通道。

连城朋口段，高速公路、国道、铁道平行（龙岩交通局提供）

2005年建成通车的赣龙铁路，2006年年初始发开行了龙岩至北京的"海西号"快速旅客列车，龙岩市成为第二个开通进京列车的革命老区市；2012年开通的龙厦铁路，让龙岩市迎来了"动车时代"；2015年建成通车的赣龙铁路复线，更让动车"动"在新时代。作为国家铁路网杭广高铁通道和福建省"三纵六横九环"铁路网的重要组成部分，历时5年建成的南龙铁路正式开通运营，使八闽环状线实现封"口"。此外，浦梅铁路建宁至冠豸山段经过连城县，大地飞驰，蓝天翱翔，闽西交通路路通达、道道延伸。连接起省城、京城，同时连接起通达光明的"一带一路"……

在陆路交通大建设的同时，机场建设也在快速推进。闽西唯一支线机场——龙岩冠豸山机场于2000年初夏经国务院和中央军委批准建设，历经前后四年的改扩建，成为华东地区第36个民用运输机场。"连城—上海""成都—桂林—连城""昆明—连城—南京""北京—连城—佛山"等多条航线，形成了直通首都，连接长三角、珠三角的"东西南北中"的航线网络构架，架起了闽西对外交流沟通的空中桥梁。

如今，龙岩地域同时实现了"五个基本建成"，即海西网高速公路基本建成、"两纵两横"快速铁路网初步形成、乡乡基本通三级以上公路、农村客运网络基本形成、龙岩现代综合交通枢纽基本建成。

（三）

在闽西境内，农村公路建设拓开崭新篇章。"四好农村路"建设成效显著，在全省率先实现"路长制"全覆盖，曾经不见一寸公路的村庄，如今已经村村通公路，总长接近4000千米。畅通"主动脉"，疏通"毛细血管"，让村民出行不愁，进城不忧，产业发展有路，乡村振兴可期。没有什么比一条路带给农民的获得感更多。90岁的上杭县太拔镇院田村村民赖顺莲对此感受最深，今年她主动将子女准备为她办寿宴的3万元捐了出来，支持"四好农村路"建设。老人真切朴实地说道："我就想着，路扩宽了对子孙后代和大家都挺好，开汽车、骑摩托车都安全，子孙后代都能受益。"美丽乡村榜上有名的连城北团石丰村，光影熠熠的 4000 米新建村道延伸到各家农户的房前屋后。而像石丰这样"硬化"的乡村希望之路，在闽西 1782 个行政村中知多少？！驱车行驶在上杭县宽阔平整的乡村公路上，不时可以看到"你的路我的路，大家一起来扩路""你出地我让地，公路拓宽齐努力"等励志标语，让人们从中读出了老区乡亲们的淳朴。如今上杭的吴地村，这个曾经在人们的眼里是"山中一口锅，四面要爬坡，田有碗般大，田埂三丈高"的穷乡僻壤，而今因为有了上乘的乡村公路，青山围屏，田园锦绣，整洁宽阔的村道蜿蜒其间，白墙蓝瓦的座座小楼错落有致，已成为村庄美、百姓富的社会主义新农村典范。

高品质的农村公路在闽西不断延伸，成为助力乡村振兴的致富路、幸福路。上杭县 2010 年在全国首创的农村公路综合保险，不仅在全市、全省全面推广，并被复制到浙江、湖南、湖北等省份。以打造"闽西千里文明风景长廊"为目标，今日闽西路，坦途通八方。今天，当汽车欢快地行进在这福建西部崇山峻岭之间的农村公路上时，一幅幅多姿多彩的美丽图景便如此浩浩荡荡扑面而来，远处，群山起舞；近旁，草木葱茏……从当年蜿蜒曲折的砂土盘山路，到如今坦坦荡荡、花团锦簇的现代化公路，人们看到了一个日新月异快速发展的新闽西。

旅游路、产业路、资源路，路路广达。县县有示范乡、乡乡有示范村、村村有示范路，路在乡亲们的脚下。在才溪纪念馆、官庄畲乡文化、宣成杨成武故居、明朝廊桥、何叔衡纪念馆、三洲生态文化、松毛岭战役遗址、培田古民居等红色、绿色之路上，从到得了、走得了，转变为走得好，走得舒畅。连接上杭、长汀、连城三县 116 千米的"四好农村路"的红色旅游路，一路坦荡。

开门看见坑，上路就"跳舞"，曾是上杭县太拔镇农村公路的真实写照。"过去村民出去贩卖农特产品都是肩挑背驮，路窄得连板车都过不了。如今村里的柚子、生姜等农特产品新鲜采收后，1 小时就能运到龙岩"，乡亲们行车在路上，满足感洋溢在脸上。太拔镇第二届梅花节的成功举办，满溢的梅香和美景吸引了约 35 万人次游客。由于路通，生态资源转化成了生态资本，望得见乡愁，聚得住财气。初秋的阳光洒在院田村流淌的河水上，波光粼粼，河面上不见一点垃圾。山青、水绿、地净、天蓝，走进一条小巷，映入眼帘的是一排排错落有致的客家民屋。湖洋镇文光村观音井有家生态家庭农场，村道畅通后，脐橙、蜜柚和果园鸡等农特产品价格翻番，特别是脐橙园里的采摘观光游，仅仅两天，100多辆自驾车，让文光村光亮闪闪，让这家农场主赚得盆满钵满。一条农村路，畅通的是百姓出山致富的通道。

车窗外，9月的桂花正浓，点点金黄散布在翠绿的原野，沁人的馨香越过山河。车行武平县岩前镇最南端的革命基点村——将军村，通村公路6米路面的硬化，但见新房齐整，村容洁净。将军食用菌专业合作社的组建，让日产2万多袋食用菌，年产值1200万的将军村，从富起来到强起来。同时利用起片片山林，种植灵芝、金线莲、铁皮石斛、和脐橙、早熟桃、百香果，以及养蜂，养殖羊、牛、鸡、鸭等林下经济的全面发展。让"机制活、产业优、百姓富、生态美"的美丽山村在将军村迅速崛起。

长汀古城镇的丁黄村，是一座拥有八百年历史的客家山寨古村落。全长3.315千米、投资千万元的县级示范路的建成，让丁黄村依托地域特色，发挥生态优势，开拓了乡村旅游之路，实行"景区平台＋合作社＋农家乐＋贫困户"的扶贫模式。这座曾因交通闭塞被称为"有女不嫁丁屋岭"的贫困山村，年接待游客近20万人，旅游收入过百万。交通的改善和古村落的特色，让外商在丁屋岭打造民宿及名画有主画廊，吸引了众多影视剧组选择丁屋岭作为拍摄主景区，短短两年间，这个265户的山村已经拥有150多部私家车，进出光洁的乡村道路上。

客运企业"车头向下"，镇村公交从城市公交线路向乡村延伸。各县（市、区）建制村通客车率高达98%，全市1784个建制村近期即可实现村村通客车。即以漳平市城乡为例，两条高速路上，铁流滚滚；省道纵横交错、纵贯南北；县乡公路密如蛛网、内联外畅。登高鸟瞰近三千平方千米的大漳平，铁路、高速路、国道、省道、乡村干线……纵横交错、四通八达，已构筑起横穿"东西南北"高速公路网络，和"北上永安、南下华安、西进龙岩、东出永春"的普通公路网络。让这方九山半水半分田的漳平，成为融入闽南、延伸珠三角、拓展西部的战略要地和区域性交通枢纽地。

(四)

晨起看山,还是原来的那片山;暮中见水,还是那道水。叩问大地,路已不是那条路,岁月也不再是原来那个岁月。借着晨晖从家乡连城驱车高速路,3个多钟点不超速,一准抵达省城。沿途逢山入洞、遇水过桥,与山风同飞翔。倘若乘上动车,车厢外光影闪闪,车厢内安坐如家,同是3个多钟点后,已是连城变幻成榕城,大有唐代诗人李白诗句中的:千里江陵一日还的感觉。时空穿越,一越千年,今日在流畅的闽西交通网中,千里江山,已经不必"一日"了,70周年国庆前夕,在京城一所高校任教的女儿回她的家乡连城,启程那日,从北京大兴机场上午9点19分起飞,抵达连城冠豸山机场时,腕表上的时针指向11点45分。由此看,北京至闽西连城空中飞行时间仅仅是2小时26分钟,飞越万水千山,掠过千城万县,区区两个多钟点。真有如神话中的孙悟空,一个跟斗云就是十万八千里了。20年前,冠豸山机场军民两用时,当地政府和百姓都庆幸连城交通有了"铁(路)公(路)(飞)机"。一

龙长高速公路海佛寺大桥(龙岩交通局提供)

个历史上由于太过封闭，造成地方方言多达数十种的山区县，在今天这新时代中，不仅有地面上的上善大道，竟然还有气贯长虹的空中航线。大道纵横，八方通衢，坐地观天，日行千万里，山城巨变，还看今朝。

而今出行，每每在高速路上或是在高铁途中，透过明亮的车窗赏景观光，处处如图似画。往往在此时，我总是在想，日新月异的新时代，编写出前人连梦都不敢梦的闽西交通神话故事。同时也感慨闽西的拓路人，总以"愚公移山"的精神，在大山中钻洞、于大沟深谷中搭桥。把路一里一里地铺起来、连上去，坦途迢遥；把桥一架一架地立起来、竖空中，天堑变通途。闽西拓路人总有一种人无我有的拓荒牛精神，用吃苦耐劳的精神闯遍闽西大地，"铁骨响铮铮，奋蹄自有神，我是拓荒牛，天地任我行"。

闪闪发光的道道车辙，如同碎金铺地一般地斑驳，光影绰绰通达天边，那就是今日闽西交通最新最美的文字，最新最美的图画。

土地诗篇

（一）

七月流火的季节，我回到当年插队的、那爿千亩田地平坦如坪的村庄。走上田园阡陌，放眼望去，满目尽是成片成片的金黄稻谷，一派丰收景象。此时，山乡最美，稻田最美，一览乡村都是沉甸甸的含金坠银。原野粮仓，民以食为天，民以大地为天。

一千多年前，闽西客家人、福佬人的祖先，因为战乱与饥荒逃难而来。之所以一拨又一拨地选择了闽西，是因为这里山高林密，水险道阻，山有山珍果腹，谷可拓荒为田，既远离战乱，又有望解决温饱。一代又一代，闽西先人把大地当慈母，脸朝黄土背朝天，耕作在这片热土上。

田地从平地开拓，一丘丘、一畦畦。灌上水，插上秧苗，春种夏收，那是水稻，客家人笑称谷米，粮中之粮。碗中有香饭甜粥以足食，养育了一代又一代，不断地开枝散叶。田地不够用了，于是，向山岭要地，层层向上，开成梯田。所有的平原、山岭都已开垦，水田种稻，旱地栽番薯、萝卜、菜蔬，抑或是转进山林，林下有菇，竹中有笋，闽西田是田地，山是山地，林是林地。此地彼地，无穷尽地供给闽西人以粮草，让家家户户安居乐业。

田地里有了收成，家禽家畜随之而起，从田地里不断延伸的农业，内涵由此丰沛。闽西大山相阻，交通闭塞，作物丰收有余了，却只能靠肩挑背扛，难以运送外地交换。时日一久，收成的五谷坏了霉了，可惜之至。于是，聪慧的闽西人，把田地里起获的多种农作物制晒成"干"。在闽西一隅的连城县，成堆成垛的地瓜，制晒成地瓜干；汀州地里的黄豆高产了，那就制成豆腐干；武平的猪养千千万万头了，上上品的猪胆干制出了；横行于田地里的老鼠捕捉多了，宁化老鼠干也就应运而生，永定菜干、上杭萝卜干、清流闽笋干、明溪肉脯干……此"干"彼"干"，易存易带，最是那口感、那风味，咬在口中，满嘴是香。时日久了，口碑由内传外，形成了长时期居高不下的知名度，这就是清代以来享誉海内外的"汀州八大干"，如今，多称"闽西八大干"。

儿时，曾多次听母亲说"地瓜干"的故事，说是早年出自连城的地瓜干，制作时乡亲们是很用心的。那时从地里挖取出来的地瓜，大多为红皮白心，从双肩上一担一担地挑回屋，长得不中看的或是个头小的，焖上一锅，满桌地瓜香。块头大、通身匀称的，洗净后均匀地切成片，烧开沸水后倒入锅中，少顷稍熟，用漏勺舀出，再一片片散在谷笪上，放置在阳光下晾晒。半干后收起，倒入饭甑中以大柴火蒸，之后，再倾倒于谷笪上，借阳光暴晒，七八成干后又回到饭甑中蒸……循环往复多次，如此这般制作出的地瓜干，其颜色墨黑墨黑的。尤其是地瓜内自然糖分泌出来了，让片片地瓜干粘连在一起。撕开时，片与片之间有黏稠的糖汁，<u>丝丝缕缕</u>、牵得很长很长，无论老幼，都会从这道不是风景的风景中，感受到另一种乐趣。地瓜干放入口中，如舀入一汤匙蜂蜜，软黏软黏的、香透甜透的，口感之美好，似乎难以用语言表达。后来，优质的地瓜品种年复一年地增多，地瓜干也不间断地生产，然而，制作的过程却没有过去那般的耐心了。当然，传统的、现代的，各有各的风味。但不管怎么变，都万变不离其宗，历经几百上千年的代代传承，闽西八大干就"干"出了特色、"干"出了人无我有的"乡愁""干"出了闽西的名气。

时至今日，闽西的山还是那山，水还是那水，但八大干已不再是原来那样的八大干。原料的品种齐全了，味道已不再单一，加工也从手工到机器转化。最是让现代人心里踏实的是，制作过程中，受到食品卫生的严控。在卫生标准上，设有红线，一旦触碰到底线，无论数量多少，统统废弃。比如现在生产地瓜干，一天一检查检验、三五天就来一回大检查细检验，半点都不含糊。且成品的品种不再只是过去"墨黑墨黑"的一种，而是五花八门，原汁原味型的、片型烘烤的、糖果蜜饯型的……虽然原料都是地瓜，但口感味道硬是不一样。而今旅游业兴盛了，类似于地瓜干这样的地方小吃，广受青睐。

离开家乡连城这40多年来，没有哪一年不带这土特产到省城分送于同学友人的。起始在学府里与老师同学分享，后来分享的面更广了，刚带来那段日子里，几乎见者有份。我有一位医务界正高职称的中医专家朋友，好的就是这一口，我年年带，她年年品尝，年年都给高评价：说闽西大山里的食品就是不一样，地瓜几乎无处没有，但你家乡的地瓜干，以网络上的话说，叫棒棒哒。又因为女儿远在京城，名声好名气大的地瓜干，就一批批地往北京寄。曾经在国外留学的女儿呢，就往国外的友人分送，于是地瓜干也就香到了国外。特别是地瓜干企业实施"走出去"战略，出口量一年比一年庞大。尤其是当今电商黑马腾飞，闽西八大干等土特产，就迅速地走出省门、国门，走向国际食品舞台。

（二）

进入新时期，闽西的土特产在不断地演变，且常变常新，常变常美。已从八大干延伸出山上的"八大珍"、和地上的"八大鲜"。"八大珍"产品，分别是漳平水仙茶、武平绿茶、武平金线莲、龙岩咸酥花生、永定万应茶、冠豸山铁皮石斛、龙岩山茶油、上杭晚蜜柚；而"八大鲜"产品，则分别是河田鸡、连城白鸭、上杭槐猪、通贤乌兔、永定牛肉丸、龙岩蜂蜜、汀江大刺鳅、漳平毛蟹。八八相叠，三八已是二十四。一个闽西，二十多种的风味食品，让一整个闽西都是好味道。而且每一样"干的、珍的、鲜的"，不仅仅只是好味道，其历史其文化，要追根溯源地说下去，也都尽是悠久的历史、好听的故事。如是想与闽西人闻其香、尝其味，在碗碟中共享，那就一定要进去试试！

智者们都如是说，年年岁岁自然界的百花相似，岁岁年年闽西大地的农业不同。时光一岁岁飞逝，闽西的农业也年年都在变化，从过去单一的水稻种植，转变为多种形式并举，"藏粮于地，藏粮于技"，八个字看似简单，却是闽西热土上激荡人心的诗行。

在中心城市新罗区，传统的水稻种植基础上，致力特色农产品开发，建成102个设施农业示范片，设施农业面积达8600亩；有3万亩农产品生产种植基地通过无公害、绿色农产品生产基地认证。创建起农业标准化示范基地36个，面积11206亩，同步建起多个特色农产品优势区、产业化示范园区。此外，家禽作为一项产业，在新罗区持续壮大，肉鸡实现年出栏3237万羽，江南第一鸭"龙岩山麻鸭"苗全年销售700万羽。如此一年年地上台阶，这就为品牌的创建夯实了坚实基础。

而在致力于全区域绿化美化的武平，在坚持粮食生产的基础上，以大农业的视野广种百香果。万亩面积的百香果，造就了另一种田园风光。而且种来种去，还种出了名堂，把到处都有的百香果，培育成有独特风味的"黄金果"，果子金贵了，价格自然水涨船高，因为一个黄金果，富了千家万户。八方知名了，竟然让央视八大频道感兴趣，以武平的百香果代言"福建味道"，这一来，身价就居高不下。林改第一果飘香武平不说，还把香气飘向了海内外，日均销售10万斤，与沃尔玛、元初、大润发等超市的线下日均订单量6万多斤。不但卖得多，还卖得俏，了不得！

在拥有大大小小、方方圆圆数万座土楼的永定，做农业文章，当然少不了土楼。于是，土楼农业的旗帜就飘起来了，着力把永定丰富的农业资源优势转化为发展优势，把农产品转化为农商品，借楼发展、"借楼出海"，推动土楼农业再出发，这就是永定的决心。土楼农业把田地里的稻谷、小麦、果蔬，和肉、禽、蛋、奶以及山上的中药材，从千家万户中收上来，再撒向万户千家。特别有创意的是，在高头乡高北村的古色古香的土楼之王承启楼前，来一场金牌牛肉丸大赛。掌勺的大师傅一声吆喝："永定土楼牛肉丸天下第一锅开锅啦"，即刻，一阵香喷喷的热气腾空而起，四下弥漫。万人开吃的牛肉丸美食盛宴，把永定的大农业，推向了社会。此外，芋子包、腐竹、菜干、花兔、蜂蜜、鸡鸭蛋、小米蕉、万应茶以及蜜柚、芙蓉李、黄桃干、柿子饼等深加工的农产品，也都亮相于世。

全力推进现代农业产业化的连城，一年年把地瓜制品这篇文章从几行小诗，做成了短散文，现如今，则成了长篇报告文学。10万亩的地瓜种植面积，让11万吨的地瓜干，走向天涯海角。乌嘴、黑脚、洁白羽毛的白鸭，已成为一种产业问鼎连城农业。如此全国唯一具有药用和保健功效的鸭种，年均10万羽的白鸭"嘎嘎嘎"地飞出连城，飞向天南地北。福建省会城市福州有位作者曾在一篇文章中，把连城白鸭美誉为"天鹅的妹妹、白鹭的小姨子"，描写十分美妙和独到。

因为我的孩提时代是在长汀度过的，这个"客家首府"也就成了我的第二故乡，别有一种情愫。后来二妹送给长汀一户农家，从此特别关注这个县的农业。丰年了，妹妹那个家不会挨饿，心中踏实，歉年了，隐隐的忧虑就驱之不去。所幸妹妹居住的村子是在一片山坳里，似乎没有过水土流失，田地里的五谷也较为丰盛。但河田一带，荒山荒岗，处处破败，家家农户日夜揪心、愁肠百结。"头顶大日头、脚踩沙孤头、三餐番薯头"，正因为曾经有过那么一段无奈和感伤的岁月，汀州的庄稼人倍加珍惜一草一木。历经数十年的奋发与艰辛，如今已把满目疮痍的那一页翻过去了，开启了绿色农业的新长征。骁勇善战的汀州农业军团，进军在改天换地的征程上，山上，万亩杨梅、万亩银杏、万亩果茶；山下，种植万亩优质稻、万亩槟榔芋……在精神昂扬起来的汀州，我来了！你来了！他也来了！河田、策武、三洲……但凡有水土流失的地方，就有千千万万汀州人在拼搏，在穷则思变，要在荒山野岭上"种"下希望、"长"出精神！因为汀州庄稼人的脚下是壮志不倒、精神焕发的红土地！每种下一株杨梅、一棵银杏、一丛板栗，长起来的就是一种精神、一种无坚不摧、战无不胜的精神！

今天的汀州农业，山上山下，风展翠绿如画。

漳平市的现代农业文章做得独具特色，各乡各村各有千秋。诸如，很有名气的永福镇，一方面以台湾高山茶种植为特色项目，再以樱花种植相结合，立起了一方"台湾农民创业园"，发展起休闲农业。又因纬度、山地气候、产业与台湾阿里山相近，成为台商投资热土、创业福地，被台商亲切地誉为"大陆阿里山"。南洋镇拥有一座含金量高的国家森林公园，又植有满山遍野的水

永福台湾农民创业园,樱花绕茶园(龙岩农业局提供)

仙茶,森林是绿的,茶园也是绿的,生态小镇的魅力就十足。漳平北部边隅的吾祠乡有个厚德村,该村种植的萝卜,甜嫩脆美,不仅当地抢手,且还远销珠海、广州、深圳等地市场。人人都说拱桥镇大美,美就美在遍地荷花,小莲子带来大产业。那一粒粒洁白的莲子铺成了农民致富的阳光道,同时也铺就了乡村旅游的"金"路子。十几座千米高峰耸立的官田乡毛竹、麻竹、笋干、茶油、香蕉、龙眼……交通便利的和平镇,种蔬菜种出了精品,尤其是西红柿、莲藕,让城乡百姓齐声叫好。

上杭的特色农业致力发展槐猪、乌兔,出台扶持政策,培养了许多专业户,还组建了一些合作社。比如通贤乌兔,毛黑色,四肢有力,野性强,耐粗饲,抗病性好,放养笼养均宜,是著名的乌兔品牌。通贤乡岭头村一户吴姓农民,本在外地打工,见饲养通贤乌兔效益高,返乡建乌兔养殖场,年出栏乌兔万头以上,日子越过越红火。通贤的乌兔养殖合作社,联合起专业户和养殖散户,效益也十分显著。

闽西的大农业,从"八大干""八大鲜""八大珍"延伸到方方面面,但凡土地中能长出来的,餐桌上需要的,勤劳的闽西乡亲都在奋力地种出来、发展开去。现如今,物流通达了,闽西的农产品已走出闽西,走出八闽,走向"一带一路","鲜"在海角天涯……

天地大美

天地有大美,那是造化大手笔与人类匠心完美的交融。于龙岩地域而言,著名人文景观有西城东楼中会址,自然景观则首推三山两洞。

东楼,永定土楼,世界文化遗产;西城,国家历史文化名城长汀;中会址,古田会议会址,国家5A景区古田旅游区的龙头。三大人文景观都在前面章节有专门的叙述,从略,只说自然景观三山两洞。

三山者,冠豸山、梅花山、梁野山是也,均有国家级的头衔。冠豸山乃国家级重点风景名胜区,梅花山、梁野山皆为国家级自然保护区。两洞,一为龙硿洞,号称"东南第一洞",一为赖源溶洞群,溶洞暗河中珍稀龙鱼属国内罕见,游上了中央电视台。三山两洞是闽西旅游的靓丽名片,灼灼闪光。

冠豸山:生命的朝圣

"远远的山那边,那么大的一座寿星岩遥遥相对,活脱脱的一个老寿星,眼耳口鼻,惟妙惟肖,皱纹寿斑,纤毫毕现。他活了几亿岁了?上帝造人的时候,是不是以他为蓝本才造出万物之灵"?

多年前攀登冠豸山竹安寨景区,第一次被寿星岩惊艳:百米高的绝壁,组成一个活灵活现的寿星头像,那是怎样精细繁复的工笔描摹啊,不仅眼睛鼻

冠豸山天墙（沈文生摄）

子耳朵嘴唇刻画入微，就连那一根根的胡须，一道道的皱纹，一粒粒的寿斑，全都纤毫毕现。如果它不是一座山，如果它只有真人般大小，我肯定要认为这是一尊化石，历来大气磅礴的造化，真难以想象竟也有这样纤细入微的笔法。

冠豸山是中国丹霞地貌的典型代表，位于连城县城东郊，在国家级风景名胜区中，它是距离红尘最近的一个，县城的豸峰街几乎直抵山麓。攀登冠豸山，那是一种生命的朝圣。

最能体现生命质感的该是冠豸的镇山之宝——"生命之根"。

那是兀立山谷间的一根冲天的石柱。高54米，圆形，顶端呈蘑菇状，看上去活脱脱一具蓬勃向上、充满活力的男性尘根，昂扬着自然、雄奇、野性的魅力，直指苍穹，气势非凡。它的周边，是平坦的谷地，一块四方的巨石天然成一个平台，俯伏在"生命之根"的底座前，像是古朴的祭台。"生命之根"，那是"天然去雕饰"的原始粗犷的生命本真。

与"生命之根"异曲同工的，是平地拔起、群峰峥嵘的丹霞峰丛。冠豸山主峰一为灵芝峰，一为五老峰，夹着一道峡谷，绝壁千仞，阳刚十足，某个角度看像是古代执法官戴的"獬豸冠"，故名"冠豸"。竹安寨景区更是群峰连

冠豸山生命之根（沈文生摄）

绵10里，人称"十里画廊"，这里除了寿星岩外，最足称道的是峰墙，道道山峦如墙横亘，刀劈斧削般矗立向天，这些峰墙极为密集，每平方千米平均15处，密度之高在中国已发现的一千余处丹霞地貌中罕有。更绝的是天池岩峰墙，狭长的岩顶竟天然嵌着两个小小天池：两弯月牙形状的池水，清纯得令人心颤，如此高处水从何来？至今依然是谜。近岸的水清得见底，清得透出山石的褐红；中心的水却清得只见白云蓝天和池边摇曳的小树与茅草。倘若是花开的季节，池畔再添上几枝山花，水中再几抹姹紫嫣红，真为仙境！

碧水伴丹山，冠豸山四大景区，冠豸山、竹安寨是雄奇阳刚的大汉，石门湖、九龙湖则是靓丽多情的女子。石门湖依偎着冠豸山，四百多亩水面如一块翡翠，镶嵌在险峰奇谷中。环湖皆山也，常年云雾缠绕，幽深恬静，与冠豸山粗犷阳刚之气相得益彰。而湖心的马鞍寨、莲花峰、神蛙照镜、观音绣花鞋、河马饮泉、千瀑岩、生命之门等景致，惟妙惟肖、逼真传神。

九龙湖偎依着竹安寨，水面广达一千二百余亩，水道沟岔纵横，扑朔迷

梅花山天牧（廖亮璋摄）

离。游船在湖中循山回水转，一度度山重水复，柳暗花明，别有一番景致。更兼环湖丹山千姿百态，扇贝峰、茶壶峰、象鼻峰……

为便游人一览全景，富有眼力的旅游投资部门一掷亿金，连接起一条观光索道，乘于其中，四大景区千形百态的山光水色也就尽收眼底了。

梅花山：闽西屋脊

在龙岩地域，梅花山是离天最近的地方。

梅花山国家自然保护区地处上杭、连城、新罗三县（区）交界地带，方圆225.7平方千米，1500米以上高峰龙岩全境有53座，而梅花山一带便占了45座，最高峰狗子脑海拔1811米，名副其实的闽西屋脊。这些高海拔峰峦顶部多为高原草甸，十分适合野生动物的繁衍，也是附近村落居民放牧牛群的绝佳所在。牛是高原草甸的候鸟，暮春三月，江南草长，春风徐来，牛的好日子也来临了。犁过了田，卸下了轭，周边村落的牛群便不约而同一路跋涉上了顶

峰。多么自由的高原草甸，尽管放飞心情去追逐爱情！这里不分县界、乡界、村界，只有涌动着原始欲望的一群生灵。饮食男女，大欲存焉！食有余，眼皮底下芳草青青直抵天边；行有伴，宽阔草甸卿卿我我尽可缠绵。困了倦了，随意猫进矮矮的黄杨杜鹃之下，或是宽窄不一的石头缝隙间，双双对对，反刍着草料也反刍着爱恋。然后是一加一大于二，一个个新生命孕育、诞生于大自然的怀抱，在闽西的屋脊之上接受雨露的滋润、云雾的爱抚，乐享天伦。待到寒冬来临，高峰雪降，

福建最大的千年杉木王（吴尧生摄）

母牛带上儿女，公牛带上背影，依依惜别，相约来年，山下一度冷清的牛圈便重新充盈浮生的温暖。何谓"天牧"，此之谓也，造化无为而治之谓也！

梅花山森林覆盖率高达89%，是树木掩映下一座天然的、世界罕见的"动植物资源基因宝库"。这里有全国第二、福建第一的千年杉木王，有国内最大的野生红豆杉群落，还有大量的长苞铁杉、柳杉等珍稀物种，20世纪90年代初，还曾发现野生华南虎最后的踪迹，包括粪便、挂爪等，并因此被列为世界A级自然保护区。世纪之交，龙岩市在保护区内的马坊村启动华南虎保护工程，先后繁衍了60余头华南虎，此举一度令世界瞩目，如今，梅花山华南虎园已是国家4A级旅游景区，海内外游人不绝。

梅花山是一本厚书，写不尽、读不完，也难以游遍，此文只举闽西的这句民谣："梅花十八洞，洞洞十八洋，洋洋十八里，里里十八窟，窟窟十八只金交椅。"这连续剧一般的五个"十八"，足够旅游者在这庞大的景区中流连了。而最后一句"十八只金交椅"，说的又是什么呢？原来所指的是地下丰盛

梁野山古母石（李国潮摄）

之矿藏资源。地上是动植物资源基因库，地下是矿藏资源宝库，这梅花山的贵重就不仅仅只是一方游览区了。"北回归荒漠带上的绿色翡翠"，海内外专家的赞誉，字字如金。梅花山既是现代旅游业高扬的旗帜，又是留与子孙后代的一方净土，在旅游业发展中保护，在保护中发展，已成为人们的共识。

梁野山：鸡鸣三省

梁野山国家自然保护区位于闽粤赣三省结合部的武平县境内，有"鸡鸣三省"之称。保护区面积1.4万公顷，最高峰古母石，海拔1538米，是武夷山脉最南端的第一高峰。因几近悬空而立山顶，有摇摇欲坠之危，却无从空而落之险。一石傲立，阅尽尘世沧桑，经受风雷雨电，天与地，把古母石雕塑成梁野山的魂与魄。正如见长城而知中国，看金字塔而晓埃及一样，世人只要一见傲立临风的古母石，就会脱口而出"这就是梁野山"。神妙的是山中藏一池水，方圆3000多平方米，居然处于绝顶之上，静静地躺在山冈的环抱中、浩渺苍穹的掩映下，宛如天上瑶池，雅称白莲池。池水清澄碧绿，山色倒映，明净凸显安详，亮泽而寓灵光，好一幅大美不言的风景画。

梁野山森林密集，不乏珍稀物种，万亩红豆杉的天然原生群落，一棵树长两种叶、半似枫叶半似荷叶的半枫荷，以及"活化石"野生银杏，平添了梁野山的奇妙与珍贵。尤令海内外游人振奋的是，山中大小瀑布竟有30多处，姿态各异于断崖林立之间，或是密林遮日的峡谷深处，飞瀑三千尺，瀑声震耳，水花四溅，亮人眼目。而"千亩湿地，白鹭天堂"则实现了从白鹭候鸟到千鹭云集，再到百鸟朝鹭的演变。在这里，雉鸡优雅地在丛林中悠闲觅食，松鼠机灵地在灌木与古藤间跳跃杂耍，灵动于幽静与深邃之中。

龙硿洞·赖源溶洞群

三山各有千秋，两洞亦不遑多让。两洞其实都属溶洞群，均为喀斯特地貌。与冠豸山代表的丹霞地貌，梅花山、梁野山代表的花岗岩地貌恰成互补。

华东地区喀斯特地貌出众的不太多，龙硿洞即为其一，号称"华东第一洞"。此洞纵深于新罗区雁石镇的龙康村，洞以"龙"名，洞里洞外多有龙之景观。诸如洞顶直泻而下的水柱，不论外界旱涝，水量长年不变。被人们传说为"蛟龙吐水"；而洞中大厅内戴着王冠的天然雕像，便被附会成诵经的龙王。还有龙伞、龙蛋、龙鳞、龙井、龙须瀑以及时隐时现的龙身等各色与龙相关的景观，让人恍若穿行龙宫。

据专家考证，龙硿洞形成于三亿年前的古生代，经海洋三次地壳运动和间歇演变而成。全洞总面积5.4万平方米，深达3.3千米，共有8个大厅、16个支洞，分上、中、下三层，层层叠叠、洞中有山、山中有洞、洞中有水、水中有洞。奇异的洞穴，在中华大地上，比比皆是，但如龙硿洞这般水与洞纵横交叉、错综复杂的洞穴，着实罕见。在龙硿洞内，触目所见的尽是钟乳交错、溪泉汨汨，奇异绚丽而扑朔迷离。有着天然迷宫之称的龙硿洞，无疑是新罗区旅游业的一张牌、闽西大旅游棋盘中的一颗大棋子。

赖源溶洞群位于连城县赖源乡的大山之中，20多个溶洞，盘旋曲折、洞

赖源幽琴洞（吴尧生摄）

中有洞，奇景环生。千姿百态的石笋、石钟乳、石帘都是"活的"，还在生长，由于洞顶的水滴含有大量的钙，天长地久沉积后，形成滴水成柱、滴水成林、滴水成田、滴水成画的奇妙景观。常年云雾弥漫的仙云洞；泉声叮咚、韵律悠然，恍若古时宫女拨弄古琴的幽琴洞；洞内成千上万的石燕，似蝙蝠倒立悬挂于洞壁上的石燕洞……溶洞群之大之深，似乎难以用数字计算，且借当地乡亲口口相传为例：曾有孩童放鸭于幽琴洞外山溪，不留神，鸭群循水入洞觅食。鸭童发觉后，燃起火把进洞追寻近10里仍无踪影，担心火把燃尽，只好怏怏而归。不料数日后，鸭群竟从40里外的新罗区万安乡的松洋游出，足见溶洞规模之大。

龙岩地域得天独厚，拥有如此众多而各具特色的自然与人文景观，龙岩旅游因之而大放异彩。依托2个国家5A景区、11个4A景区、32个3A景区，以及一大批美丽乡村、传统村落，龙岩旅游依红色朝圣之旅、客家风情体验之旅、生态休闲养生之旅、历史文化探秘之旅、舌尖美味口福之旅等分门别类，形成大旅游的格局，不妨欣赏这两个数字：2018年龙岩市接待海内外游客4608万人次；而2019年接待旅游总人数已突破5300万人次。历史厚重、风景独好的闽西敞开怀抱，迎接天南海北的客人，一条金灿灿的旅游之路，纵横在闽西大地，延伸在遥远……

祖地之光

（一）

2000年，世纪之交。

11月19日至21日，世界客属第十六届恳亲大会在龙岩市隆重举行。来自世界五大洲的124个客属团体3500多名代表出席这次盛会，其中，海外来宾超过了1700人。开幕式上，时任福建省省长习近平发表了热情洋溢的欢迎辞，"五洲客家音，四海桑梓情"，欢迎辞中的金句顿时不胫而走，传向世界。

紧接着，海内外客属社团代表，包括新加坡曾良才、美国熊德龙，中国香港曾宪梓、台湾吴伯雄等相继致辞。祖籍永定的吴伯雄时任中国国民党副主席，以台湾客属总会会长身份返祖籍地探望，也是21世纪国共两党之间的首度"破冰之旅"。恳亲会后吴伯雄伉俪去了祖籍地永定下洋思贤村，在吴氏宗祠"崇德堂"向祖先牌位上香、献礼、叩拜。2008年、2012年，在国民党主席任上，吴伯雄又两度带着家眷返祖地祭祖，2012年那次，他把儿子、女儿、侄儿，以及分别旅居日本和美国的姐姐、妹妹都带来了，他说，我父亲97岁过世，最大遗憾就是没能回来祭拜祖先，今天我带着家人，代表我的家族，代表我的父亲回乡祭祖来了；他说，全家回来最有感觉。思贤小学办公室的墙上，如今还悬挂着他的夫人戴美玉的题匾"回家的感觉"。这，应是所有海内

世界客属第16届恳亲大会开幕式（龙岩客联会提供）

第六届龙岩恳亲会在香港举行（郭鹰摄）

外客家后裔对祖地的拳拳之心吧!

在客家迁徙史上,闽西具有特殊的地位,这里是客家民系的产床,客家人的先祖自中原一程程辗转南迁,在以汀州府为代表的闽西大地拓土开基,数百年间胼手胝足,与土著交流融合,汉民族八大民系中唯一不以地域命名的这个宁馨儿,终于在闽西呱呱坠地。而不懈南流的母亲河汀江,为他的成长注入了丰腴的乳汁。当他长成,当他以群体的姿态从闽西出发,从此开始了自觉的开拓之旅,客家人的足迹已遍及全球。闽西,作为客家祖地,如基因般深深植入到超过一亿的海内外客家后裔血脉之中。汀州府、宁化石壁、葛藤坑、上杭瓦子巷,闽西这些原本并不太起眼的地名,深深刻入了客家人的群体记忆,承载了客家人太多太多的思念,成为无数客家游子感情的寄托。

"从北方到南方,从南方到南洋。客家儿女闯天下,历尽艰难与沧桑",1996年11月,在新加坡举行的世界客属第十三届恳亲大会上,伫立在容纳三千人的超大会议厅中,我的耳边,久久萦绕的是这首昂扬的《客家赞歌》。主办这届大会的新加坡客属总会会长曾良才,祖籍地正是闽西永定。他的先祖沿汀江顺流而下,通过海上丝绸之路,劈波斩浪,艰辛备尝,终于在南洋开枝散叶,但他没有忘记,祖先来自闽西,根,在闽西。

如吴伯雄、曾良才这样,心系祖地的客家后裔知有多少?世界客属恳亲大会自1971年首次在香港举办,至2019年,已在亚洲、美洲、非洲三大洲的11个国家或地区举办了30届。自20世纪90年代起,闽西客家联谊会均组团参加,与世界客属乡亲联络乡谊,共谋发展。在这些国际性的盛会上,闽西祖地总是受到特别的瞩目。几乎每届盛会,闽西祖地的代表都被安排为大会极少的几个重要发言之一,几乎每届盛会,都有海内外的客属团体或乡亲个人,前来接洽,希望参访闽西祖地,以圆夙愿。而世界客属第十六届恳亲大会,则是闽西客家祖地在世界客属乡亲眼中最精彩的亮相。开幕式之后紧接着大型文艺表演,7000名客家后裔挥动手中的道具,拼出了壮观的文字或图案,共同组成盛大而震撼人心的背景。那一刻,有幸参加此次盛会的我,凝望这无比震撼的场景,不禁泪盈双睫,心头涌起作为客家后裔的无上自豪。

更令人激动的是恳亲会后,海外客属乡亲组成了一支支参访队伍,到长汀名城汀江母亲河畔，到宁化石壁客家公祠，到上杭瓦子街，到永定土楼，到武平狮岩定光古佛驻锡地，到河田、宣和、四堡、稔田一个个客家乡村一座座客家祠堂，向祖地叩拜，向一个个姓氏的祖先叩拜，表达漂泊的游子对祖地、对根之所在绵长的情意。这时候他们脑际萦回的，可是海丝之路上祖先搏命而行的身影？胸腔久久回荡的，可是对梦萦祖地的先祖的告慰？

（二）

又到金秋。

2019年10月13日，长汀城区，位于汀江畔的客家母亲园。

一位温婉、健硕的少妇，头戴客家女子常见的凉笠，帽带飘飘，一手持桨，一手牵拉背带，背带托举着的，是一个二三岁模样的幼儿，她回转头，看向孩子的目光爱意浓浓。这就是海内外客家后裔心心念念的客家母亲，那含辛茹苦负儿劳作的身影，那面对后裔满怀爱意的目光，就这样以雕像的形式永远定格。

此刻，高大的客家母亲雕像下，世界客属第二十五次公祭客家母亲河——汀江大典正隆重举行。礼炮25次鸣响，代表着一年一度已达25次的公祭，"圣火"点燃，来自世界各地的百余个客属团体七千余名客家乡亲，神色庄严，敬献花篮，上香，面向慈爱的客家母亲，虔诚叩拜。朝斗岩一带的青山绿林，母亲园一侧静静流淌的汀江，成了客家母亲雕像宏大的背景。音韵铿锵的祭文诵读声中，青山绿水一片肃静。置身在如此庄严的氛围中，这一刻，客家人千年迁徙、万里长旋的身影，客家后裔博浪汀江、扬帆出洋、五洲播迁的身影，在我的眼前，从模糊到清晰，一一闪现。

两天前，10月11日，宁化石壁客家公祠，180多位客家姓氏始祖牌位前，世界客属第二十五次公祭祖地客家公祠大典字样下，是同样众多的海内外客家乡亲，是同样虔诚的庄严背影。祭旗庄严地升起，花篮虔敬地献上，上香，献帛，献爵，献乐舞，带着中原古音的祭文诵读声抑扬顿挫，那是亿万客家后裔献给古老祖先最虔诚的敬意！

1995年,是闽西客家祖地这两项公祭大典开局之年。那一年,石壁客家公祠刚刚落成,长汀名城的建设也正渐入佳境。祖籍广东大埔的马来西亚知名侨领、香港南源永芳集团董事长姚美良,率团参访闽西祖地,在与长汀、宁化客家社团交流中,首倡世界客属公祭客家母亲河汀江、公祭石壁客家公祠,得到世界各地客属社团的热烈响应。当年10月,两大公祭首次举行,海内外参与者达三千余人。此后,一年一度,每逢重阳前后,世界客属都要在闽西祖地举行公祭大典,从未间断。尤令人感动的是,1999年,姚美良因病去世,其胞兄姚森良继其遗志,邀集海外客属乡亲参与大典;之后,接力棒又交到姚美良之子姚国华手中。二十五年二十五次的公祭大典上,总少不了姚家前后两代人虔诚而坚定的身影。世界客属第二十五次公祭客家母亲河汀江大典期间,姚国华呼吁海外客家年轻一代多回祖地寻根谒祖,感受祖地文化。他这样说的时候,可是想起了当年,父亲一次次带他回祖地祭祀的良苦用心。

　　两项大典之外,闽西各客家县份近年多结合当地特色,接连举办多项活动,致力于海内外客家后裔交流,诸如长汀的客家名城文化、永定的客家土楼

世界客属公祭客家母亲河汀江(张永辉摄)

文化、连城的客家民俗文化、上杭的族谱文化、武平的定光古佛文化等等，都有相应的大中型活动面向海内外，且都延续多年。龙岩市境内的六大客家博物馆：闽西客家祖地博物馆、汀州客家博物馆、永定客家土楼博物馆、连城客家民俗博物馆、上杭客家族谱博物馆、武平定光文化博物馆，常年对海内外游客开放。各种的客家论坛、研讨会此伏彼起，诸如"客家文化与闽台文化关系研讨会""客家与海上丝绸之路学术研讨会""四堡雕版印刷与海上丝绸之路研讨会""汀州伏虎文化研讨会""祖地寻源：海峡两岸客家青年重走客家迁徙路"，等等，都产生较大影响。所有这些活动，都贯穿客家后裔"寻根谒祖"的主题，多少海外客家后裔，因这些活动而与闽西祖地结缘，多少人俯伏在祖地的某一个村落、某一个姓氏的祠堂里，长跪不起，激动莫名。他们，承载着遥远祖先的梦幻，接续起海外与祖地的血脉情缘。

"血脉是一条神奇的河流，从远古缓缓流来，向永恒依依而去，我和你，都是这条河流的一朵浪花。承接着遥远的源头，传递着不息的律动"。曾经写过这样一段话，触发我的遐思的，正是海外游子面对祖地的无比虔敬。每度春秋，都有数以万计的海外客家后裔或组团或自发探访祖地，20世纪90年代起，已有美国、加拿大、法国、日本、泰国、马来西亚、印尼、澳大利亚、南非等来自世界五大洲的40多个国家或地区近50万客家后裔参访闽西祖地，同根同源同夙愿，隔山隔水不隔情，一条神奇的血脉情缘，穿越数百年的时空，将祖地与海外，依依相连。

（三）

世界客属第二十五次公祭汀江大典之后不到半月，在这个地球的南半球，闽西祖地另一支民系声势浩大的乡情联谊拉开了序幕。

2019年10月27日，由澳大利亚龙岩同乡会、澳大利亚龙岩商会主办的"第八届世界龙岩同乡恳亲大会"在悉尼隆重开幕，这是龙岩同乡恳亲会首次在澳洲举办，参加盛会的除旅澳龙岩乡亲外，还有欧美、东南亚等地23个海外龙岩同乡会的代表，作为祖地的龙岩市、新罗区，更是派出了规模、分量均引人注目的代表团。

闽西两大民系，先祖均来自中原，在不同的时期来到闽西不同的水系定居，千百年来形成了汀州府与龙岩州一府一州的格局，依汀江水系和闽江支流水系而居的，是原汀州八县的客家人；依九龙江干流北溪水系而居的，是原龙岩州三县属于闽南语系的福佬人。同处闽西的客家人和福佬人，数百年间都有众多的后裔向海内外迁徙，都有相当多的社团分布在一个个侨居地或聚居地。闽西，既是客家人后裔的祖地，也是原龙岩州三县人后裔的祖地。

当然，汀州府是客家民系形成的核心地带，闽西客家祖地的地位早已得到亿万海内外客家后裔的认同。而原龙岩州属地，历史上曾经隶属漳州近千年，僻处漳州府一隅，连语言也与漳州、泉州有一定的差异。尽管海内外闽南语系居民人数不输客家后裔，但真正认同闽西龙岩为祖地的，只有直接从原龙岩州三县迁出的后裔，人数相对较少。这些迁出的后裔，心中始终闪亮着"龙岩"这个名字，因而，1998 年，当他们第一次相聚祖地举办恳亲大会时，就坚定使用了"世界龙岩同乡"这一称谓，并正式确定，三年一度，迁居海内外的"世界龙岩同乡"将轮流在各地主办恳亲盛会，联络乡谊，共商发展。一晃 21 年过去，恳亲大会已成功举办八届，举办地点先后有龙岩、香港、新加坡、马来西亚、悉尼等地，成为全球龙岩乡亲联谊的桥梁、团结合作的纽带、互惠发展的平台，是现今龙岩地域继"客家祖地"之后的又一知名度极高的品牌。

八届龙岩同乡恳亲大会，届届异彩纷呈。即以第八届恳亲大会为例，不仅有乡情报告，有文旅推广论坛，有商贸项目洽谈与现场签约，有特色浓郁的晚宴与精彩的联欢晚会，更为激动人心的，是恳亲会期间同时举行了"中国龙岩友谊花园"的奠基仪式，龙岩代表团团长与澳大利亚卧龙岗市长共同种植友谊之树——红豆杉，共庆龙岩与卧龙岗结成姐妹城市二十周年。联欢晚会上，随着充盈浓郁龙岩特色的歌舞"采茶灯"、情景音画诗"乡愁"、树叶吹奏"龙岩清汤粉"、龙岩山歌联唱等节目亮相，一阵阵掌声与欢呼声震响。晚会高潮之际，全场起立，台上台下齐唱龙岩方言歌曲《𠊎系龙岩人》，昂扬的歌声中，故土的风韵，祖先漂洋过海的艰辛，后裔心念祖地的情怀，久久萦回，一个个海外游子，热泪盈眶……

（四）

闽西祖地敞开怀抱，迎接那些寻根溯源的游子，无论他们，是客家人后裔，还是福佬人后裔；无论他们，是为完成漂洋过海的祖先之遗愿而来，还是因自身的向往而来；他们，几乎无例外地，全都陶醉在祖地的怀抱中，在祖地日新月异的变化中，他们萦系已久的乡愁，正一一纾解。

而对于祖地来说，敞开怀抱欢迎游子谒祖寻宗的同时，也鼓励留在祖地的后裔，走出去，去往海内外，追随数百年间离开闽西闯荡异乡拓土开基的先贤身影，去感受他们以命相搏穿越海上丝绸之路的无畏与无奈，去理解他们四海为家的旷达表象之下，那深藏心底的故土情怀。去吧，去往海内外闽西后裔们聚居的所在，去联络乡谊，去共商发展，让曾经失落重又觅得的血脉亲情，代代相沿。

于是，这些年，龙岩地域就有了众多的面向海内外的交流，代表祖地对海内外后裔回访，送去祖地对海内外赤子的一片深情：

赴四川、重庆，赴广东、广西，赴浙江、江西，赴港澳、台湾，赴东南亚……

追寻数百年间闽西迁徙者的足迹，探访海内外后裔创建的一个个聚落，拜会他们创立的一个个社团，你会发现，这些聚落，这些社团，尽管远隔千里万里，依然带着依稀的祖地的印痕。

汀江南流，九龙江北溪东去，从闽西祖地出发的两条大江，带着两个民系共同的祝福，出海，向洋……

后　记

接到《龙岩传》的写作任务，我们心中不禁七分兴奋、三分忐忑。兴奋是难以言喻的，为一片地域作传就是写作者的荣耀，更何况这方热土，是我们魂牵梦萦的故乡。作为闽西走出的两位游子，终于能为养育我们的故乡回报一份绵薄之力，何其荣幸！还有一个小小的秘密也是兴奋的源头：半个世纪之前，我们俩在闽西的一个乡镇结识，共同走上写作的漫漫长路，初心不改已越50年。50年前，我们的合作自故乡起始；50年后，我们再度合作，一起为故乡作传。不敢自诩这份乡缘、文缘与友情，私心却常感念这是人世间何等的缘分？想此念此，唯有感恩！

忐忑却也是必然：龙岩这片地域，有着多么丰厚的历史文化积淀，二十世纪上半叶又被历史选中，成了红军的故乡、人民共和国的摇篮，举国瞩目。要为这样一片地域作传，对于才疏学浅的我们，无疑是十分艰难的挑战。但迎难而上从来就是闽西后裔的选择，那些闯荡海丝之路、向死而生的闽西先贤身影，早已为我们树起了挺立的标杆。我们无颜推脱、不敢懈怠，我们唯有赤忱，唯有勤勉、勤勉、无比的勤勉，方不至亵渎这方神圣而亲近的土地。不记得有过多少晨昏，或埋首故纸堆中，搜罗爬剔，一遍遍校核辨析；或穿行城乡街衢，眼观笔录，一番番现场采访。不记得有过多少子夜，或临窗构想，心驰故里，思接千年；或胸有成竹，伏案疾书，神思飞越。激荡的心，一度度与闽西历代先贤悠然神会，一度度为龙岩今朝气象热血偾张。苦与劳尽去，疲与累尽失，充盈心头的，只有光荣的使命感、责任感，只有对故土无尽的思念、无穷的感恩。

感恩故乡，是龙岩这方热土，让我们站上了一个新的高度，有了此前尚不具备的眼界与胸怀；感恩故乡人，在我们研读、采访、整理、写作的整个过程中，得到了龙岩市各级党委、政府以及相关部门的高度重视与鼎力支持，龙岩市委宣传部、闽西日报、市侨办、市侨联、市工信局、市住建局、市交通局、市农村农业局、市林业局、市文旅局等部门以及紫金矿业等相关企业，都为我们的采访提供了极大的便利，闽西日报新媒体中心还专门派出记者，配合我们采访。更有难以计数的前辈师长、同辈友人、后辈才俊，始终关注、关照、支持我们的采访与写作，倾注了感人的热忱。在本书出版之际，蓦然回首，久久萦绕在我们心头的，是言语难以表达的、深挚的感激之情！

需要着重说明的是，《龙岩传》作为《丝路百城传》大型丛书的一部，决定了本书必须以丝路视角观照龙岩这个城市、这片地域，观照这方热土的前世今生，所有素材的取舍、详略都取决于此。也正因此，闽西至为厚重的历史文化积淀，龙岩绚烂多姿的当代画图，一定会有本书未曾体现或是未能全面体现的内容：比如，闽西自古人才辈出，现当代在中华人民共和国的星空中更是群星璀璨，仅仅那 71 位开国将军，其业绩就足可写出数十部传记，而本书仅能极为简略的概述；又如，当代龙岩的生态建设，包括长汀的水土保持、武平的林改，早已知名于大江南北，已成各地学习的典范，此外，当代龙岩尚有许多可圈可点的业绩，都因为本书的丝路视角而只能忍痛割爱，这是我们在写作中常感纠结的。只能权且借助本书投砾引珠，期待更多、更全面、更翔实的龙岩地域传记问世，以弥补我们的缺憾。

作者
2020 年 6 月 18 日

参考文献

八闽通志,（明）黄仲昭 修纂,福建人民出版社,1989年版
临汀志,（宋）胡太初 修、赵与沐 纂,福建人民出版社,1990年版
汀州府志,（明）邵有道 修、伍晏 纂,海峡书局,2019年版
汀州府志,（清）曾曰瑛 修、李绂 纂,方志出版社,2004年版
连城县志,（清）杜士晋 总纂,方志出版社,1997年版
宁化县志,（明末）李世熊 纂,福建人民出版社,1989年版
龙岩县志,（明）汤相 总纂,中国文史出版社,2018年版
龙岩县志,（民国）郑丰稔 总纂,民国三十四年（1945）刊行
龙岩州志,（清）张廷球 修 徐铣 等纂,清乾隆三年（1738）刊行
上杭县志,（民国）丘复纂,民国二十七年（1938）刊行
连城县志,（民国）邓光瀛 纂,民国二十八年（1939）刊行
漳平县志,（清）蔡世钹修 林得震纂,清道光十年（1830）刊行
宁洋县志,（清）张丰玉 纂,清康熙元年（1662）刊行

福建通史,徐晓望 主编,福建人民出版社,2006年版
龙岩地区志,上海人民出版社,1992年版
龙岩市志,中国科学技术出版社,1993年版
长汀县志,生活·读书·新知出版社,1993年版
上杭县志,福建人民出版社,1993年版
武平县志,中国大百科全书出版社,1993年版
连城县志,群众出版社,1993年版

永定县志，中国科学技术出版社，1994年版
漳平市志，生活·读书·新知出版社，1995年版
宁化县志，福建人民出版社，1992年版
清流县志，中华书局，1994年版
明溪县志，方志出版社，1997年版

客家源流考，罗香林著，中国华侨出版公司，1989年版
客家研究导论，罗香林著，上海文艺出版社，1992年版
长汀纸史，黄马金主编，中国轻工业出版社，1992年版
客家方言，罗美珍 邓晓华著 福建教育出版社，1995年版
闽西掌故，郭义山主编，福建人民出版社，2002年版
闽台客家社会与文化，谢重光著，福建人民出版社，2003年版
闽台地域社会与族群文化新探，刘大可著，方志出版社，2004年版
客家祖地闽西，张佑周著，作家出版社，2005年版
走进龙岩丛书，林仁芳总主编，中央文献出版社，2007年版
闽西族群发展史，郭启熹著，福建教育出版社，2007年版
龙岩古史钩沉，郭启熹著，2004年刊行
明清闽粤边客家地区的社会经济变迁，周雪香著，福建人民出版社，2007年版
龙川古韵，张惟编，鹭江出版社，2011年版
闽西红色纵览，苏俊才主编，中共党史出版社，2013年版
四堡遗珍，谢江飞著，厦门大学出版社，2014年版
闽西古村落研究，钟德彪著，光明日报出版社，2017年版

客家圣典，谭元亨著，海天出版社，2004年版
客家原乡，黄发有著，青岛出版社，2006年版
永远的驿站，曾纪鑫著，东方出版中心，2006年版
千年回望，马卡丹著，东方出版中心，2007年版
千里汀江，练建安著，海风出版社，2014年版
客家故里，马卡丹 天一燕著 海峡文艺出版社，2016年版

客家纵横（杂志），闽西客家学研究会编，1993~2019年度
环球客家（杂志），闽西客家联谊会编，2004~2019年度
客家文学（杂志），连城县文联编，1996~2019年度
岩声（杂志），龙岩文化研究会编，2016~2019年度

图书在版编目（CIP）数据

龙岩传：两条江与两个民系／马卡丹，李治莹著．－－北京：新星出版社，2020.9
（丝路百城传）
ISBN 978-7-5133-4121-9

Ⅰ.①龙… Ⅱ.①马… ②李… Ⅲ.①文化史－研究－龙岩 Ⅳ.① K295.73

中国版本图书馆 CIP 数据核字（2020）第 147466 号

出版指导：陆彩荣
出版策划：彭明哲　简以宁

龙岩传：两条江与两个民系

马卡丹　李治莹　著

责任编辑：简以宁
责任校对：刘　义
责任印制：李珊珊
装帧设计：冷暖儿　闫鸽

出版发行：	新星出版社
出 版 人：	马汝军
社　　址：	北京市西城区车公庄大街丙3号楼　　100044
网　　址：	www.newstarpress.com
电　　话：	010-88310888
传　　真：	010-65270449
法律顾问：	北京市岳成律师事务所

读者服务：010-88310811　　service@newstarpress.com
邮购地址：北京市西城区车公庄大街丙3号楼　　100044

印　　刷：	北京美图印务有限公司
开　　本：	660mm×970mm　　1/16
印　　张：	22.25
字　　数：	339千字
版　　次：	2020年9月第一版　2020年9月第一次印刷
书　　号：	ISBN 978-7-5133-4121-9
定　　价：	89.00元

版权专有，侵权必究；如有质量问题，请与印刷厂联系调换。